Signos em Rotação

Coleção Debates
Dirigida por J. Guinsburg

Equipe de realização – Tradução: Sebastião Uchoa Leite; Organização e Revisão: Celso Lafer e Haroldo de Campos; Produção: Ricardo W. Neves e Sergio Kon.

octavio paz
SIGNOS EM ROTAÇÃO

 PERSPECTIVA

Copyright © Octavio Paz

Dados Internacionais de Catalogação na Publicação (CIP)
(Câmara Brasileira do Livro, SP, Brasil)

Paz, Octavio, 1914-1998.
　Signos em rotação / Octavio Paz ; [tradução
Sebastião Uchoa Leite ; organização e revisão
Celso Lafer e Haroldo de Campos]. — São Paulo :
Perspectiva, 2015. — (Debates ; 48 / dirigida
por J. Guinsburg)

4ª edição
Bibliografia.
ISBN 978-85-273-0074-2

1. Ensaios mexicanos I. Lafer, Celso.
II. Campos, Haroldo de. III. Guinsburg, J..
IV. Título. V. Série.

05-0109　　　　　　　　　　　　　　　　　　CDD-m864

Índices para catálogo sistemático:
1. Ensaios : Literatura mexicana m864

4ª edição
[PPD]

Direitos reservados em língua portuguesa à

EDITORA PERSPECTIVA LTDA.

Av. Brigadeiro Luís Antônio, 3025
01401-000 São Paulo SP Brasil
Telefax: (11) 3885-8388
www.editoraperspectiva.com.br

2019

SUMÁRIO

Nota de Organização 7

TEXTOS DE OCTAVIO PAZ

Verso e Prosa 11
A Imagem 37
A Consagração do Instante 51
Ambigüidade do Romance 63
O Verbo Desencarnado 75
Os Signos em Rotação 95
Literatura de Fundação 125
Invenção, Subdesenvolvimento, Modernidade 133

Os Novos Acólitos 139
Poesia Latino-Americana? 143
A Poesia de Matsúo Bashô 155
A Tradição do Haiku 169
Stéphane Mallarmé: O soneto em ix 185
O Desconhecido de si mesmo: Fernando Pessoa .. 201
André Breton ou a Busca do Início 221
e. e. cummings: Recordação 231
O Cine Filosófico de Buñuel 237
Os Filhos da Malinche 243
Revolta, Revolução, Rebelião 261

TEXTOS SOBRE OCTAVIO PAZ

O Poeta, a Palavra e a Máscara – CELSO LAFER 269
Octavio Paz: O Mundo como Texto – SEBASTIÃO UCHOA
   LEITE 283
Constelação para Octavio Paz – HAROLDO DE CAMPOS ... 299
Nota Bibliográfica 315

NOTA DE ORGANIZAÇÃO

Este volume reúne e apresenta pela primeira vez em português uma seleção de ensaios de Octavio Paz, nome dos mais significativos da atual literatura hispano-americana e seu mais importante poeta-crítico. No presente livro estão incluídos, sobretudo, os ensaios sobre literatura e arte, entre os quais o fundamental *Signos em rotação*, de 1964, que lhe dá o título. Mas não foram esquecidos os interesses de Paz pela análise das questões de sócio-cultura mexicana e pela filosofia das idéias morais e políticas: estes temas estão presentes nos dois últimos textos selecionados; para o futuro, a Editora Perspectiva projeta lançar novas coletâneas de Paz, mais especificamente dedicadas a estes últimos problemas. Completam o volume um conjunto de três estudos sobre a obra e o pensamento do poeta e ensaísta mexicano, e uma parte iconográfica. Os organizadores agradecem ao poeta Sebastião Uchoa Leite pelo cuidado e dedicação com que verteu para o português os textos que constituem este livro.

Celso Lafer e Haroldo de Campos

São Paulo, 1971

TEXTOS DE OCTAVIO PAZ

Octavio Paz na Universidade de Cornell (1966)

VERSO E PROSA

O ritmo não só é o elemento mais antigo e permanente da linguagem, como ainda não é difícil que seja anterior à própria fala. Em certo sentido pode-se dizer que a linguagem nasce do ritmo ou, pelo menos, que todo ritmo implica ou prefigura uma linguagem. Assim, todas as expressões verbais são ritmo, sem exclusão das formas mais abstratas ou didáticas da prosa. Como distinguir, então, prosa e poema? Deste modo: o ritmo se dá espontaneamente em toda forma verbal, mas só no poema se manifesta plenamente. Sem ritmo, não há poema; só com o mesmo, não há prosa. O ritmo é condição do poema, enquanto que é inessencial para a prosa. Pela violência da razão, as palavras se desprendem do ritmo; essa violência racional sustenta a prosa, impedindo-a de cair na corrente da fala onde não regem as leis do discurso e sim as de atração e repulsão. Mas este desenraizamento nunca é total, porque então a linguagem se extinguiria. E com ela, o próprio pensamento. A linguagem, por inclinação natural, tende a ser ritmo. Como se obedecessem a uma misteriosa lei de gravidade, as palavras retornam à poesia espontaneamente. No fundo de toda prosa circula, mais ou menos rarefeita pelas exigências do discurso, a invisível corrente rítmica. E o pensamento, na medida em que é linguagem, sofre o mesmo fascínio. Deixar o pensamento em liberdade, divagar, é regressar ao ritmo; as razões se transformam em correspondências, os silogismos em analogias e a marcha intelectual em fluir de imagens. Mas o prosista busca a coerência e a claridade conceptual. Por isso resiste à corrente rítmica que, fatalmente, tende a manifestar-se em imagens e não em conceitos.

A prosa é um gênero tardio, filho da desconfiança do pensamento ante as tendências naturais do idioma. A poesia pertence a todas as épocas: é a forma natural de expressão dos homens. Não há povos sem poesia, mas existem os que não têm prosa. Portanto, pode-se dizer que a prosa não é uma forma de expressão inerente à sociedade, enquanto que é inconcebível a existência de uma sociedade sem canções, mitos ou outras expressões poéticas. A poesia ignora o progresso ou a evolução e suas origens e seu fim se confundem com os da linguagem. A prosa, que é primordialmente um instrumento de crítica e análise, exige uma lenta maturação e só se produz após uma longa série de esforços tendentes a dominar a fala. Seu avanço se mede pelo grau de domínio do pensamento sobre as palavras. A prosa cresce em batalha permanente contra as inclinações naturais do idioma e seus gêneros mais perfeitos são o discurso e a demonstração, nos quais o ritmo e seu incessante ir e vir cedem lugar à marcha do pensamento.

Enquanto o poema se apresenta como uma ordem fechada, a prosa tende a manifestar-se como uma construção aberta e linear. Valéry comparou a prosa com a marcha e a poesia com a dança. Relato ou discurso, história ou demonstração, a prosa é um desfile, uma verdadeira teoria de idéias ou fatos. A figura geométrica que simboliza a prosa é a linha: reta, sinuosa, espiralada, ziguezagueante, mas sempre para diante e com uma meta precisa. Daí que os arquétipos da prosa sejam o discurso e o relato, a especulação e a história. O poema, pelo contrário, apresenta-se como um círculo ou uma esfera: algo que se fecha sobre si mesmo, universo auto-suficiente e no qual o fim é também um princípio que volta, se repete e se recria. E esta constante repetição e recriação não é senão o ritmo, maré que vai e que vem, que cai e se levanta. O caráter artificial da prosa se comprova cada vez que o prosador se abandona ao fluir do idioma. Logo que se volta sobre os seus passos, à maneira do poeta ou do músico, e se deixa seduzir pelas forças de atração e repulsa do idioma, viola as leis do pensamento racional e penetra no âmbito de ecos e correspondências do poema. Foi isto o que ocorreu com boa parte do romance contemporâneo. O mesmo se pode afirmar de certas novelas orientais, como *Os Contos de Genji* da senhora Murasaki ou a célebre novela chinesa *O Sonho do Aposento Vermelho*. A primeira recorda Proust, isto é, o autor que mais longe levou a ambigüidade do romance, sempre oscilante entre a prosa e o ritmo, o conceito e a imagem; a segunda é uma vasta alegoria a que dificilmente se pode chamar de novela sem que a palavra perca seu sentido habitual. Na realidade, as únicas obras orientais que se aproximam do que nós chamamos romance são livros que vacilam entre o apólogo, a pornografia e a descrição de costumes, como o *Chin P'ing Mei*.

Sustentar que o ritmo é o núcleo do poema não quer dizer que este seja um conjunto de metros. A existência de uma prosa carregada de poesia e a de muitas obras corretamente versificadas e absolutamente prosaicas, revelam a falsidade desta identificação. Metro e ritmo não são a mesma coisa. Os antigos retóricos diziam que o ritmo é o pai da métrica. Quando um metro se esvazia de conteúdo e se converte em forma inerte, mera casca sonora, o ritmo continua engendrando novos metros. O ritmo é inseparável da frase; não é composto só de palavras soltas, nem é só medida ou quantidade silábica, acentos e pausas: é imagem e sentido. Ritmo, imagem e significado se apresentam simultaneamente em uma unidade indivisível e compacta: a frase poética, o verso. O metro, ao invés disso, é medida abstrata e independente da imagem. A única exigência do metro é que cada verso tenha as sílabas e os acentos requeridos. Tudo se pode dizer em hendecassílabos: uma fórmula de matemática, uma receita de cozinha, o sítio de Tróia e uma sucessão de palavras desconexas. Pode-se inclusive prescindir da palavra: basta uma fileira de sílabas ou letras. Em si mesmo, o metro é medida vazia de sentido. O ritmo, pelo contrário, jamais se apresenta sozinho; não é medida, mas conteúdo qualitativo e concreto. Todo ritmo verbal contém já em si mesmo a imagem e constitui, real ou potencialmente, uma frase poética completa.

O metro nasce do ritmo e a ele retorna. A princípio as fronteiras entre um e outro são confusas. Posteriormente o metro se cristaliza em formas fixas. Instante de esplendor, mas também de paralisia. Isolado do fluxo e refluxo da linguagem, o verso se transforma em medida sonora. Ao momento de acordo, segue-se outro de imobilidade; depois, sobrevém a discórdia e no seio do poema estabelece-se uma luta: a medida oprime a imagem ou esta rompe o cárcere e regressa à fala a fim de recriar-se em novos ritmos. O metro é medida que tende a separar-se da linguagem; o ritmo jamais se separa da fala porque é a própria fala. O metro é procedimento, maneira; o ritmo é temporalidade concreta. Um hendecassílabo de Garcilaso não é idêntico a um de Quevedo ou Góngora. A medida é a mesma, mas o ritmo é diferente. A razão desta singularidade encontra-se, em castelhano, na existência de períodos rítmicos no interior de cada metro, entre a primeira sílaba acentuada e antes da última. O período rítmico forma o núcleo do verso e não obedece à regularidade silábica, mas à pancada dos acentos e à combinação destes com as cesuras e as sílabas fracas. Cada período, por sua vez, é composto pelo menos de duas cláusulas rítmicas, formadas também por acentos tônicos e cesuras. "A representação formal do verso", diz Tomás Navarro em seu tratado de *Métrica española*, "resulta de seus componentes métricos e gramaticais; a função do período é essencialmente rítmica; de sua composição e dimensões depende que o movimento do verso seja lento ou rápido, grave ou leve, sereno ou conturbado". O ritmo infunde vida ao metro e outorga-lhe individualidade [1].

A distinção entre metro e ritmo proíbe chamar de poemas a um grande número de obras corretamente versificadas que, por pura inércia, constam como tais nos manuais de literatura. Obras como *Os Cantos de Mal-*

(1) Em *Linguistics and Poetics*, Jakobson diz que "far from being an abstract, theoretical scheme, meter — or in more explicit terms, *verse design* — underlies the structure of any single line — or, in logical terminology, any single *verse instance*... The verse design determines the invariant features of the verse instances and sets up the limit of variations". Em seguida cita o exemplo dos camponeses sérvios que improvisam poemas com metros fixos e os recitam sem jamais equivocar-se com a medida. É possível que, de fato, os versos sejam medidas inconscientes, ao menos em certos casos (o octossílabo espanhol seria um deles). Com tudo isso, a observação de Jakobson não invalida a diferença entre metro e verso concreto. A realidade do primeiro é ideal, é uma pauta e, portanto, é uma medida, uma abstração. O verso concreto é único: *Resuelta en polvo ya, mas siempre hermosa* (Lope de Vega) é um hendecassílabo acentuado na sexta sílaba, como *Y en uno de mis ojos te llagaste* (San Juan de la Cruz) e como *De ponderosa vana pesadumbre* (Góngora). Impossível confundi-los: cada um tem um ritmo distinto. Em suma, teríamos de considerar três realidades: o ritmo do idioma neste ou naquele lugar e em determinado momento histórico, os metros derivados do ritmo do idioma ou adaptados de outros sistemas de versificação; e o ritmo de cada poeta. Este último é o elemento distintivo e o que separa a literatura versificada da poesia propriamente dita.

doror, *Alice no País das Maravilhas* ou *El Jardín de los Senderos que se Bifurcan* são poemas. Neles a prosa se nega a si mesma; as frases não se sucedem obedecendo a uma ordem conceitual ou narrativa, mas são presididas pelas leis da imagem e do ritmo. Há um fluxo e refluxo de imagens, acentos e pausas, sinal inequívoco da poesia. O mesmo deve dizer-se do verso livre contemporâneo: os elementos quantitativos do metro cederam lugar à unidade rítmica. Em algumas ocasiões — por exemplo, na poesia francesa contemporânea — a ênfase transferiu-se dos elementos sonoros para os visuais. Mas o ritmo permanece: subsistem as pausas, as aliterações, as paronomásias, o choque de ruídos, o fluxo verbal. O verso livre é uma unidade rítmica. D. H. Lawrence diz que a unidade do verso livre é dada pela imagem e não pela medida externa. E cita os versículos de Walt Whitman, que são como a sístole e a diástole de um peito poderoso. E assim é: o verso livre é uma unidade e quase sempre se pronuncia de uma só vez. Por isso a imagem moderna se rompe nos metros antigos: não cabe na medida tradicional das catorze ou onze sílabas, o que não ocorria quando os metros eram a expressão natural da fala. Quase sempre os versos de Garcilaso, Herrera, Fray Luís ou qualquer poeta dos séculos XVI e XVII constituem unidades por si mesmos: cada verso é também uma imagem ou uma frase completa. Havia uma relação, que desapareceu, entre essas formas poéticas e a linguagem de seu tempo. O mesmo ocorre com o verso livre contemporâneo: cada verso é uma imagem e não é necessário suspender a respiração para dizê-los. Por isso, muitas vezes é desnecessária a pontuação. As vírgulas e os pontos sobram: o poema é um fluxo e refluxo rítmico de palavras. Contudo, o crescente predomínio do intelectual e do visual sobre a respiração revela que nosso verso livre ameaça converter-se, como o alexandrino e o hendecassílabo, em medida mecânica. Isto é particularmente certo para a poesia francesa contemporânea.

Os metros são históricos, enquanto que o ritmo se confunde com a própria linguagem. Não é difícil distinguir em cada metro os elementos intelectuais e abstratos e os mais puramente rítmicos. Nas línguas modernas os metros são compostos por um determinado número de sílabas, duração cortada por acentos tônicos e pausas. Os acentos e as pausas constituem a parte mais antiga e mais puramente rítmica do metro; estão ainda próximos da pancada do tambor, da cerimônia ritual e dos calcanhares dançantes que batem no chão. O acento é dança e rito. Graças ao acento, o metro se põe em pé e é unidade dançante. A medida silábica implica um princípio de abstração, uma retórica e uma reflexão sobre a linguagem. Duração puramente linear, tende a converter-se em mecânica pura. Os acentos, as pausas, as aliterações, os choques ou uniões inesperadas de um som com outro, constituem a parte concreta e permanente do metro. As linguagens oscilam entre a prosa e o poema, o ritmo e o discurso. Em algumas é visível o predomínio rítmico; em outras se observa um crescimento excessivo dos elementos analíticos e discursivos, às expensas dos rítmicos e imaginativos. A luta entre as tendências naturais do idioma e as exigências do pensamento abstrato exprime-se nos idiomas modernos do Ocidente através da dualidade dos metros: em um extremo, versificação silábica, medida fixa; no pólo oposto, o jogo livre dos acentos e das pausas. Línguas latinas e línguas germânicas. As nossas tendem a fazer do ritmo medida fixa. Não é estranha essa inclinação, pois são filhas de Roma. A importância da versificação silábica revela o imperialismo do discurso e da gramática. E este predomínio da medida explica também que as criações poéticas modernas em nossas línguas sejam, de igual maneira, rebeliões contra o sistema de versificação silábica. Em suas formas atenuadas a rebelião conserva o metro, mas sublinha o valor visual da imagem ou introduz elementos que rompem ou alteram a medida: a expressão coloquial, o humor, a frase montada sobre dois versos, as mudanças de acentos e de pausas, etc. Noutros casos a revolta se apresenta como um regresso às formas populares e espontâneas da poesia. E em suas tentativas mais extremas prescinde do metro e escolhe como meio de expressão a prosa ou o verso livre. Esgotados os poderes de convocação e evocação da rima e do metro tradicionais, o poeta remonta a corrente, em busca da linguagem original, anterior à gramática. E encontra o núcleo primitivo: o ritmo.

O entusiasmo com que os poetas franceses acolheram o romantismo alemão deve ser visto como uma instintiva rebelião contra a versificação silábica e o que ela significa. No alemão, como no inglês, o idioma não é uma vítima da análise racional. O predomínio dos valores rítmicos facilitou a aventura do pensamento romântico. Diante do racionalismo do século das luzes o romantismo esgrime uma filosofia da natureza e do homem fundada no princípio de analogia: "tudo, — diz Baudelaire em *L'art romantique* — no espiritual como no natural, é significativo, recíproco, correspondente... tudo é hieroglífico... e o poeta é apenas o tradutor, o que decifra..." Versificação rítmica e pensamento analógico são as duas faces de uma mesma moeda. Graças ao ritmo percebemos esta universal correspondência: melhor dizendo, esta correspondência não é outra coisa senão a manifestação do ritmo. Voltar ao ritmo subentende uma mudança de atitude diante da realidade. E ao inverso, adotar o princípio de analogia significa regressar ao ritmo. Ao afirmar os poderes da versificação acentual diante dos artifícios do metro fixo, o poeta romântico proclama o triunfo da imagem sobre o conceito e o triunfo da analogia sobre o pensamento lógico.

A evolução da poesia moderna em francês e em inglês é um exemplo das relações entre ritmo verbal e criação poética. O francês é uma língua sem acentos tônicos e os recursos da pausa e da cesura os substituem. No inglês, o que realmente conta é o acento. A poesia inglesa tende a ser puro ritmo: dança, canção. A francesa: discurso, "meditação poética". Na França, o exercício da poesia exige que se vá contra as tendências da língua. No inglês, abandonar-se à corrente. O primeiro é o menos poético dos idiomas modernos, o menos inesperado; o segundo abunda em expressões estranhas e cheias de surpresa verbal. Daí que a revolução poética moderna tenha sentidos diversos em ambos os idiomas.

A riqueza rítmica do inglês é que dá o caráter próprio ao teatro elisabetano, à poesia dos "metafísicos" e à dos românticos. Não obstante, com certa regularidade de pêndulo, surgem reações de signo contrário, períodos em que a poesia inglesa busca insertar-se de novo na tradição latina [2]. Parece ocioso citar Milton, Dryden e Pope. Estes nomes evocam um sistema de versificação oposto ao que poderia chamar-se de tradição nativa inglesa: o verso branco de Milton, mais latino do que inglês, e o "heroic couplet", recurso favorito de Pope. Sobre este último, Dryden dizia que "it bounds and circumscribes the Fancy". A rima regula a fantasia, é um dique contra a enchente verbal, uma canalização do ritmo. A primeira metade de nosso século foi também uma reação "latina"

(2) Não é de estranhar-se: a história da Inglaterra e dos Estados Unidos pode ser vista como uma contínua oscilação — nostalgia e repulsa — que alternativamente os aproxima e os distancia da Europa, ou, mais exatamente, do mundo latino. Enquanto os germânicos, inclusive em suas épocas de maior extravio, nunca deixaram de sentir-se europeus, nos ingleses é manifesta a vontade de ruptura, desde a Guerra dos Cem Anos. A Alemanha prossegue enfeitiçada, para o bem e para o mal, pelo espectro do Sacro Império Romano Germânico que, mais ou menos abertamente, inspirou suas ambições de hegemonia européia. A Grã--Bretanha jamais pretendeu fazer da Europa um Império e se opôs a todas as tentativas, venham da direita ou da esquerda, invoquem o nome de César ou de Marx, para criar uma ordem política que não seja a do instável "equilíbrio de poderes". A história da cultura germânica, com maior ênfase ainda do que sua história política, é uma apaixonada tentativa de consumar a fusão entre o germânico e o latino. Não é necessário citar Goethe; a mesma paixão anima espíritos tão violentamente germânicos como Novalis e Nietzsche ou a pensadores em aparência tão distanciados desta espécie de preocupações como Marx.

em direção contrária ao século anterior, de Blake e do primeiro Yeats. (Digo "primeiro" porque este poeta, como Juan Ramón Jiménez, é vários poetas). A renovação da poesia inglesa moderna deve-se principalmente a dois poetas e a um ficcionista: Ezra Pound, T. S. Eliot e James Joyce. Apesar de suas obras serem muito diferentes, uma nota comum as une: todas são uma reconquista da herança européia. Parece desnecessário acrescentar que se trata, sobretudo, da herança latina: poesia provençal e italiana, em Pound; Dante e Baudelaire, em Eliot. Em Joyce é mais decisiva a presença greco-latina e medieval: não é em vão que tenha sido um filho rebelde da Companhia de Jesus. Para os três, a volta à tradição européia se inicia, e culmina, com uma revolução verbal. A mais radical foi a de Joyce, criador de uma linguagem que, sem deixar de ser inglês, é também todos os idiomas europeus. Eliot e Pound usaram inicialmente o verso livre rimado, à maneira de Laforgue; em seu segundo momento, regressaram a metros e estrofes fixas e então, segundo nos conta o próprio Pound, o exemplo de Gautier foi determinante. Todas essas mudanças se fundamentaram em outra: a substituição da linguagem "poética" — seja, o dialeto literário dos poetas do fim de século — pelo idioma de todos os dias. Não a estilizada linguagem "popular", à maneira de Juan Ramón Jiménez, Antonio Machado, García Lorca ou Alberti, no fim de contas não menos artificial que o idioma da poesia "culta", mas a fala da cidade. Não a canção tradicional: a conversação, a linguagem das grandes urbes do nosso século. Nisto a influência francesa foi determinante. Mas as razões que moveram os poetas ingleses foram exatamente contrárias às que inspiraram seus modelos. A irrupção de expressões prosaicas no verso — que se inicia com Victor Hugo e Baudelaire — e a adoção do verso livre e do poema em prosa, foram recursos contra a versificação silábica e contra a poesia concebida como discurso rimado. Contra o metro, contra a linguagem analítica: tentativa para voltar ao ritmo, chave da analogia ou correspondência universal. Na língua inglesa a reforma teve uma significação oposta: não ceder à sedução rítmica, manter viva a consciência crítica, mesmo nos momentos de maior abandono [3]. Em um e em outro idioma os poetas procuraram substituir a falsidade da dicção "poética" pela imagem concreta. Mas enquanto os franceses se rebelaram contra a *abstração* do verso silábico, os poetas de língua inglesa se rebelaram contra a *vagueza* da poesia rítmica.

(3) Isto explica a escassa influência do surrealismo na Inglaterra e nos Estados Unidos durante esse período. Em compensação, essa influência é decisiva na poesia de língua inglesa contemporânea e se inicia, mais ou menos, por volta de 1955.

The Waste Land foi julgado como um poema revolucionário por boa parte da crítica inglesa e estrangeira. Não obstante, só à luz da tradição do verso inglês pode entender-se cabalmente a significação deste poema. Seu tema não é simplesmente a descrição do gelado mundo moderno, mas a nostalgia de uma ordem universal cujo modelo é a ordem cristã de Roma. Daí que seu arquétipo poético seja uma obra que é a culminância e a expressão mais plena deste mundo: *A Divina Comédia*. À ordem cristã — que recolhe, transmuta e dá um sentido de salvação pessoal aos velhos ritos de fertilidade dos pagãos — Eliot opõe a realidade da sociedade moderna, tanto em suas brilhantes origens renascentistas, como em seu sórdido e fantasmal desenlace contemporâneo. Assim, as citações do poema — suas fontes espirituais — podem dividir-se em duas partes. Ao mundo de salvação pessoal e cósmica aludem as citações de Dante, Buda, Santo Agostinho, os Upanishad e os mitos da vegetação. A segunda metade se subdivide, por sua vez, em duas: a primeira corresponde ao nascimento de nossa idade; a segunda, à sua presente situação. Por um lado, fragmentos de Shakespeare, Spencer, Webster, Marvell, nos quais se reflete o luminoso nascimento do mundo moderno; por outro, Baudelaire, Nerval, o folclore urbano, a língua coloquial dos subúrbios. A vitalidade dos primeiros se revela nos últimos como vida desalmada. A visão de Elizabeth da Inglaterra e de Lord Robert em uma barca engalanada com velas de seda e bandeiras airosas, como uma ilustração de um quadro de Tiziano ou de Veronese, resolve-se na imagem da funcionária possuída por um galã num fim de semana.

A esta dualidade espiritual corresponde outra na linguagem. Eliot se reconhece devedor de duas correntes: os elizabetanos e os simbolistas (sobretudo Laforgue). Ambas servem-lhe para expressar a situação do mundo contemporâneo. Com efeito, o homem moderno começa a falar pela boca de Hamlet, Próspero e alguns heróis de Marlowe e Webster. Mas começa a falar como um ser sobre-humano e só com Baudelaire se exprime como um homem caído e uma alma dividida. O que torna Baudelaire um poeta moderno não é tanto a ruptura com a ordem cristã quanto a consciência dessa ruptura. Modernidade é consciência. E consciência ambígua: negação e nostalgia, prosa e lirismo. A linguagem de Eliot recolhe esta dupla herança: despojos de palavras, fragmentos de verdades, o esplendor do renascimento inglês aliado à miséria e aridez da urbe moderna. Ritmos quebrados, mundo de asfalto e de ratos atravessado por relâmpagos de beleza caída. Nesse reino de homens ocos, ao ritmo sucede a repetição. As Guerras Púnicas são também a primeira Guerra Mundial; confundidos, presente e passado deslizam para uma cavidade que é uma boca que tritura: a história. Mais tarde, esses mesmos fatos e essas mesmas pessoas reaparecem, desgastados, sem perfis, flutuando à deriva sobre uma água cinzenta. Todos são aquele e aquele é nenhum. Este caos recobra a significação quando nos colocamos diante do universo de salvação representado por Dante. A consciência de culpa é também nostalgia, consciência do exílio. Mas Dante não necessita provar suas afirmações e sua palavra sustenta sem esforço, como o talo ao fruto, o significado espiritual: não há ruptura entre palavra e sentido. Eliot, ao contrário, deve recorrer à citação e à colagem. O florentino se apóia em crenças vivas e compartilhadas; o inglês, como indica o crítico C. Brooks, tem por tema "a reabilitação de um sistema de crenças conhecido mas desacreditado"[4]. Pode agora compreender-se em que sentido o poema de Eliot é também uma reforma poética, não sem analogias com as de Milton e Pope. É uma restauração, mas é uma restauração de algo contra o que a Inglaterra, desde o Renascimento, rebelou-se: Roma.

Nostalgia de uma ordem espiritual, as imagens e ritmos de *The Waste Land* negam o princípio da analogia. Seu lugar é ocupado pela associação de idéias, destruidora da unidade da consciência. A utilização sistemática deste processo é um dos maiores acertos de Eliot. Desaparecido o mundo de valores cristãos — cujo centro é, justamente, a universal analogia entre céu, terra e inferno — nada resta ao homem, exceto a associação fortuita e casual de pensamentos e imagens. O mundo moderno perdeu o sentido e o testemunho mais cru desta ausência de direção é o automatismo da associação de idéias, que não está regido por nenhum ritmo cósmico ou espiritual, mas pelo acaso. Todo esse caos de fragmentos e ruínas apresenta-se como a antítese de um universo teológico, ordenado conforme os valores da Igreja romana. O homem moderno é o personagem de Eliot. Tudo lhe é estranho e em nada ele se reconhece. É a exceção que desmente todas as analogias e correspondências. O homem não é árvore, nem planta, nem ave. Está só em meio à criação. E quando toca um corpo humano não roça um céu, como queria Novalis, mas penetra em uma galeria de ecos. Nada menos romântico do que este poema. Nada menos inglês. A contrapartida de *The Waste Land* é a *Commedia* e seu antecedente imediato, *Les Fleurs du Mal*. Será necessário acrescentar que o título original do livro de Baudelaire era

(4) Veja-se o livro *T. S. Eliot: a Study of his Writings by Several Hands*. Londres, 1948.

Limbos e que *The Waste Land* representa, dentro do universo de Eliot, segundo declaração do próprio autor, não o Inferno, mas o Purgatório?

Pound, "il miglior fabbro", é o mestre de Eliot e a ele se deve o "simultaneísmo" de *The Waste Land,* processo de que usa e abusa em *The Cantos*. Diante da crise moderna, ambos os poetas volvem os olhos para o passado e atualizam a história: todas as épocas são esta época. Mas Eliot deseja efetivamente regressar e reinstalar a Cristo; Pound serve-se do passado como outra forma de futuro. Perdido o centro do seu mundo, lança-se a todas as aventuras. À diferença de Eliot, é um reacionário, não um conservador. Na verdade Pound nunca deixou de ser norte-americano e é o legítimo descendente de Whitman, isto é, é um filho da Utopia. Por isso valor e futuro tornam-se sinônimos para ele: é valioso o que contém uma garantia de futuro. Vale tudo aquilo que acaba de nascer e ainda brilha com a luz úmida do que está mais além do presente. O *Che-King* e os poemas de Arnault, justamente por serem tão antigos, são também novos: acabam de ser desenterrados, são o desconhecido. Para Pound a história é marcha, não círculo. Se embarca com Odisseu não é para regressar a Ítaca, mas por uma sede de espaço histórico: para ir além, sempre para além, para o futuro. A erudição de Pound é um banquete após uma expedição de conquista; a de Eliot, a busca de uma pauta que dê sentido à história, fixação ao movimento. Pound acumula as citações com um ar heróico de saqueador de túmulos; Eliot ordena-as como alguém que recolhe relíquias de um naufrágio. A obra do primeiro é uma viagem que talvez não nos leve a parte alguma; a de Eliot, uma busca da casa ancestral.

Pound está enamorado das grandes civilizações clássicas ou, mais propriamente, de certos momentos que, não sem arbitrariedade, considera arquetípicos. Os *Cantos* são uma atualização em termos modernos — uma *presentificação* — de épocas, nomes e obras exemplares. Nosso mundo flutua sem direção; vivemos sob o império da violência, mentira, agiotagem e grosseria porque fomos amputados do passado. Pound nos propõe uma tradição: Confúcio, Malatesta, Adams, Odisseu... A verdade é que nos oferece tantas e tão diversas porque ele mesmo não tem nenhuma. Por isso vai da poesia provençal à chinesa, de Sófocles a Frobenius. Toda sua obra é uma dramática busca dessa tradição que ele e seu país perderam. Mas essa tradição não estava no passado; a verdadeira tradição dos Estados Unidos, segundo se manifesta em Whitman, *era* o futuro: a livre sociedade dos camaradas, a nova Jerusalém democrática. O grande projeto histórico dos fundadores desta nação foi malogrado pelos monopólios financeiros, o imperialismo, o culto da ação pela ação, o ódio às idéias. Pound se volta para a história e interroga os livros e as pedras das grandes civilizações. Se se extravia nesses grandes cemitérios é porque lhe faz falta um guia: uma tradição central. A herança puritana, como viu muito bem Eliot, não podia ser uma ponte: ela mesma é ruptura, dissidência do Ocidente.

Diante do desmedido de sua pátria, Pound busca uma medida — sem dar-se conta de que também ele é desmesurado. O herói dos *Cantos* não é o astucioso Ulisses, sempre dono de si mesmo, nem o mestre Kung, que conhece o segredo da moderação, mas um ser exaltado, tempestuoso e sarcástico, ao mesmo tempo esteta, profeta e *clown*: Pound, o poeta mascarado, encarnação do antigo herói da tradição romântica. É o contrário de uma casualidade que a obra anterior aos *Cantos* se ampare sob o título de *Personae*: a máscara latina. Nesse livro, que contém alguns dos poemas mais belos do século, Pound é Bertrand de Born, Propércio, Li-Po — sem deixar nunca de ser Ezra Pound. O mesmo personagem, o rosto coberto por uma sucessão não menos prodigiosa de antifaces, atravessa as páginas confusas e brilhantes, lirismo transparente e galimatias, dos *Cantos*. Esta obra, como visão do mundo e da história, carece de um centro de gravidade; mas seu personagem é uma figura grave e central. É real, ainda que se movimente em um cenário irreal. O tema dos *Cantos* não é a cidade nem o bem-estar coletivo e sim a antiga história da paixão, condenação e transfiguração do poeta solitário. É o último grande poema romântico da língua inglesa e talvez do Ocidente. A poesia de Pound não está na linha de Homero, Virgílio, Dante e Goethe; talvez tampouco na de Propércio, Quevedo e Baudelaire. É poesia estranha, discordante e íntima ao mesmo tempo, como a dos grandes nomes da tradição inglesa e ianque. Para nós, latinos, ler Pound é tão surpreendente e estimulante como terá sido para ele ler Lope de Vega ou Ronsard.

Os saxões são os dissidentes do Ocidente e suas criações mais significativas são excêntricas em relação à tradição central de nossa civilização, que é latino-germânica. À diferença de Pound e Eliot — dissidentes da dissidência, heterodoxos em busca de uma impossível ortodoxia mediterrânea — Yeats nunca se rebelou contra a sua tradição. A influência de pensamentos e poéticas inusitadas e estranhas não contradiz, antes sublinha, o seu essencial romantismo. Mitologia irlandesa, ocultismo hindu e simbolismo francês são influências de tonalidades e intenções semelhantes. Todas estas correntes afirmam a identidade última entre o homem e a natureza; todas elas se proclamam herdeiras de uma tradição e de um saber perdidos, anteriores a Cristo e a Roma; em todas elas, enfim, reflete-se um mesmo céu povoado de signos que só o poeta pode ler. A analogia é a linguagem do poeta. Analogia é ritmo. Yeats continua a linha de Blake. Eliot marca o outro tempo do compasso. No primeiro triunfam os valores rítmicos; no segundo, os conceituais. Um inventa ou ressuscita mitos, é poeta no sentido original da palavra. O outro serve-se dos antigos mitos para revelar a condição do homem moderno.

Concluo: a reforma poética de Pound, Eliot, Wallace Stevens, Cummings e Marianne Moore pode ser vista como uma *re-latinização* da poesia de língua inglesa. É revelador que todos esses poetas fossem oriundos dos Estados Unidos. O mesmo fenômeno se produziu, um pouco antes, na América Latina: à semelhança dos poetas ianques, que recordaram à poesia inglesa sua origem européia, os "modernistas" hispano-americanos renovaram a *tradição européia* da poesia de língua espanhola, que tinha sido quebrada ou esquecida na Espanha. A maioria dos poetas anglo-americanos tentou transcender a oposição entre versificação acentual e regularidade métrica, ritmo e discurso, analogia e análise, seja pela criação de uma linguagem poética cosmopolita (Pound, Eliot, Stevens), seja pela americanização da vanguarda européia (Cummings e William Carlos Williams).

Os primeiros buscaram na tradição européia um classicismo; os segundos, uma antitradição. William Carlos Williams propôs-se a reconquistar o "American idiom", esse mito que desde a época de Whitman reaparece uma ou outra vez na literatura anglo-americana. Se a poesia de Williams é, de certo modo, um retorno a Whitman, é necessário acrescentar que se trata de um Whitman visto com os olhos da vanguarda européia. O mesmo deve dizer-se dos poetas que, nos últimos quinze ou vinte anos, seguiram o caminho de Williams. Este episódio paradoxal é exemplar: os poetas europeus, particularmente os franceses, viram em Whitman — tanto em seu verso livre quanto em sua exaltação do corpo — um profeta e um modelo de sua rebelião contra o verso silábico regular; hoje, os jovens poetas ingleses e anglo-americanos buscam na vanguarda francesa (surrealismo e Dadá) e em menor grau em algumas outras tendências — o expressionismo alemão, o futurismo russo e alguns poetas da América Latina e da Espanha — o mesmo que os europeus buscaram em Whitman. No outro extremo de poesia contemporânea anglo-americana, W. H. Auden, Jonn Berryman e Robert Lowell também olham para a Europa, mas o que nela procuram, sem a hipótese de uma impossível reconciliação, é uma origem. A origem de uma norma que, segundo eles, a própria Europa perdeu.

Depois do que já foi dito não é necessário estender-se na evolução da poesia francesa moderna. Bastará mencionar alguns episódios característicos. Em primeiro lugar, a presença do romantismo alemão, mais como fermento do que como influência textual. Embora muitas idéias de Baudelaire e dos simbolistas já se encontrassem em Novalis e noutros poetas e filósofos alemães, não se trata de um empréstimo e sim de um estímulo. A Alemanha foi uma atmosfera espiritual. Em alguns casos, contudo, houve o transplante. Nerval não só traduziu e imitou Goethe e vários românticos menores: uma das *Quimeras* (Délfica) é diretamente inspirada em *Mignon*: *Kennst du das Land, wo die Zitronen blühn*... A canção lírica de Goethe se transforma em um soneto hermético que é um verdadeiro templo (no sentido de Nerval: lugar de iniciação e de consagração). A contribuição inglesa também foi essencial. Os alemães deram à França uma visão do mundo e uma filosofia simbólica; os ingleses, um mito: a imagem do poeta como um desterrado, em luta contra os homens e os astros. Mais tarde Baudelaire descobriria Poe. Uma descoberta que foi uma recriação. O infortúnio funda uma estética na qual a exceção, a beleza irregular, é a verdadeira regra. O estranho poeta Baudelaire-Poe mina, assim, as bases éticas e metafísicas do classicismo. Em compensação, exceto como ruínas ilustres ou paisagens pitorescas, a Itália e a Espanha desaparecem. A influência da Espanha, decisiva nos séculos XVI e XVII, é inexistente no século XIX: Lautréamont cita, de passagem, Zorilla (leu-o?) e Hugo proclama seu amor por nosso Romancero. Não deixa de ser singular esta indiferença, quando se pensa que a literatura espanhola — particularmente Calderón — impressionou profundamente os românticos alemães e ingleses. Suspeito que a razão destas atitudes divergentes é a seguinte: enquanto os alemães e os ingleses vêem nos barrocos espanhóis uma justificação de sua própria singularidade, os poetas franceses procuram algo que a Espanha não lhes poderia dar, mas sim a Alemanha: um princípio poético contrário à sua tradição.

O contágio alemão, com sua ênfase na correspondência entre sonho e realidade e sua insistência em ver a natureza como um livro de símbolos, não podia circunscrever-se à esfera das idéias. Se o verbo é o duplo do cosmos, o campo da experiência espiritual é a linguagem. Hugo é o primeiro que ataca a prosódia. Ao tornar mais flexível o alexandrino, prepara a chegada do verso livre. Entretanto, devido à natureza da língua, a reforma poética não podia reduzir-se a uma mudança do sistema de versificação. Essa mudança, ademais, era e é impossível. Pode-se multiplicar as cesuras no interior do verso e praticar o *enjambement*: faltarão sempre os apoios rítmicos da versificação acentual. O verso livre francês distingue-se do de outros idiomas por ser uma combinação de diversas medidas silábicas e não de unidades rítmicas diferentes. Por isso Claudel recorre à assonância e Saint-John Perse à rima interior e à aliteração. Daí que a reforma tenha consistido na intercomunicação entre prosa e verso. A poesia francesa moderna nasce com a prosa romântica e seus precursores são Rousseau e Chateaubriand. A prosa deixa de ser a servidora da razão e torna-se confidente da sensibilidade. Seu ritmo obedece às efusões do coração e aos saltos da fantasia. Logo converte-se em poema. A analogia rege o universo de *Aurélia*; e os esboços de Aloysius Bertrand e Baudelaire desembocam na vertiginosa sucessão de visões de *As Iluminações*. A imagem arrebenta a prosa como descrição ou relato. Lautréamont consuma a ruína do discurso e da demonstração. Nunca foi tão completa a vingança da poesia. Abria-se o caminho para livros como *Nadja, Le paysan de Paris, Un certain Plume*... O verso se beneficia de outra maneira. O primeiro que aceita elementos prosaicos é Hugo; depois, com maior lucidez e sentido, Baudelaire. Não se tratava de uma reforma rítmica mas da inserção de um corpo estranho — humor, ironia, pausa reflexiva — destinado a interromper o trote das sílabas. O aparecimento do prosaísmo é um Alto!, uma cesura mental; suspensão do ânimo, sua função é provocar uma irregularidade. Estética da paixão, filosofia da exceção. O passo seguinte foi a poesia popular e, sobretudo, o verso livre. Só que, pelo que se disse mais acima, as possibilidades do verso livre eram limitadas; Eliot observa que nas mãos de Laforgue era apenas uma contração ou distorção do alexandrino tradicional. Por um momento pareceu que não se podia ir mais além do poema em prosa e do verso livre. O processo havia chegado ao seu termo final. Mas em 1897, um ano antes de sua morte, Mallarmé publica em uma revista: *Un coup de dés jamais n'abolira le hasard*.

A primeira coisa que surpreende é a disposição tipográfica do poema. Impressas em caracteres de diversos tamanhos e espessuras — versais, negritos, bastardinhos — as palavras se reúnem ou se dispersam de uma maneira que está longe de ser arbitrária mas que não é habitual nem da prosa nem da poesia. Sensação de deparar-se ante um cartaz ou anúncio de propaganda. Mallarmé compara esta distribuição a uma partitura: "la différence de caractères d'imprimerie... dicte son importance à l'emission orale". Ao mesmo tempo adverte que não se trata propriamente de versos — "traits sonores réguliers" — mas de "subdivisions prismatiques de l'Idée". Música para o entendimento e não para o ouvido; mas um entendimento que ouve e vê com os sentidos interiores. A Idéia não é um objeto da razão mas uma realidade que o poema nos revela em uma série de formas fugazes, isto é, em uma ordem temporal. A Idéia, sempre igual a si mesma, não pode ser contemplada em sua totalidade porque o homem é tempo, perpétuo movimento: o que vemos e ouvimos são as "subdivisões" da Idéia através do prisma do poema. Nossa apreensão é parcial e sucessiva. E é, ademais, simultânea: visual (imagens suscitadas pelo texto), sonora (tipografia: recitação mental) e espiritual (significados intuitivos, conceituais e emotivos). Mais adiante, na mesma nota que precede ao poema, o poeta nos confia que não foi estranha à sua inspiração a música escutada em concertos. E, para tornar mais completa a sua afirmação, acrescenta que o seu texto inaugura um gênero que será para o antigo verso o que é a sinfonia em relação à música vocal. A nova forma, insinua, poderá servir para os temas da imaginação pura e para os do intelecto, enquanto o verso tradicional continuará sendo o domínio da paixão e da fantasia. Por fim, nos oferece uma observação capital: seu poema é uma tentativa de reunião "de poursuites particulières et chères à notre temps, le vers libre et le poème en prose".

Embora a influência de Mallarmé tenha sido central na história da poesia moderna, dentro e fora da França, não creio que tenham sido exploradas todas as vias que esse texto abre à poesia. Talvez nesta segunda metade do século, graças à invenção de instrumentos cada vez mais perfeitos de reprodução sonora da palavra, a forma poética iniciada por Mallarmé se desdobrará em toda a sua riqueza. A poesia ocidental nasceu aliada à música; depois, as duas artes se separaram e cada vez que se tentou reuni-las o resultado foi a querela ou a absorção da palavra pelo som. Assim, não penso em uma aliança entre as duas. A poesia tem a sua própria música: a palavra. E esta música, como Mallarmé demonstra, é mais vasta que a do verso e da prosa tradicionais. De uma maneira algo sumária, mas que é testemunho de sua lucidez, Apollinaire afirma que os dias do livro estão contados: "la typographie termine brillamment sa carrière, à l'aurore des moyens nouveaux de reproduction qui sont le cinéma et le phonographe". Não creio no fim da escritura; creio que cada vez mais o poema tenderá a ser uma partitura. A poesia voltará a ser palavra pronunciada.

Un coup de dés encerra um período, o da poesia propriamente simbolista, e abre outro: o da poesia contemporânea. Duas vias partem de *Un coup de dés*: uma vai de Apollinaire aos surrealistas; outra, de Claudel a Saint-John Perse. O ciclo não se encerra ainda e, de uma ou outra maneira a poesia de René Char, Francis Ponge e Yves Bonnefoy se alimenta da tensão, união e separação, entre prosa e verso, reflexão e canto. Apesar de sua pobreza rítmica, graças a Mallarmé a língua francesa desdobrou nesse meio século as possibilidades virtualmente contidas no romantismo alemão. Ao mesmo tempo, por caminho diverso do da poesia inglesa, mas com intensidade semelhante, é palavra que reflete sobre si mesma, consciência de seu canto. Enfim, a poesia francesa destruiu a ilusória arquitetura da prosa e nos mostrou que a sintaxe se apóia em um abismo. Devastação do que tradicionalmente se chama de "espírito francês": análise, discurso, meditação moral, ironia, psicologia e tudo o mais. A rebelião poética mais profunda do século operou-se no lugar em que o espírito discursivo se apoderara quase totalmente da língua, a um ponto em que esta parecia desprovida de poderes rítmicos. No centro de uma nação raciocinadora brotou um bosque de imagens, uma nova ordem de cavalaria, armada dos pés à cabeça com armas envenenadas. A cem anos de distância do romantismo alemão, a poesia voltou a combater nas mesmas fronteiras. E essa rebelião foi primordialmente rebelião contra o verso francês: contra a versificação silábica e o discurso poético.

O verso espanhol combina de modo mais completo que o francês e o inglês a versificação acentual e a silábica. Revela-se assim eqüidistante dos extremos destes idiomas. Pedro Henríquez Ureña divide o verso espanhol em duas grandes correntes: a versificação regular — fundada em esquemas métricos e estróficos fixos, nos quais cada verso se compõe de um determinado número de sílabas — e a versificação irregular, na qual não importa tanto a medida, mas o golpe rítmico dos acentos. Sendo assim, os acentos tônicos são decisivos mesmo no caso da mais pura versificação silábica e sem eles não há verso em espanhol. A liberdade rítmica se amplia pelo fato de os metros espanhóis não exigirem, na realidade, a acentuação fixa; inclusive o mais estrito, o hendecassílabo, admite uma grande variedade de golpes rítmicos: nas sílabas quarta e oitava; na sexta; na quarta e na sétima; na quarta; na quinta. Acrescente-se o valor silábico variável das esdrúxulas e dos agudos; a dissolução dos ditongos, as sinalefas e demais recursos que permitem modificar a contagem das sílabas. Na verdade não se trata propriamente de dois sistemas independentes, mas de uma só corrente na qual se combatem e se separam, se alternam e se fundem, as versificações silábica e acentual.

A luta que a versificação regular e a rítmica desenvolvem nas entranhas da língua espanhola não se expressa como oposição entre a imagem e o conceito. Entre nós a dualidade revela-se como tendência para a história e inclinação pelo canto. O verso espanhol, qualquer que seja a sua longitude, consiste em uma combinação de acentos — passos de dança — e medida silábica. É uma unidade na qual se abraçam dois contrários: um que é dança e outro que é relato linear, marcha, no sentido militar da palavra. Nosso verso tradicional, o octossílabo, é um verso a cavalo, feito para trotar e pelejar, mas também para dançar. A mesma dualidade se observa nos metros maiores, hendecassílabos e alexandrinos, que serviram a Berceo e Ercilla para narrar e a San Juan de la Cruz e Darío para cantar. Nossos metros oscilam entre a dança e o galope e nossa poesia se movimenta entre dois pólos: o Romancero e o *Cântico espiritual*. O verso espanhol possui uma natural facilidade para contar sucessos heróicos ou cotidianos, com objetividade, precisão e sobriedade. Quando se diz que o traço distintivo de nossa poesia épica é o realismo, compreende-se que este realismo ingênuo, e portanto de natureza muito diversa do moderno, sempre intelectual e ideológico, coincide com o caráter do ritmo espanhol? Versos viris, octossílabos e alexandrinos, mostram uma irresistível vocação para a crônica e para a narrativa. O romance nos conduz sempre a narrar. Em pleno apogeu da "poesia pura", arrastado pelo ritmo do octossílabo, García Lorca retorna ao anedótico e não teme incorrer no pormenor descritivo. Esses episódios e essas imagens perderiam o seu valor em combinações métricas mais irregulares. Alfonso Reyes, ao traduzir a *Ilíada*, não tem outro remédio senão voltar ao alexandrino. Em compensação, nossos poetas fracassam quando tentam a narrativa em versos livres, como se nota em longas e desconjuntadas passagens do *Canto General* de Pablo Neruda. (Noutros casos acerta plenamente, como em *Alturas de Macchu Picchu;* mas esse poema não é descrição nem narrativa e sim canto.) Darío fracassou também quando quis criar uma espécie de hexâmetro para as suas tentativas épicas. Não deixa de

ser estranha esta característica modal, quando se pensa
que a nossa poesia épica medieval é irregular e que a
versificação silábica inicia-se com a lírica, no século XV.
Seja como for, os acentos tônicos exprimem o nosso amor
pela galhardia e pela elegância e, mais profundamente,
pela fúria dançante. Os acentos espanhóis nos levam a
conceber o homem como um ser extremoso e ao mesmo
tempo como região de encontro dos mundos inferiores e
superiores. Agudos, graves, esdrúxulos, bisesdrúxulos —
pancadas sobre o couro do tambor, palmas, gritos, clarins:
a poesia de língua espanhola é dança festiva e fúnebre,
dança erótica e vôo místico. Quase todos os nossos
poemas, sem excluir os místicos, podem ser cantados e
dançados, como dizem que dançavam os seus os filósofos
pré-socráticos.

Esta dualidade explica as antíteses e contrastes
freqüentes em nossa poesia. Se o barroquismo é jogo
dinâmico, claro-escuro, oposição violenta entre isto e
aquilo, somos barrocos por fatalidade do idioma. Na
própria língua já estão, em germe, todos os nossos contrastes, o realismo dos místicos e o misticismo dos pícaros.
Mas já se tornou cansativo aludir a essas duas veias,
gêmeas e contrárias, da nossa tradição. E que dizer de
Góngora? Poeta visual, nada mais plástico do que suas
imagens e ao mesmo tempo nada menos feito para os
olhos: há luzes que cegam. Esta dupla tendência peleja
sem cessar em cada poema e impulsiona o poeta a jogar
o tudo pelo tudo do poema em uma imagem cerrada como
um punho. Daí a tensão, o caráter rotundo, a valentia de
nossos clássicos. Daí também as quedas na prolixidade, no
amaneiramento, na rigidez, ou ainda nesse constante
perder-se nos corredores do castelo sem saída do engenhoso.
Mas às vezes a luta cessa e brotam versos transparentes
em que tudo é pacto e compasso:

> Corrientes aguas, puras, cristalinas,
> árboles que os estáis mirando en ellas...

milagrosa combinação de acentos e claras consoantes e
vogais. O idioma se veste "de hermosura y luz no usada".
Tudo se transfigura, tudo desliza, dança ou voa, movido
por alguns acentos. O verso espanhol tem esporas nas
velhas botinas, mas também asas. E é tal o poder expressivo do ritmo que às vezes bastam os puros elementos
sonoros para que a iluminação poética se produza, como
no obcecante e tão citado

> un no *sé qué que que*dan balbuciendo

de San Juan de la Cruz. O êxtase não se manifesta como
imagem, nem como idéia ou conceito. É, verdadeiramente,

o inefável expressando-se inefavelmente. O idioma chegou, sem esforço, à sua extrema tensão. O verso diz o indizível. É um tartamudeio que diz tudo sem dizer nada, ardente repetição de um pobre som: ritmo puro. Compare-se este verso com um de Eliot, em *The Waste Land*, que pretende exprimir o mesmo arroubo, a um só tempo pleno e vazio de palavras: o poeta inglês recorre a uma citação em língua sânscrita. O sagrado — ou ao menos uma certa familiaridade com o divino, ao mesmo tempo entranhada e fulminante — parece se encarnar em nossa língua com maior naturalidade que em outras. E do mesmo modo, *Cantos de Inocência*, de Blake, diz coisas que jamais se disseram em espanhol e que, talvez, jamais se dirão.

A prosa sofre mais do que o verso desta contínua tensão. E é compreensível: a luta se resolve, no poema, com o triunfo da imagem, que abraça os contrários sem aniquilá-los. O conceito, ao invés disso, tem que forcejar entre duas forças inimigas. Por isso a prosa espanhola triunfa na narrativa e prefere a descrição ao raciocínio. A frase se alonga entre vírgulas e parênteses; se a cortamos com pontos, o parágrafo se converte numa sucessão de disparos, um arquejo de afirmações entrecortadas e os pedaços da serpente saltam em todas as direções. Em alguns casos, para que a marcha não se torne monótona, recorremos às imagens. Então o discurso vacila e as palavras se põem a dançar. Roçamos as fronteiras do poético ou, com mais freqüência, da oratória. Só o retorno ao concreto, ao palpável com os olhos do corpo e da alma, devolve à prosa o seu equilíbrio. Novelistas, cronistas, teólogos ou místicos, todos os grandes prosadores espanhóis narram, contam, descrevem, abandonam as idéias pelas imagens, esculpem os conceitos. Até mesmo um filósofo como Ortega y Gasset criou uma prosa que não se recusa à plasticidade da imagem. Prosa solar, as idéias desfilam sob uma luz de meio-dia, belos corpos em um ar transparente e ressoante, aragem de um alto patamar feito para os olhos e a escultura. Nunca as idéias se moveram com maior graciosidade: "hay estilos de pensar que son estilos de danzar". A natureza do idioma favorece o nascimento de talentos extremados, solitários e excêntricos. Ao contrário do que acontece na França, entre nós a maioria escreve mal e canta bem. Mesmo entre os grandes escritores as fronteiras entre a prosa e a poesia são indecisas. Em espanhol há uma prosa no sentido artístico do vocábulo, isto é, no sentido em que o prosador Valle Inclán é um grande poeta, mas não existe no reto sentido da palavra: discurso, teoria intelectual.

Cada vez que surge um grande prosador, nasce de novo a linguagem. Com ele começa uma nova tradição. Assim, a prosa tende a confundir-se com a poesia, a ser ela mesma poesia. O poema, pelo contrário, não pode apoiar-se na prosa espanhola. Situação única na época moderna. A poesia européia contemporânea é inconcebível sem os estudos críticos que a precedem, acompanham e prolongam. Uma exceção seria a de Antonio Machado. Mas há uma ruptura entre sua poética — pelo menos o que considero o centro de seu pensamento — e sua poesia. Ante o simbolismo dos poetas "modernistas" e ante as imagens da vanguarda, Machado mostrou a mesma reticência; e diante das experiências deste último movimento seus juízos foram severos e incompreensivos. Sua oposição a estas tendências o fez regressar às formas da canção tradicional. Em compensação, suas reflexões sobre a poesia são plenamente modernas e até mesmo se adiantam a seu tempo. Ao prosador, não ao poeta, devemos esta intuição capital: a poesia, se é alguma coisa, é revelação da "essencial heterogeneidade do ser", erotismo, "alteridade". Seria inútil buscar em seus poemas a revelação dessa "alteridade" ou a visão de nossa estranheza. A descoberta disso surge em sua obra poética como idéia, não como realidade, isto é: não se traduz na criação de uma linguagem que encarnasse nossa "alteridade". Assim, não teve conseqüências em sua poesia.

Durante muitos anos o prestígio da preceptiva neoclássica impediu uma justa apreciação de nossa poesia medieval. A versificação irregular parecia titubeio ou hesitação de aprendizes. A presença de metros de diversos comprimentos em nossos cantares épicos era fruto da inépcia do poeta, embora os entendidos advertissem certa tendência à regularidade métrica. Suspeito que essa tendência à "regularidade" é uma invenção moderna. Nem os poetas nem os ouvintes ouviam as "irregularidades" métricas, mas eram muito sensíveis à sua profunda unidade rítmica e imaginativa. Não creio, ademais, que saibamos como se diziam esses versos. Esquece-se com freqüência que não somente pensamos e vivemos de uma maneira distinta da de nossos antepassados como ainda ouvimos e vemos de outro modo. Por volta do fim do medievo inicia-se o apogeu da versificação regular. Mas a adoção de metros regulares não fez desaparecer a versificação acentual porque, como já se disse, não se trata de sistemas distintos mais de duas tendências dentro de uma mesma corrente. Desde o triunfo da versificação italiana, no século XVI, somente em dois períodos a balança inclinou-se para a versificação amétrica: no romântico e no moderno. No primeiro, com timidez; no segundo, abertamente. O período moderno se divide em dois momentos: o "modernista", apogeu das influências parnasianas e simbolistas da França, e o contemporâneo. Em ambos, os poetas hispano-americanos foram os iniciadores da reforma; e em duas ocasiões a crítica peninsular denunciou o "galicismo mental" dos hispano-americanos — para mais tarde reconhecer que essas importações e inovações eram também, e sobretudo, uma redescoberta dos poderes verbais do castelhano.

O movimento "modernista" inicia-se por volta de 1885 e se extingue, na América, durante os anos da primeira Guerra Mundial. Na Espanha principia e termina mais tarde. A influência francesa foi predominante. Influíram também, em menor grau, dois poetas norte-americanos (Poe e Whitman) e um português (Eugênio de Castro). Hugo e Verlaine, particularmente o segundo, foram os deuses maiores de Rubén Darío. Houve outros. Em seu livro *Los Raros* (1896) oferece-nos uma série de retratos e estudos dos poetas que admirava ou lhe interessavam: Baudelaire, Leconte de Lisle, Moréas, Villiers de l'Isle Adam, Castro, Poe e o cubano José Martí, como único escritor de língua castelhana... Darío fala de Rimbaud, Mallarmé e, novidade maior, de Lautréamont. O estudo sobre Ducasse foi talvez o primeiro aparecido fora da França; e lá mesmo só foi precedido, se não falha a memória, pelos artigos de Léon Bloy e Rémy de Gourmont. A poética do modernismo, despojada do palavrório da época, oscila entre o ideal escultório de Gautier e a música simbolista: *Yo persigo una forma que no encuentra mi estilo,* diz Darío, *y no hallo sino la palabra que huye.. y el cuello del gran cisne blanco que me interroga.* A "celeste unidade" do universo está no ritmo. No caracol marinho o poeta ouve *un profundo oleaje y un misterioso viento: el caracol la forma tiene de un corazón.* O método de associação poética dos "modernistas", às vezes verdadeira mania, é a sinestesia. Correspondência entre música e cores, ritmo e idéias, mundo de sensações que rimam com realidades invisíveis. No centro, a mulher: *la rosa sexual* (que) *al entreabrirse conmueve todo lo que existe.* Ouvir o ritmo da criação — mas também vê-lo, e palpá-lo — para construir uma ponte entre o mundo, os sentidos e a alma: missão do poeta.

Nada mais natural que o centro de suas preocupações fosse a música do verso. A teoria acompanhou a prática. À parte as numerosas declarações de Darío, Díaz Mirón. Valencia e dos demais corifeus do movimento, dois poetas dedicaram livros inteiros ao tema: o peruano Manuel

González Prada e o boliviano Ricardo Jaimes Freyre. Os dois sustentam que o núcleo do verso é a unidade rítmica e não a medida silábica. Seus estudos confirmam e ampliam a doutrina do venezuelano Andrés Bello, que desde 1835 já assinalara a função básica do acento tônico na formação das cláusulas (ou pés) que compõem os períodos rítmicos. Os "modernistas" inventaram metros, alguns até de vinte sílabas; adotaram outros do francês, do inglês e do alemão; e ressuscitaram muitos que tinham sido esquecidos na Espanha. Com eles aparece em castelhano o verso semilivre e o livre. A influência francesa nos esboços de versificação amétrica foi menor; mais decisivo, a meu ver, foi o exemplo de Poe, Whitman e Castro. No começo do século os poetas espanhóis acolheram estas novidades. A maioria foi sensível à retórica "modernista", mas poucos se advertiram da verdadeira significação do movimento. E dois grandes poetas mostraram a sua reserva: Unamuno com certa impaciência, Antonio Machado com amistoso distanciamento. Ambos, contudo, usaram muitas dessas inovações métricas. Juan Ramón Jiménez, em um primeiro momento, adotou a maneira mais externa da escola; depois, à semelhança do Rubén Darío de *Cantos de vida y esperanza*, embora com um instinto mais seguro da palavra interior, despojou o poema de atavios inúteis e tentou uma poesia que se chamou de "desnuda" e que eu prefiro chamar de essencial.

Jiménez não nega o "modernismo": assume a sua consciência profunda. Em seu segundo e terceiro períodos serve-se de metros curtos tradicionais e do verso livre e semilivre dos "modernistas". Sua evolução poética parece-se com a de Yeats. Ambos sofreram a influência dos simbolistas franceses e de seus epígonos (ingleses e hispano-americanos); ambos aproveitaram a lição de seus seguidores (Yeats, mais generoso, confessou sua dívida com Pound; Jiménez denegriu a Guillén, García Lorca e Cernuda); ambos partem de uma poesia carregada que lentamente se aligeira e se torna transparente; ambos chegam à velhice para escrever seus melhores poemas. Sua carreira para a morte foi a carreira para a juventude poética. Em todas as suas mudanças Jiménez foi fiel a si mesmo. Não houve evolução e sim maturação, crescimento. Sua coerência é como a da árvore que muda mas não se desloca. Não foi um poeta simbolista: é o simbolismo em língua espanhola. Ao dizer isto não descubro nada; ele mesmo o disse muitas vezes. A crítica se empenha em ver no segundo e no terceiro Jiménez um negador do modernismo": como poderia sê-lo se o leva às suas conseqüências mais extremas e, acrescentarei, *naturais*: a expressão simbólica do mundo? Alguns anos antes de morrer escreve *Espacio*, longo poema que é uma recapitulação e uma crítica de sua vida poética. Está diante da paisagem tropical da Flórida (e diante de todas as paisagens que viu ou pressentiu): fala sozinho ou conversa com as árvores? Jiménez percebe pela primeira vez, e talvez pela última, o silêncio *in-significante* da natureza. Ou são as palavras humanas unicamente que são ar e ruído? A missão do poeta, diz-nos, não é salvar o homem mas salvar o mundo: nomeá-lo. *Espacio* é um dos momentos da consciência poética moderna e com esse texto capital culmina e termina a interrogação que o grande cisne fez a Darío em sua juventude.

O "modernismo" também abre a via da interpenetração entre prosa e verso. A linguagem falada, e portanto o vocábulo técnico e o da ciência, a expressão em francês ou em inglês e, enfim, tudo o que constitui a fala urbana. Surgem o humor, o monólogo, a conversação, a *collage* verbal. Como sempre, Darío é o primeiro. O verdadeiro mestre, contudo, é Leopoldo Lugones, um dos maiores poetas de nossa língua (ou talvez se deveria dizer: um dos nossos maiores escritores). Em 1909 publica *Lunario sentimental*. É Laforgue, mas um Laforgue desmesurado, com menos coração e mais olhos e no qual a ironia cresceu até tornar-se visão descomunal e grotesca. O terreno baldio é um vale lunar. A imensa planície sul-americana entra pela sotéia e se estende na mesa do poeta como uma toalha enrugada. O mexicano López Velarde recolhe e transforma a estética inumana de Lugones. É o primeiro que, na verdade, ouve as pessoas falarem e que percebe nesse burburinho confuso o marulho do ritmo, a música do tempo. O monólogo de López Velarde é inquietante porque é composto de duas vozes: o "outro", nosso duplo e nosso desconhecido, aparece por fim no poema. Por volta dessa época Jiménez e Machado proclamam a volta à "linguagem popular". A diferença com os hispano-americanos é decisiva. A "fala do povo", vaga noção que vem de Herder, não é a mesma coisa que a linguagem efetivamente falada nas cidades de nosso século. A primeira é uma nostalgia do passado; é uma herança literária e seu modelo é a canção tradicional; a segunda é uma realidade viva e presente: surge no poema precisamente como ruptura da canção. A canção é tempo medido; a linguagem falada é descontinuidade, revelação do tempo real. Na Espanha só por volta de 1930 um poeta menor, José Moreno Villa, descobrirá os poderes poéticos da frase coloquial.

López Velarde nos conduz às portas da poesia contemporânea. Não será ele quem as abrirá, mas Vicente

Huidobro. Com Huidobro, o "pássaro de luxo"; chegam Apollinaire e Reverdy. A imagem recobra as asas. A influência do poeta chileno foi muito grande na América e na Espanha; grande e polêmica. Esta última prejudicou a apreciação de sua obra; a legenda obscurece sua poesia. Nada mais injusto: *Altazor* é um poema, um grande poema em que a aviação poética se transforma em queda para "los adentros de si mismo", imersão vertiginosa no vazio. Vicente Huidobro, o "cidadão do olvido": *contempla de tan alto que todo se hace aire*. Está em todas as partes e em nenhuma: é o oxigênio invisível de nossa poesia. Ao lado do aviador, o mineiro: César Vallejo. A palavra, dificilmente arrancada à insônia, enegrece e se avermelha, é pedra e é brasa, carvão e cinza: *a fuerza de calor, tiene frío*. A linguagem se volta sobre si mesma. Não a dos livros, a das ruas; não a da rua, a do quarto do hotel sem ninguém. Fusão da palavra e da fisiologia: *Ya va a venir el día, ponte el saco. Ya va a venir el día; ten fuerte en la mano a tu intestino grande... Ya va a venir el día, ponte el alma... has soñado esta noche que vivías de nada y morías de todo...* Não a poesia da cidade: o poeta na cidade. A fome não como tema de dissertação e sim falando diretamente, com voz desfalecente e delirante. Voz mais poderosa do que a do sonho. E essa fome torna-se uma infinita vontade de dar e repartir-se: *su cadáver estaba lleno de mundo*.

Como na época do "modernismo", os dois centros da vanguarda foram Buenos Aires (Borges, Girondo, Molinari) e México (Pellicer, Villaurrutia, Gorostiza). Em Cuba surge a poesia mulata: para cantar, dançar e maldizer (Nicolás Guillén, Emilio Ballagas); no Equador, Jorge Carrera Andrade inicia um "registro do mundo", inventário de imagens americanas... Mas o poeta que encarna melhor este período é Pablo Neruda. Certo, é o mais abundante e desigual e isto prejudica a sua compreensão; também é certo que quase sempre é o mais rico e denso de nossos poetas. A vanguarda tem dois tempos: o inicial de Huidobro, até 1920, volatilização da palavra e da imagem; e o segundo de Neruda, dez anos depois, ensimesmada penetração até a entranha das coisas. Não o regresso à terra: a imersão em um oceano de águas pesadas e lentas. A história do "modernismo" se repete. Os dois poetas chilenos influíram em todo o âmbito da língua e foram reconhecidos na Espanha como Darío em sua hora. E poderia acrescentar-se que a parelha Huidobro-Neruda é como que um desdobramento de um mítico Darío vanguardista, que correspondería às duas épocas do Darío real: *Prosas profanas*, Huidobro; *Cantos de vida y esperanza*, Neruda. Na Espanha a ruptura com a poesia anterior é menos violenta. O primeiro que realiza a fusão entre linguagem falada e imagem não é um poeta em verso, mas em prosa: o grande Ramón Gómez de la Serna. Em 1930 surge a antologia de Gerardo Diego, que divulga o grupo de poetas mais rico e singular da Espanha desde o século XVII: Jorge Guillén, Federico García Lorca, Rafael Alberti, Luís Cernuda, Aleixandre... Detenho-me. Não escrevo um panorama literário. E o capítulo que segue me toca demasiado de perto.

A poesia moderna de nossa língua é mais um exemplo das relações entre prosa e verso, ritmo e metro. A descrição poderia estender-se ao italiano, que possui uma estrutura semelhante ao castelhano, ou ao alemão, mina de ritmos. No que diz respeito ao espanhol, vale a pena repetir que o apogeu da versificação rítmica, conseqüência da reforma levada a cabo pelos poetas hispano-americanos, é na realidade uma volta ao verso espanhol tradicional. Mas este regresso não teria sido possível sem a influência de correntes poéticas estrangeiras, a francesa em particular, que nos mostraram a correspondência entre ritmo e imagem poética. Mas uma vez: ritmo e imagem são inseparáveis. Esta longa digressão nos leva ao ponto de partida: só a imagem poderá dizer-nos como o verso, que é frase rítmica, é também frase que possui sentido.

A IMAGEM

A palavra imagem possui, como todos os vocábulos, diversas significações. Por exemplo: vulto, representação, como quando falamos de uma imagem ou escultura de Apolo ou da Virgem. Ou figura real ou irreal que evocamos ou produzimos com a imaginação. Neste sentido, o vocábulo possui um valor psicológico: as imagens são produtos imaginários. Não são estes seus únicos significados, nem os que aqui nos interessam. Convém advertir, pois, que designamos com a palavra imagem toda forma verbal, frase ou conjunto de frases, que o poeta diz e que unidas compõem um poema [1]. Estas expressões verbais foram classificadas pela retórica e se chamam comparações, símiles, metáforas, jogos de palavras, parono-

(1) Roberto Vernengo propõe, para evitar confusões, a expressão: "referência poética".

másias, símbolos, alegorias, mitos, fábulas, etc. Quaisquer que sejam as diferenças que as separam, todas têm em comum a preservação da pluralidade de significados da palavra sem quebrar a unidade sintática da frase ou do conjunto de frases. Cada imagem — ou cada poema composto de imagens — contém muitos significados contrários ou díspares, aos quais abarca ou reconcilia sem suprimi-los. Assim, San Juan de la Cruz fala de "la música callada", frase na qual se aliam dois termos em aparência irreconciliáveis. O herói trágico, neste sentido, também é uma imagem. Exemplificando: a figura de Antígona, despedaçada entre a piedade divina e as leis humanas. A cólera de Aquiles tampouco é simples e nela se unem os contrários: o amor por Pátroclo e a piedade por Príamo, o fascínio ante uma morte gloriosa e o desejo de uma vida longa. Em Sigismundo a vigília e o sonho se enlaçam de maneira indissolúvel e misteriosa. Em Édipo, a liberdade e o destino... A imagem é cifra da condição humana.

Épica, dramática ou lírica, condensada em uma frase ou desenvolvida em mil páginas, toda imagem aproxima ou conjuga realidades opostas, indiferentes ou distanciadas entre si. Isto é, submete à unidade a pluralidade do real. Conceitos e leis científicas não pretendem outra coisa. Graças a uma mesma redução racional, indivíduos e objetos — plumas leves e pesadas pedras — convertem-se em unidades homogêneas. Não sem um justificado assombro as crianças descobrem um dia que um quilo de pedras pesa o mesmo que um quilo de plumas. Custa-lhes muito reduzir pedras e plumas à abstração quilo. Dão-se conta de que pedras e plumas abandonaram sua maneira própria de ser e que por uma escamoteação, perderam todas as suas qualidades e sua autonomia. A operação unificadora da ciência mutila-as e empobrece-as. O mesmo não ocorre com a poesia. O poeta nomeia as coisas: estas são plumas, aquelas são pedras. E de súbito afirma: as pedras são plumas, isto é aquilo. Os elementos da imagem não perdem seu caráter concreto e singular: as pedras continuam sendo pedras, ásperas, duras, impenetráveis, amarelas de sol ou verdes de musgo: pedras pesadas. E as plumas, plumas: leves. A imagem resulta escandalosa porque desafia o princípio de contradição: o pesado é o ligeiro. Ao enunciar a identidade dos contrários, atenta contra os fundamentos do nosso pensar. Portanto, a realidade poética da imagem não pode aspirar à verdade. O poema não diz o que é e sim o que poderia ser. Seu reino não é o do ser, mas o do "impossível verossímil" de Aristóteles.

Apesar desta sentença adversa os poetas se obstinam em afirmar que a imagem revela o que é e não o que poderia ser. E ainda mais: dizem que a imagem recria o ser. Desejosos de restaurar a dignidade filosófica da imagem, alguns não vacilam em buscar o amparo da lógica dialética. Com efeito, muitas imagens se ajustam aos três tempos do processo: a pedra é um momento da realidade; a pluma, outro; e de seu choque surge a imagem, a nova realidade. Não é necessário recorrer a uma impossível enumeração das imagens para dar-se conta de que a dialética não abarca a todas. Algumas vezes o primeiro termo devora o segundo. Outras, o segundo neutraliza o primeiro. Ou não se produz o terceiro termo e os dois elementos aparecem frente a frente, irredutíveis, hostis. As imagens do humor pertencem geralmente a esta última classe: a contradição serve apenas para assinalar o caráter irreparavelmente absurdo da realidade ou da linguagem. Enfim, apesar de muitas imagens se desdobrarem conforme a ordem hegeliana, quase sempre se trata antes de uma semelhança do que de uma verdadeira identidade. No processo dialético pedras e plumas desaparecem em favor de uma terceira realidade, que já não é nem pedras nem plumas, mas outra coisa. Mas em algumas imagens — precisamente as mais altas — continuam sendo o que são: isto é isto e aquilo é aquilo; e ao mesmo tempo, isto é aquilo: as pedras são plumas, sem deixar de ser pedras. O pesado é o leve. Não há a transmutação qualitativa que a lógica de Hegel exige, como não houve a redução quantitativa da ciência. Em suma, também para a dialética a imagem constitui um escândalo e um desafio, também viola as leis do pensamento. A razão desta insuficiência — porque é insuficiência não poder explicar-se algo que está aí, diante dos nossos olhos, tão real como o resto da chamada realidade — talvez consista em que a dialética é uma tentativa para salvar os princípios lógicos — e em especial o de contradição — ameaçados por sua cada vez mais visível incapacidade para digerir o caráter contraditório da realidade. A tese não se dá ao mesmo tempo que a antítese; e ambas desaparecem para dar lugar a uma nova afirmação que, ao englobá-las, transmuta-as. Em cada um dos três momentos reina o princípio de contradição. Nunca afirmação e negação se dão como realidades simultâneas, pois isso implicaria a supressão da idéia mesma de processo. Ao deixar intacto o princípio de contradição, a lógica dialética condena a imagem, que omite esse princípio.

Como as outras ciências, a lógica não deixou de se fazer a pergunta crítica que toda disciplina deve fazer-se em um dado momento: a de seus fundamentos. Tal é, se não me equivoco, o sentido dos paradoxos de Bertrand Russell e, em um extremo oposto, o das investigações de Husserl. Assim, surgiram novos sistemas lógicos. Alguns poetas se interessaram nas investigações de S. Lupasco, que se propõe desenvolver séries de proposições fundadas no que ele chama de princípio de contradição complementária. Lupasco deixa intactos os termos contrários, mas sublinha sua interdependência. Cada termo pode atualizar-se em seu contrário, de que depende em razão direta e contraditória. *A* vive em função contraditória de *B;* cada alteração em *A* produz conseqüentemente uma modificação, em sentido inverso, em *B*.[2] Negação e afirmação, isto e aquilo, pedras e plumas, se dão simultaneamente e em função complementária de seu oposto.

O princípio de contradição complementária absolve algumas imagens, mas não todas. O mesmo, talvez, deve dizer-se de outros sistemas lógicos. Ora, o poema não só proclama a coexistência dinâmica e necessária de seus contrários como a sua final identidade. E esta reconciliação, que não implica redução nem transmutação da singularidade de cada termo, é um muro que até agora o pensamento ocidental se recusou a saltar ou a perfurar. Desde Parmênides nosso mundo tem sido o da distinção nítida e incisiva entre o que é e o que não é. O ser não é o não-ser. Este primeiro desenraizamento — porque foi como arrancar o ser do caos primordial — constitui o fundamento de nosso pensar. Sobre esta concepção construiu-se o edifício das "idéias claras e distintas", que se tornou possível a história do Ocidente, também condenou a uma espécie de ilegalidade todas as tentativas de prender o ser por caminhos que não fossem os desses princípios. Mística e poesia viveram assim uma vida subsidiária, clandestina e diminuída. O desenraizamento tem sido indizível e constante. As conseqüências desse exílio da poesia são cada dia mais evidentes e aterradoras: o homem é um desterrado do fluir cósmico e de si mesmo. Pois ninguém ignora que a metafísica ocidental termina em um solipsismo. Para rompê-lo, Hegel regressa até Heráclito. Sua tentativa não nos devolveu a saúde. O castelo de cristal da dialética revela-se ao fim como um labirinto de espelhos. Husserl se coloca de novo todos os problemas e proclama a necessidade de "voltar aos fatos". Mas o idealismo de Husserl parece desembocar também em um solipsismo. Heidegger retorna aos pré-socráticos para fazer-se a mesma pergunta que se fez

(2) Stéphane Lupasco, *Le principe d'antagonisme et la logique de l'énergie,* Paris, 1951.

Parmênides e encontrar uma resposta que não imobilize o ser. Não conhecemos ainda a última palavra de Heidegger, mas sabemos que a sua tentativa de encontrar o ser na existência tropeçou com um muro. Agora, segundo mostram alguns dos seus últimos escritos, volta-se para a poesia. Qualquer que seja o desenlace de sua aventura, o certo é que, deste ângulo, a história do Ocidente pode ser vista como a história de um erro, um extravio, no duplo sentido da palavra: distanciamo-nos de nós mesmos ao nos perdermos no mundo. Há que começar outra vez.

O pensamento oriental não sofreu deste horror ao "outro", ao que é e não é ao mesmo tempo. O mundo ocidental é o do "isto ou aquilo". Já no mais antigo Upanishad se afirma sem reticências o princípio da identidade dos contrários: "Tu és mulher. Tu és homem. És o rapaz e também a donzela. Tu, como um velho, te apóias em um cajado... Tu és o pássaro azul-escuro e o verde de olhos vermelhos... Tu és as estações e os mares"[3]. E estas afirmações o Upanishad Chandogya condensa-as na célebre fórmula: "Tu és aquilo". Toda a história do pensamento oriental parte desta antiqüíssima afirmação, do mesmo modo que a do Ocidente se origina de Parmênides. Êste é o tema constante da especulação dos grandes filósofos budistas e dos exègetas do hinduísmo. O taoísmo revela as mesmas tendências. Tôdas estas doutrinas reiteram que a oposição entre isto e aquilo é, simultâneamente, relativa e necessária, mas que há um momento em que cessa a inimizade entre os têrmos que nos pareciam excludentes.

Como se fosse um antecipado comentário a certas especulações contemporâneas, Chuang-Tsé assim explica o caráter funcional e relativo dos opostos: "Não há nada que não seja isto; não há nada que não seja aquilo. Isto vive em função daquilo. Tal é a doutrina da interdependência de isto e aquilo. A vida é vida diante da morte. E vice-versa. A afirmação o é diante da negação. E vice-versa. Portanto, se alguém se apóia nisto, teria que negar aquilo. Mas isto possui sua afirmação e sua negação e também engendra seu isto e seu aquilo. Portanto, o verdadeiro sábio despreza o isto e o aquilo e se refugia em Tao..." Há um ponto em que isto e aquilo, pedras e plumas, se fundem. E esse momento não está antes nem depois, no princípio ou no fim dos tempos. Não é paraíso natal ou pré-natal nem céu ultraterrestre. Não vive no reino da sucessão, que é precisamente o dos contrários relativos, mas está em cada momento. É cada momento. É o próprio tempo engendrando-se, fluindo-se, abrindo-se a um acabar que é um contínuo começar.

(3) *Svetasvatara Upanishad. The Thirteen Principal Upanishads, translated from the Sanskrit by R. E. Hume*, Oxford University Press, 1951.

Jôrro, fonte. Aí, no próprio seio do existir — ou melhor, do existindo-se — pedras e plumas, o leve e o pesado, nascer-se e morrer-se, ser-se, são uma e mesma coisa.

O conhecimento que nos propõem as doutrinas orientais não é transmissível em fórmulas ou raciocínios. A verdade é uma experiência e cada um deve tentá-la por sua conta e risco. A doutrina nos mostra o caminho, mas ninguém pode percorrê-lo por nós. Daí a importância das técnicas de meditação. A aprendizagem não consiste no acúmulo de conhecimentos, mas na depuração do corpo e do espírito. A meditação não nos ensina nada, exceto o esquecimento de todas as ensinanças e a renúncia a todos os conhecimentos. Ao fim destas provas, sabemos menos mas estamos mais leves; podemos empreender a viagem e nos defrontarmos com a mirada vertiginosa e vazia da verdade. Vertiginosa em sua imobilidade; vazia em sua plenitude. Muitos séculos antes que Hegel descobrisse a equivalência final entre o nada absoluto e o pleno ser, os Upanishad tinham definido os estados de vazio como instantes de comunhão com o ser: "O mais alto estado se alcança quando os cinco instrumentos do conhecer permanecem quietos e juntos na mente e esta não se move"[4]. Pensar é respirar. Reter o alento, deter a circulação da idéia: produzir o vazio para que o ser aflore. Pensar é respirar porque pensamento e vida não são universos separados e sim vasos comunicantes: isto é aquilo. A identidade última entre o homem e o mundo, a consciência e o ser, o ser e a existência, é a crença mais antiga do homem e a raiz da ciência e da religião, magia e poesia. Todos os nossos empreendimentos se orientam para descobrir o velho caminho, a via esquecida da comunicação entre os dois mundos. Nossa busca tende a redescobrir ou a verificar a universal correspondência dos contrários, reflexo de sua original identidade. Inspirados neste princípio, os sistemas tântricos concebem o corpo como metáfora ou imagem do cosmos. Os centros sensíveis são nós de energia, confluências de correntes estelares, sanguíneas, nervosas. Cada uma das posturas dos corpos abraçados é o signo de um zodíaco regido pelo ritmo tríplice da seiva, do sangue e da luz. O templo de Konarak é coberto por uma delirante selva de corpos enlaçados: estes corpos são também sóis que se levantam de seu leito de chamas, estrelas que se acoplam. A pedra arde, as substâncias enamoradas se entrelaçam. As bodas alquímicas não são diversas das humanas. Po-Chu-I nos conta em um poema autobiográfico que:

(4) *Katha Upanishad*, veja-se nota 3.

In the middle of the night I stole a furtive glance:
The two ingredients were in affable embrace;
Their attitude was most unexpected,
They were locked together in the posture of man and wife,
Intertwined as dragons, coil with coil[5].

Para a tradição oriental a verdade é uma experiência pessoal. Portanto, em sentido estrito, é incomunicável. Cada um deve começar e refazer por si mesmo o processo da verdade. E ninguém, exceto aquele que empreende a aventura, pode saber se chegou ou não à plenitude, à identidade com o ser. O conhecimento é inefável. Às vezes, este "estar no saber" se exprime em uma gargalhada, um sorriso ou um paradoxo. Mas esse sorriso pode também indicar que o adepto não encontrou nada. Todo o conhecimento se reduziria então a saber que o conhecimento é impossível. Uma vez ou outra os textos se comprazem com este gênero de ambigüidades. A doutrina resolve-se em silêncio. Tao é indefinível e inominável: "O Tao que pode ser nomeado não é o Tao absoluto; os Nomes que podem ser pronunciados não são os Nomes absolutos". Chuang-Tsé afirma que a linguagem, por sua própria natureza, não pode exprimir o absoluto, dificuldade que não é muito distinta da que se desvela aos criadores da lógica simbólica. "Tao não pode ser definido... Aquele que conhece, não fala. E o que fala, não conhece. Portanto, o Sábio prega a doutrina sem palavras." A condenação das palavras origina-se da incapacidade da linguagem para transcender o mundo dos opostos relativos e interdependentes, do isto em função do aquilo. "Quando se fala de aprender a verdade, pensa-se nos livros. Mas os livros são feitos de palavras. As palavras, é claro, tem um valor. O valor das palavras reside no sentido que ocultam. Ora, este sentido não é senão um esforço para alcançar algo que não pode ser alcançado realmente pelas palavras[6]." Com efeito, o sentido aponta para as coisas, assinala-as, mas não as alcança jamais. Os objetos estão mais além das palavras.

Apesar de sua crítica da linguagem, Chuang-Tsé não enunciou à palavra. O mesmo acontece com o budismo Zen, doutrina que se resolve em paradoxos e em silêncio mas à qual devemos duas das mais altas criações verbais do homem: o teatro *Nô* e o *hai-ku de Bashô*. Como explicar esta contradição? Chuang-Tsé afirma que o sábio "prega a doutrina sem palavras". Ora, o taoísmo —

(5) Arthur Waley, *The Life and Times of Po-Chu-I*, Londres, 1949.
(6) Arthur Waley, *The Way and its Power. A Study of the Tao Tê Ching and its Place in the Chinese Thought*, Londres, 1949.

diversamente do cristianismo — não crê nas boas ações. Tampouco nas más: simplesmente não crê nas ações. A prédica sem palavras a que alude o filósofo chinês não é a do exemplo, mas a de uma linguagem que seja algo mais do que a linguagem: palavra que diga o indizível. Embora Chuang-Tsé jamais tenha pensado na poesia como uma linguagem capaz de transcender o sentido de isto e aquilo e de dizer o indizível, não se pode separar seu raciocínio das imagens, jogos de palavras e outras formas poéticas. Poesia e pensamento se entretecem em Chuang--Tsé até formar uma só tela, uma única matéria insólita. O mesmo deve dizer-se das outras doutrinas. Graças às imagens poéticas o pensamento taoísta, hindu e budista resulta compreensível. Quando Chuang-Tsé explica que a experiência de Tao implica um retorno a uma espécie de consciência elementar ou original, onde os significados relativos da linguagem resultam inoperantes, recorre a um jogo de palavras que é um enigma poético. Diz que esta experiência de regresso ao que somos originalmente é "entrar na gaiola dos pássaros sem fazê-los cantar". *Fan* é gaiola e regresso; *ming* é canto e nomes [7]. Assim, a frase quer dizer também: "regressar ali onde os nomes não são necessários", ao silêncio, reino das evidências. Ou ao lugar onde os nomes e as coisas se fundem e são a mesma coisa: à poesia, reino onde nomear é ser. A imagem diz o indizível: as plumas leves são pedras pesadas. Há que retornar à linguagem para ver como a imagem pode dizer o que, por natureza, a linguagem parece incapaz de dizer.

A linguagem é significado: sentido de isto ou aquilo. As plumas são leves; as pedras, pesadas. O leve é leve em relação ao pesado, o escuro diante do luminoso, etc. Todos os sistemas de comunicação vivem no mundo das referências e dos significados relativos. Daí que sejam conjuntos de signos dotados de certa mobilidade. Por exemplo, no caso dos números, um zero à esquerda não é o mesmo que um zero à direita: as cifras modificam seu significado de acordo com a sua posição. Outro tanto ocorre com a linguagem, só que a sua gama de mobilidade é muito superior às de outros processos de significação e comunicação. Cada vocábulo possui vários significados, mais ou menos conexos entre si. Esses significados se ordenam e se precisam de acordo com o lugar da palavra na oração. Os outros desaparecem ou se atenuam. Ou, dizendo de outro modo: em si mesmo o idioma é uma infinita possibilidade de significados; ao atualizar-se em uma frase, ao converter-se verdadeira-

(7) Arthur Waley, *op cit.*

mente em linguagem, essa possibilidade se fixa em uma única direção. Na prosa, a unidade da frase é conseguida através do sentido, que é algo como uma flecha que obriga todas as palavras a apontarem para um mesmo objeto ou para uma mesma direção. Ora, a imagem é uma frase em que a pluralidade de significados não desaparece. A imagem recolhe e exalta todos os valores das palavras, sem excluir os significados primários e secundários. Como pode a imagem, encerrando dois ou mais sentidos, ser una e resistir à tensão de tantas forças contrárias, sem converter-se em um mero disparate? Há muitas proposições, perfeitamente corretas quanto ao que chamaríamos a sintaxe gramatical e lógica, que terminam por ser um contra-senso. Outras desembocam em um sem-sentido, como as citadas por García Bacca em sua *Introducción a la lógica moderna* ("o número dois é duas pedras"). Mas a imagem não é nem um contra-senso nem um sem-sentido. Assim, a unidade da imagem deve ser algo mais do que a meramente formal que se dá nos contra-sensos e em geral em todas as proposições que não significam nada ou que constituem simples incoerências. Qual pode ser o sentido da imagem, se vários e díspares significados lutam em seu interior?

As imagens do poeta têm sentido em diversos níveis. Em primeiro lugar, possuem autenticidade: o poeta as viu ou ouviu, são a expressão genuína de sua visão e experiência do mundo. Trata-se, pois, de uma verdade de ordem psicológica, que evidentemente nada tem a ver com o problema que nos preocupa. Em segundo lugar, essas imagens constituem uma realidade objetiva, válida por si mesma: são obras. Uma paisagem de Góngora não é a mesma coisa que uma paisagem natural, mas ambas possuem realidade e consistência, embora vivam em esferas distintas. São duas ordens de realidades paralelas e autônomas. Neste caso, o poeta faz algo mais do que dizer a verdade; cria realidades que possuem uma verdade: a de sua própria existência. As imagens poéticas tem a sua própria lógica e ninguém se escandaliza de que o poeta diga que a água é cristal ou que "el pirú es primo del sauce" (Carlos Pellicer). Mas esta verdade estética da imagem só vale dentro de seu próprio universo. Finalmente, o poeta afirma que suas imagens nos dizem algo sobre o mundo e sobre nós mesmos e que esse algo, ainda que pareça um disparate, nos revela de fato o que somos. Esta pretensão das imagens poéticas possui algum fundamento objetivo? O aparente contra-senso ou sem-sentido do dizer poético encerra algum sentido?

Quando percebemos um objeto qualquer, este se nos apresenta como uma pluralidade de qualidades, sensações e significados. Esta pluralidade se unifica, instantâneamente, no momento da percepção. O elemento unificador de todo este conjunto de qualidades e de formas é o sentido. As coisas possuem um sentido. Mesmo no caso da mais simples, casual e distraída percepção dá-se uma certa intencionalidade, segundo demonstraram as análises fenomenológicas. Assim, o sentido não só é o fundamento da linguagem como também de toda apreensão da realidade. Nossa experiência da pluralidade e da ambigüidade do real parece que se redime no sentido. À semelhança da percepção ordinária, a imagem poética reproduz a pluralidade da realidade e, ao mesmo tempo, outorga-lhe unidade. Até aqui o poeta não realiza algo que não seja comum ao resto dos homens. Vejamos agora em que consiste a operação unificadora da imagem, para diferenciá-la das outras formas de expressão da realidade.

Todas as nossas versões do real — silogismos, descrições, fórmulas científicas, comentários de ordem prática, etc. — não recriam aquilo que pretendem exprimir. Limitam-se a representá-lo ou descrevê-lo. Se vemos uma cadeira, por exemplo, percebemos instantâneamente sua cor, sua forma, os materiais com que foi construída, etc. A apreensão de todas estas notas dispersas não é obstáculo para que, no mesmo ato, nos seja dado o significado da cadeira: o de ser um móvel, um utensílio. Mas se queremos descrever nossa percepção da cadeira, teremos que ir aos poucos e por partes: primeiro sua forma, depois sua cor e assim sucessivamente até chegar ao significado. No curso do processo descritivo foi-se perdendo pouco a pouco a totalidade do objeto. A princípio a cadeira foi apenas forma, mais tarde uma certa espécie de madeira e finalmente puro significado abstrato: a cadeira é um objeto que serve para sentar-se. No poema a cadeira é uma presença instantânea e total, que fere de um golpe a nossa atenção. O poeta não descreve a cadeira: coloca-a diante de nós. Como no momento da percepção, a cadeira nos é dada com todas as suas qualidades contrárias e, no ápice, o significado. Assim, a imagem reproduz o momento de percepção e força o leitor a suscitar dentro de si o objeto um dia percebido. O verso, a frase-ritmo, evoca, ressuscita, desperta, recria. Ou, como dizia Machado: não representa, mas apresenta. Recria, revive nossa experiência do real. Não vale a pena assinalar que essas ressurreições não são sòmente as de nossa experiência cotidiana, mas as de nossa vida mais òbscura e remota.

O poema nos faz recordar o que esquecemos: o que somos realmente.

A cadeira é muitas coisas ao mesmo tempo: serve para sentar-se, mas também pode ter outros usos. E outro tanto ocorre com as palavras. Logo que reconquistam a sua plenitude, readquirem seus significados e valores perdidos. A ambigüidade da imagem não é diversa da ambigüidade da realidade, tal como a apreendemos no momento da percepção: imediata, contraditória, plural e, não obstante, possuidora de um sentido recôndito. Por obra da imagem produz-se a instantânea reconciliação entre o nome e o objeto, entre a representação e a realidade. Portanto, o acordo entre o sujeito e o objeto dá-se com certa plenitude. Esse acordo seria impossível se o poeta não usasse da linguagem e se essa linguagem, por meio da imagem, não recuperasse a sua riqueza original. Mas esta volta das palavras à sua primeira natureza — isto é, à sua pluralidade de significados — é apenas o primeiro ato da operação poética. Ainda não apreendemos de todo o sentido da imagem poética.

Toda frase possui uma referência a outra, é suscetível de ser explicada por outra. Graças à mobilidade dos signos, as palavras podem ser explicadas pelas palavras. Quando tropeçamos com uma sentença obscura, dizemos: "O que estas palavras querem dizer é isto ou aquilo". E para dizer "isto ou aquilo" recorremos a outras palavras. Toda frase quer dizer algo que pode ser dito ou explicado por outra frase. Em conseqüência, o sentido ou significado é um *querer dizer*. Ou seja: um dizer que pode dizer-se de outra maneira. O sentido da imagem, pelo contrário, é a própria imagem: não se pode dizer com outras palavras. *A imagem explica-se a si mesma*. Nada, exceto ela, pode dizer o que quer dizer. Sentido e imagem são a mesma coisa. Um poema não tem mais sentido que as suas imagens. Ao ver a cadeira, apreendemos instantaneamente seu sentido: sem necessidade de recorrer à palavra, sentamo-nos. O mesmo ocorre com o poema: suas imagens não nos levam a outra coisa, como ocorre com a prosa, mas nos colocam diante de uma realidade concreta. Quando o poeta diz dos lábios de sua amada: "pronuncian con desdén sonoro hielo", não faz um símbolo da brancura ou do orgulho. Coloca-nos diante de um fato sem recorrer à demonstração: dentes, palavras, gelos, lábios, realidades díspares, apresentam-se de um só golpe diante de nossos olhos. Goya não nos descreve os horrores da guerra: oferece-nos simplesmente a imagem da guerra. Os comentários, as referências e as explicações ficam sobrando. O poeta não quer dizer: *diz*. Orações e frases são meios. A imagem não é meio; sustentada em si mesma, ela é seu sentido. Nela acaba e nela começa. O sentido do poema é o próprio poema. As imagens são irredutíveis a qualquer explicação e interpretação. Assim pois, as palavras — que haviam recuperado sua ambigüidade original — sofrem agora outra desconcertante e mais radical transformação. Em que consiste?

Derivados da natureza significante da linguagem, dois atributos distinguem as palavras: primeiro, sua mobilidade ou intermutabilidade; segundo, por virtude de sua mobilidade, a capacidade de uma palavra de poder ser explicada por outra. Podemos dizer de muitas maneiras a idéia mais simples. Ou mudar as palavras de um texto ou de uma frase sem alterar gravemente o sentido. Ou explicar uma sentença por outra. Nada disto é possível com a imagem. Há muitas maneiras de dizer a mesma coisa em prosa; só existe uma em poesia. Não é a mesma coisa dizer "de desnuda que está brilla la estrella" e "la estrella brilla porque está desnuda". O sentido se degradou na segunda versão: de afirmação converteu-se em rasteira explicação. A corrente poética sofreu uma baixa de tensão. A imagem faz com que as palavras percam a sua mobilidade e intermutabilidade. Os vocábulos se tornam insubstituíveis, irreparáveis. Deixaram de ser instrumentos. A linguagem deixa de ser um utensílio. O retorno da linguagem à natureza original, que parecia ser o fim último da imagem, é apenas o passo preliminar para uma operação ainda mais radical: a linguagem, tocada pela poesia, cessa imediatamente de ser linguagem. Ou seja: conjunto de signos móveis e significantes. O poema transcende a linguagem. Fica agora explicado o que disse ao começar esse livro: o poema é linguagem — e linguagem antes de ser submetida à mutilação da prosa ou da conversação —, mas é também mais alguma coisa. E esse algo mais é inexplicável pela linguagem, embora só possa ser alcançado por ela. Nascido da palavra, o poema desemboca em algo que a transpassa.

A experiência poética é irredutível à palavra e, não obstante, só a palavra a exprime. A imagem reconcilia os contrários, mas esta reconciliação não pode ser explicada pelas palavras — exceto pelas da imagem, que já deixaram de sê-lo. Assim, a imagem é um recurso desesperado contra o silêncio que nos invade cada vez que tentamos exprimir a terrível experiência do que nos rodeia e de nós mesmos. O poema é linguagem em tensão: em extremo de ser e em ser até o extremo. Extremos da palavra e palavras extremas, voltadas sobre as suas próprias entranhas, mostrando o reverso da fala: o silêncio e a não-significação. Mais aquém da imagem, jaz o mundo do idioma, das explicações e da história. Mais além, abrem-se as portas do real: significação e não-significação tornam-se termos equivalentes. Tal é o sentido último da imagem: ela mesma.

Certo, nem em todas as imagens os opostos se reconciliam sem destruir-se. Algumas descobrem semelhanças entre os termos ou elementos de que se compõe a realidade: são as comparações, segundo Aristóteles as definiu. Outras aproximam "realidades contrárias" e produzem assim uma "nova realidade", como diz Reverdy. Outras provocam uma contradição insuperável ou um sem-sentido absoluto, que denuncia o caráter irrisório do mundo, da linguagem ou do homem (a esta classe pertencem os disparos do humor e, já fora do âmbito da poesia, as piadas). Outras nos revelam a pluralidade e interdependência do real. Há, enfim, imagens que realizam o que parece ser uma impossibilidade, tanto lógica quanto lingüística: as núpcias dos contrários. Em todas elas — apenas perceptível ou inteiramente realizado — observa-se o mesmo processo: a pluralidade do real manifesta-se ou expressa-se como unidade última, sem que cada elemento perca sua singularidade essencial. As plumas são pedras, sem deixar de ser plumas. A linguagem, voltada sobre si mesma, diz o que por natureza parecia escapar-lhe. O dizer poético diz o indizível.

A censura que Chuang-Tsé faz à palavra não atinge a imagem, porque ela já não é, em sentido estrito, função verbal. Com efeito, a linguagem é sentido disto ou daquilo. O sentido é o nexo entre o nome e aquilo que nomeamos. Assim, implica distância entre um e outro. Ao enunciarmos certa classe de proposição ("o telefone é comer". "Maria é um triângulo", etc.) produz-se um sem-sentido porque a distância entre a palavra e a coisa, o signo e o objeto, torna-se insalvável: a ponte, o sentido, rompeu-se. O homem fica só, encerrado em sua linguagem. E na verdade fica também sem linguagem, pois as palavras que emite são puros sons que já não significam nada. Com a imagem sucede o contrário. Longe de aumentar, a distância entre a palavra e a coisa se reduz ou desaparece por completo: o nome e o nomeado são a mesma coisa. O sentido — na medida em que é nexo ou ponte — também desaparece: já não há nada que apreender, nada que assinalar. Mas não se produz o sem-sentido ou o contra-sentido e sim algo que é indizível e inexplicável, exceto por si mesmo. Outra vez: o sentido da imagem é a própria imagem. A linguagem ultrapassa o círculo dos significados relativos, o isto e o aquilo, e diz o indizível: as pedras são plumas, isto é aquilo. A linguagem indica, representa; o poema não explica nem representa: apresenta. Não alude à realidade; pretende — e às vezes o consegue — recriá-la. Portanto, a poesia é um penetrar, um estar ou ser na realidade.

A verdade do poema apóia-se na experiência poética, que não difere essencialmente da experiência de identificação com a "realidade da realidade", tal como foi descrita pelo pensamento oriental e uma parte do ocidental. Esta experiência, reputada indizível, expressa-se e comunica-se pela imagem. E aqui nos defrontamos com outra perturbadora propriedade do poema, que será examinada mais adiante * : em virtude de ser inexplicável, exceto por si mesma, a maneira própria de' comunicação da imagem não é a transmissão conceitual. A imagem não explica: convida-nos a recriá-la e, literalmente, a revivê-la. O dizer do poeta se encarna na comunhão poética. A imagem transmuta o homem e converte-o por sua vez em imagem, isto é, em espaço onde os contrários se fundem. E o próprio homem, desgarrado desde o nascer, reconcilia-se consigo quando se faz imagem, quando se *faz outro*. A poesia é metamorfose, mudança, operação alquímica, e por isso é limítrofe da magia, da religião e de outras tentativas para transformar o homem e fazer 'deste" ou "daquele" esse "outro" que é ele mesmo. O universo deixa de ser um vasto armazém de coisas heterogêneas. Astros, sapatos, lágrimas, locomotivas, salgueiros, mulheres, dicionários, tudo é uma imensa família, tudo se comunica e se transforma sem cessar, um mesmo sangue corre por todas as formas e o homem pode ser, por fim, o seu desejo: ele mesmo. A poesia coloca o homem fora de si e, simultaneamente, o faz regressar ao seu ser original: volta-o para si. O homem é sua imagem: ele mesmo e aquele outro. Através da frase que é ritmo, que é imagem, o homem — esse perpétuo chegar a ser — é. A poesia é entrar no ser.

(*) O autor refere-se a outro ensaio, "A consagração do instante", do seu livro *El arco y la lira*, também constante do presente volume. (N. do T.)

A CONSAGRAÇÃO DO INSTANTE

Em páginas anteriores procurou-se distinguir o ato poético de outras experiências limítrofes. Agora faz-se necessário mostrar como esse ato irredutível se inserta no mundo. Embora a poesia não seja religião, nem magia, nem pensamento, para realizar-se como poema apóia-se em algo alheio a si mesma. Alheio, mas sem o qual não poderia encarnar-se. O poema é poesia e, além disso, outras coisas. E este *além disso* não.é algo postiço ou acrescentado, mas um constituinte de seu ser. Um poema puro seria aquele em que as palavras abandonassem seus significados particulares e suas referências a isto ou aquilo, para significar somente o ato de poetizar — exigência que acarretaria o seu desaparecimento, pois as palavras não são outra coisa que significados de isto e aquilo, isto é, de objetos relativos e históricos. Um poema puro não poderia ser composto de palavras e seria, literalmente, indizível. Ao mesmo tempo, um poema que não lutasse contra a natureza das palavras, obrigando-as a ir mais além de si mesmas e de seus significados relativos, um poema que não tentasse fazê-las dizer o indizível, permaneceria uma simples manipulação verbal. O que caracteriza o poema é sua necessária dependência da palavra tanto como sua luta por transcendê-la. Esta circunstância permite uma indagação sobre a sua natureza como algo único e irredutível e, simultaneamente, considerá-lo como uma expressão social inseparável de outras manifestações históricas. O poema, ser de palavras, vai mais além das palavras e a história não esgota o sentido do poema; mas o poema não teria sentido — e nem sequer existência — sem a história, sem a comunidade que o alimenta e à qual alimenta.

As palavras do poeta, justamente por serem palavras, são suas e alheias. Por um lado, são históricas: pertencem a um povo e a um momento da fala desse povo: são algo datável. Por outro lado, são anteriores a toda data: são um começo absoluto. Sem o conjunto de circunstâncias a que chamamos Grécia não existiriam nem a *Ilíada* nem a *Odisséia;* mas sem esses poemas tampouco teria existido a realidade histórica que foi a Grécia. O poema é um tecido de palavras perfeitamente datáveis e um ato anterior a todas as datas: o ato original com que principia toda história social ou individual; expressão de uma sociedade e, simultaneamente, fundamento dessa sociedade, condição de sua existência. Sem palavra comum não há poema; sem palavra poética, tampouco há sociedade, Estado, Igreja ou comunidade alguma. A palavra poética é histórica em dois sentidos complementares, inseparáveis e contraditórios: no de constituir um produto social e no de ser uma condição prévia à existência de toda sociedade.

A linguagem que alimenta o poema não é, no fim de contas, senão história, nome disto ou daquilo, referência e significação que alude a um mundo histórico fechado e cujo sentido se esgota com o de seu personagem central: um homem ou um grupo de homens. Ao mesmo tempo, todo esse conjunto de palavras, objetos, circunstâncias e homens que constituem uma história parte de um princípio, isto é, de uma palavra que o funda e que lhe outorga sentido. Esse princípio não é histórico nem é algo que pertença ao passado e sim algo que está sempre presente e disposto a encarnar-se. O que Homero nos conta não é um passado datável e, a rigor, nem sequer é passado: é uma categoria temporal que flutua, por assim dizer, sobre o tempo, sempre com avidez de presente. É algo que volta a acontecer logo que uns lábios pronunciem os velhos hexâmetros, algo que está sempre começando e que não cessa de manifestar-se. A história é o lugar da encarnação da palavra poética.

O poema é mediação entre uma experiência original e um conjunto de atos e experiências posteriores, que só adquirem coerência e sentido com referência a essa primeira experiência que o poema consagra. E isto é aplicável tanto ao poema épico como ao lírico e dramático. Em todos eles o tempo cronológico — a palavra comum, a circunstância socia ou individual — sofre uma transformação decisiva: cessa de fluir, deixa de ser sucessão, instante que vem depois e antes de outros idênticos e se converte em começo de outra coisa. O poema traça uma linha divisória que separa o instante privilegiado da corrente temporal: nesse aqui e nesse agora principia algo: um amor, um ato heróico, uma visão da divindade, um assombro momentâneo diante daquela árvore ou diante da fronte de Diana, lisa como uma muralha polida. Esse instante é ungido com uma luz especial: foi consagrado pela poesia, no melhor sentido da palavra consagração. Ao inverso do que ocorre com os axiomas dos matemáticos, as verdades dos físicos ou as idéias dos filósofos, o poema não abstrai a experiência: esse tempo está vivo, é um instante pleno de toda a sua particularidade irredutível e é perpetuamente suscetível de repetir-se em outro instante, de reengendrar-se e iluminar com sua luz novos instantes, novas experiências. Os amores de Safo, e a própria Safo, são irrepetíveis e pertencem à história; mas seu poema está vivo, é um fragmento temporal que, graças ao ritmo, pode reencarnar-se indefinidamente. Faço mal em chamá-lo fragmento, pois é um mundo completo em si mesmo, tempo único, arquetípico, que já não é passado nem futuro, mas presente. E esta virtude de ser para sempre presente, por obra da qual o poeta escapa à sucessão e à história, liga-o mais inexoravelmente à história. Se é presente, só existe neste agora e aqui de sua presença entre os homens. Para ser presente o poema necessita fazer-se presente entre os homens, encarnar na história. Como toda criação humana, o poema é um produto histórico, filho de um tempo e de um lugar; mas também é algo que transcende o histórico e se situa em um tempo anterior a toda história, no princípio do princípio. Antes da história, mas não fora dela. Antes, por ser realidade arquetípica, impossível de datar, começo absoluto, tempo total e auto-suficiente. Dentro da história — e ainda mais: história — porque só vive encarnado, reengendrando-se, repetindo-se no instante de comunhão poética. Sem a história — sem os homens, que são a origem, a substância e o fim da história — o poema não poderia nascer nem encarnar; e sem o poema tampouco haveria história, porque não haveria origem nem começo.

Pode concluir-se que o poema é histórico de duas maneiras: a primeira, como produto social; a segunda, como criação que transcende o histórico mas que, para ser efetivamente, necessita encarnar-se de novo na história e repetir-se entre os homens. E esta segunda maneira ocorre-lhe por ser uma categoria temporal especial: um tempo que é sempre presente, um presente potencial e que não pode realmente realizar-se a não ser fazendo-se presente de uma maneira concreta em um aqui e um agora determinados. O poema é tempo arquetípico; e por sê-lo, é tempo que se encarna na experiência concreta de um povo, um grupo ou uma seita. Esta possibilidade de encarnar-se entre os homens torna-o manancial, fonte: o poema dá de beber a água de um perpétuo presente que é, também, o mais remoto passado e o futuro mais imediato. O segundo modo de ser histórico do poema é, portanto, polêmico e contraditório: aquilo que o torna único e o separa do resto das obras humanas é o seu transmutar o tempo sem abstraí-lo; e essa mesma operação leva-o, para cumprir-se plenamente, a regressar ao tempo.

Vistas de fora, as relações entre poema e história não apresentam fissura alguma: o poema é um produto social. Inclusive quando reina a discórdia entre sociedade e poesia — como ocorre em nossa época — e a primeira condena a segunda ao desterro, o poema não escapa à história: continua sendo, em sua própria solidão, um testemunho histórico. A uma sociedade desgarrada corresponde uma poesia como a nossa. Ao longo dos séculos, por outro lado, Estados e Igrejas confiscam para os seus fins a voz poética. Quase nunca se trata de um ato de violência: os poetas coincidem com esses fins e não vacilam em consagrar com sua palavra as empresas, experiências e instituições de sua época. Sem dúvida San Juan de la Cruz acreditava servir a sua fé — e de fato a servia — com os seus poemas, mas podemos reduzir o infinito encanto de sua poesia às explicações teológicas que nos dá em seus comentários? Bashô não teria escrito o que escreveu se não tivesse vivido no século XVII japonês; mas não é necessário acreditar na iluminação pregada pelo budismo Zen para abismar-se na flor imóvel que são os três versos de seu haiku. A ambivalência do poema não decorre da história, entendida como uma realidade unitária e total que engloba todas as obras, mas é conscqüência da natureza dual do poema. O conflito não está na história e sim nas entranhas do poema e consiste no duplo movimento da operação poética: transmutação do tempo histórico em arquetípico e encarnação desse arquétipo em um agora determinado e histórico. Este duplo movimento constitui a maneira própria e paradoxal de ser da poesia. Seu modo de ser histórico é polêmico. Afirmação daquilo mesmo que nega: o tempo e a sucessão.

A poesia não se sente: diz-se. Ou melhor: a maneira própria de sentir a poesia é dizê-la. Ora, todo dizer é sempre um dizer de algo, um falar de isto e aquilo. O dizer poético não difere nisto das outras maneiras de falar. O poeta fala das coisas que são suas e de seu mundo, mesmo quando nos fala de outros mundos: as imagens noturnas são compostas de fragmentos das diurnas, recriadas conforme outra lei. O poeta não escapa à história, inclusive quando a nega ou a ignora. Suas experiências mais secretas ou pessoais se transformam em palavras sociais, históricas. Ao mesmo tempo, e com essas mesmas palavras, o poeta diz outra coisa: revela o homem. Essa revelação é o significado último de todo poema e quase nunca é dita de modo explícito, mas é o fundamento de todo dizer poético. Nas imagens e ritmos transparece, de maneira mais ou menos nítida, uma revelação que não se refere mais àquilo que dizem as palavras, e sim a algo anterior e em que se apóiam todas as palavras do poema: a condição última do homem, esse movimento que o lança sem cessar para diante, conquistando novos territórios que mal são tocados se tornam cinza, em um renascer e remorrer e renascer contínuos. Mas esta revelação que os poetas nos fazem encarna-se sempre no poema e, mais precisamente, nas palavras concretas e determinadas deste ou daquele poema. De outro modo não haveria possibilidade de comunhão poética: para que as palavras nos falem dessa "outra coisa" de que fala todo poema é necessário que também nos falem disto e daquilo.

A discórdia latente em todo poema é uma condição de sua natureza e não se dá como um desgarramento. O poema é uma unidade que só consegue constituir-se pela plena fusão dos contrários. Não são dois mundos estranhos que pelejam em seu interior: o poema está em luta consigo mesmo. Por isso está vivo. E desta contínua querela — que se manifesta como unidade superior, como lisa e compacta superfície — procede também o que se chamou de periculosidade da poesia. Embora comungue no altar social e comparta com inteira boa fé as crenças de sua época, o poeta é um ser à parte, um heterodoxo por fatalidade congênita: sempre diz *outra coisa*, inclusive quando diz as mesmas coisas que o resto dos homens de sua comunidade. A desconfiança dos Estados e das Igrejas diante da poesia não nasce apenas do natural imperialismo destes poderes: a própria índole do dizer poético provoca o receio. Não é tanto aquilo que o poeta diz, mas o que vai implícito em seu dizer, sua dualidade íntima e irredutível, o que outorga às suas palavras um gosto de liberação. A freqüente acusação que se faz aos poetas de serem aéreos, distraídos, ausentes, nunca totalmente deste mundo, provém do caráter de seu dizer. A palavra poética jamais é completamente deste mundo: sempre nos leva mais além, a outras terras, a outros céus, a outras verdades. A poesia parece escapar à lei de gravidade da história porque nunca sua palavra é inteiramente histórica. Nunca a imagem quer dizer isto ou aquilo. Antes sucede o contrário, como já se viu: a imagem diz isto e aquilo ao mesmo tempo. E mais ainda: isto é aquilo.

A condição dual da palavra poética não é diversa da natureza do homem, ser temporal e relativo mas sempre lançado ao absoluto. Esse conflito cria a história. Dessa perspectiva, o homem não é mero suceder, simples temporalidade. Se a essência da história consistisse apenas em um instante suceder a outro, um homem a outro, uma civilização a outra, a mudança se resolveria em uniformidade e a história seria natureza. De fato, quaisquer que sejam as suas diferenças específicas, um pinheiro é igual a outro pinheiro, um cachorro é igual a outro cachorro; com a história acontece o contrário: quaisquer que sejam as suas características comuns, um homem é irredutível a outro homem, um instante histórico a outro. E o que faz instante ao instante, tempo ao tempo, é o homem que com eles se funde para torná-los únicos e absolutos. A história é gesta, ato heróico, conjunto de instantes significativos porque o homem faz de cada instante algo auto-suficiente e separa assim o hoje do ontem. Em cada instante quer realizar-se como totalidade e cada uma de suas horas é monumento de uma eternidade momentânea. Para escapar de sua condição temporal não tem outro remédio a não ser fundir-se mais plenamente no tempo. A única maneira que tem de vencê-lo é fundir-se com ele. Não alcança a vida eterna, mas cria um instante único e irrepetível e assim dá origem à história. Sua condição conduz a ser outro; e apenas sendo-o pode ser ele mesmo plenamente. É como o Grifo mítico de que fala o canto XXXI do Purgatório: "Sem cessar de ser ele mesmo, transforma-se em sua imagem".

A experiência poética não é outra coisa que a revelação da condição humana, isto é, desse transcender-se sem cessar no qual reside precisamente a sua liberdade essencial. Se a liberdade é movimento do ser, transcender-se contínuo do homem, esse movimento deverá estar referido sempre a algo. E assim é: um apontar para um valor ou uma experiência determinada. A poesia não escapa a esta lei, como manifestação da temporalidade que é. Com efeito, o característico da operação poética é o dizer, e todo dizer é dizer de algo. E que pode ser esse algo? Em primeiro lugar esse algo é histórico e datado: aquilo de que o poeta fala efetivamente, sejam os seus amores com Galatéia, o sítio de Tróia, a morte de Hamlet, o sabor do vinho numa tarde ou a cor de uma nuvem sobre o mar. O poeta consagra sempre uma experiência histórica, que pode ser pessoal, social ou ambas as coisas ao mesmo tempo. Mas ao falar-nos de todos estes sucessos, sentimentos, experiências e pessoas, o poeta nos fala de *outra coisa*: do que está fazendo, do que está sendo diante de nós e em nós. E mais ainda: leva-nos a repetir, a recriar seu poema, a nomear aquilo que nomeia; e ao fazê-lo, revela-nos o que somos. Não quero dizer que o poeta faça poesia da poesia — ou que em seu dizer sobre isto ou aquilo de súbito se desvie e ponha-se a falar sobre o seu próprio dizer — mas que, ao recriar suas palavras, nós também revivemos sua aventura e exercitamo-nos nessa liberdade na qual se manifesta a nossa condição. Também nós nos fundimos com o instante para melhor ultrapassá-lo, também, para ser nós mesmos, *somos outros*. A experiência descrita nos capítulos anteriores o leitor a repete. Esta repetição não é idêntica, é claro. E precisamente por não sê-lo, é válida. É muito possível que o leitor não compreenda com inteira exatidão o que o poema diz: há muitos anos ou séculos que ele foi escrito e a língua viva se transformou; ou foi composto em uma região distante, onde se fala de um modo diferente. Nada disto importa. Se a comunhão poética se realiza deveras, quero dizer, se o poema ainda guarda intactos ou seus poderes de revelação e se o leitor penetra efetivamente em seu âmbito elétrico, produz uma recriação. Como toda recriação, o poema do leitor não é o exato duplo do escrito pelo poeta. Mas se não é idêntico quanto ao isto e ao aquilo, é idêntico quanto próprio ato da criação: o leitor recria o instante e cria-se a si mesmo.

O poema é uma obra sempre inacabada, sempre disposta a ser completada e vivida por um leitor novo. A novidade dos grandes poetas da Antigüidade provém de sua capacidade de serem outros sem deixar de ser

eles mesmos. Assim, aquilo de que o poeta fala (o isto
e o aquilo: a rosa, a morte, a tarde ensolarada, o assalto
às muralhas, a reunião dos estandartes) converte-se, para
o leitor, nisso que está implícito em todo dizer poético e
que é o núcleo da palavra poética: a revelação de nossa
condição e sua reconciliação consigo mesma. Essa revelação não é um saber de algo ou sobre algo, pois então a
poesia seria filosofia. É um efetivo voltar a ser aquilo
que o poeta revela que somos; por isso não se produz
como um juízo: é um ato inexplicável exceto por si
mesmo e que nunca assume uma forma abstrata. Não
é uma explicação de nossa condição, mas uma experiência em que a nossa condição, ela mesma, revela-se ou
manifesta-se. E por isso também está indissoluvelmente
ligada a um dizer concreto sobre isto ou aquilo. A experiência poética — original ou derivada da leitura — não
nos ensina nem nos diz nada sobre a liberdade: é a própria liberdade desdobrando-se para alcançar algo e assim
realizar, por um instante, o homem. A infinita diversidade de poemas que a história registra procede do caráter
concreto da experiência poética, que é experiência disto
e daquilo; mas esta diversidade também é unidade, porque
em todos istos e aquilos se faz presente a condição humana. Nossa condição consiste em não identificar-se com
nada daquilo em que se encarna, é certo, mas também em
não existir a não ser encarnando-se no que não é ela
mesma.

O caráter pessoal da lírica parece ajustar-se mais a
estas idéias do que a épica ou a dramática. Épica e
teatro são formas nas quais o homem se reconhece como
coletividade ou comunidade, enquanto que na lírica se vê
como indivíduo. Daí pensar-se que nas duas primeiras
a palavra comum — o dizer sobre isto ou aquilo —
ocupa todo o espaço e não deixa lugar para que a "outra
voz" se manifeste. O poeta épico não fala de si mesmo,
nem de sua experiência: fala de outros e seu dizer não
tolera ambigüidade alguma. A objetividade do que conta
o torna impessoal. As palavras do teatro e da épica
coincidem inteiramente com as de sua comunidade e não
é fácil — exceto no caso de um teatro polêmico, como o
de Eurípedes ou o moderno — revelarem verdades distintas ou contrárias às de seu mundo histórico. A forma
épica — e, em menor grau, a dramática — não contém
a possibilidade de dizer coisas distintas das que dizem
expressamente; a liberdade interior que, ao desprender-se,
permite a revelação da condição paradoxal do homem,
não se dá nelas; portanto, não se estabelece esse conflito
entre história e poesia que se procurou descrever mais

acima e que parecia constituir a essência do poema. A coincidência entre história e poesia, entre palavra comum e palavra poética, é tão perfeita que não deixa brecha alguma por onde escapar-se uma verdade que não seja histórica. É indispensável o exame desta opinião, que contradiz em parte tudo o que já foi dito.

Épica e teatro são antes de tudo obras com heróis, protagonistas ou personagens. Não é um risco afirmar-se que precisamente nos heróis — talvez com maior plenitude do que no monólogo do poeta lírico — dá-se esta revelação da liberdade que faz da poesia, simultânea e indissoluvelmente, algo que é histórico e que, ao sê-lo, nega e transcende a história. E ainda mais: esse conflito ou nó de contradições que é todo poema manifesta-se com maior e mais inteira objetividade na épica e na tragédia. Nelas, ao inverso do que sucede na lírica, o conflito deixa de ser algo latente, jamais explícito de todo, e revela-se com toda a crueza. A tragédia e a comédia mostram de forma objetiva o conflito entre os homens e o destino e, assim, a luta entre poesia e história. A épica, por seu lado, é a expressão de um povo como consciência coletiva, mas também o é de algo anterior à história dessa comunidade: os heróis, os fundadores. Aquiles está antes, não depois, da Grécia. Enfim, nos personagens do teatro e da epopéia encarna-se o mistério da liberdade e através deles fala a "outra voz".

Todo poema, qualquer que seja a sua índole — lírica, épica ou dramática — manifesta um modo peculiar de ser histórico. Mas, para apreender realmente esta singularidade não basta enunciá-la na forma abstrata pela qual o fizemos até agora e sim aproximarmo-nos do poema em sua realidade histórica e ver de maneira mais concreta qual é a sua função dentro de uma determinada sociedade. Assim, os capítulos que se seguem terão por tema a tragédia e a épica gregas, o romance e a poesia lírica da idade moderna. Não é casual essa eleição de épocas e gêneros. Nos heróis do mito grego e, em outro sentido, nos do teatro espanhol e elisabetano, é possível perceber as relações entre a palavra poética e a social, a história e o homem. Em todos eles o tema central é a liberdade humana. O romance, por sua vez, é, como já se disse freqüentemente, a épica moderna; entretanto, é uma anomalia dentro do gênero épico e daí merecer uma meditação especial. Finalmente, a poesia moderna constitui, como o romance, outra exceção: pela primeira vez na história da poesia deixa de servir a outros poderes e quer refazer o mundo à sua imagem. Sem dúvida os poemas de Baudelaire não são essencialmente distintos, na medida em que são poemas, dos de Li-po, Dante ou Safo. O mesmo pode dizer-se do resto dos poetas modernos, enquanto criadores de poemas. Mas a atitude destes poetas — e a da sociedade que os rodeia — é radicalmente diversa da dos antigos. Em todos eles, com maior ou menor ênfase, o poeta alia-se ao teórico, o criador ao profeta, o artista ao revolucionário ou ao sacerdote de uma nova fé. Todos se sentem seres à parte da sociedade e alguns se consideram fundadores de uma história e de um homem novo. Daí que, para fins deste trabalho, eles sejam estudados mais sob esse aspecto do que como simples criadores de poemas.

Antes de nos debruçarmos sobre o significado do herói, parece necessário indagar onde se deu com maior pureza o caráter heróico. Até pouco tempo, todos responderiam sem vacilar: Grécia. Mas cada dia se descobrem mais e mais textos épicos, pertencentes a todos os povos, desde a epopéia de Gilgamesh até a legenda de Quetzalcóatl, que entre nós foi reconstruída pelo padre Ángel María Garibay K. Estas descobertas nos obrigam a justificar nossa eleição. Quaisquer que sejam as relações entre poesia épica, dramática e lírica, é evidente que as primeiras se distinguem da última por seu caráter objetivo. A épica conta; a dramática apresenta. E apresenta em bloco. Ambas, ademais, não têm por objeto o homem individual e sim a coletividade ou o herói que a encarna. Por outro lado, teatro e épica se distinguem entre si pelo seguinte: na épica, o povo se vê como origem e como futuro, isto é, como um destino unitário, que a ação heróica dotou de um sentido particular (ser digno dos heróis é continuá-los, prolongá-los, assegurar um futuro a esse passado que sempre se apresenta a nossos olhos como um modelo); no teatro, a sociedade não se vê como um todo e sim desgarrada por dentro, em luta consigo mesma. Em geral, toda épica representa a uma sociedade aristocrática e fechada; o teatro — pelo menos em suas formas mais altas: a comédia política e a tragédia — exige como atmosfera a democracia, isto é, o diálogo: no teatro a sociedade dialoga consigo mesma. E assim, enquanto só em momentos isolados os heróis épicos são problemáticos, os do teatro o são continuamente, exceto no instante em que a crise se desenlaça. Sabemos o que fará o herói épico, mas o personagem dramático se oferece como várias possibilidades de ação, entre as que tem à sua escolha. Estas diferenças revelam que há uma espécie de filialidade entre épica e teatro. O herói épico parece que está destinado a refletir sobre si mesmo no teatro e daí que Aristóteles afirme que os poetas dramáticos tomam os seus mitos — isto é, os seus argumentos ou assuntos — da matéria épica. A epopéia cria os heróis como seres de uma só peça; a poesia dramática recolhe esses caracteres e os volta, por assim dizer, sobre si mesmos: torna-os transparentes, a fim de que nos contemplemos em seus abismos e contradições. Por isso o caráter heróico só pode ser estudado plenamente se o herói épico é também herói dramático, isto é, naquela tradição poética que faz da primitiva matéria épica objeto de exame e diálogo.

Não é muito certo que todas as grandes civilizações possuem uma épica, no sentido das grandes epopéias indo-européias. *O Livro dos Cantos*, na China, e o *Manyoshu*, no Japão, são recompilações predominantemente líricas. Em outros casos, uma grande poesia dramática desdenha sua tradição épica: Corneille e Racine buscaram heróis fora da matéria épica francesa. Essa circunstância não torna menos franceses os seus personagens, mas revela uma ruptura na história espiritual da França. O "grande século" dá as costas à tradição medieval e a eleição de temas hispânicos e gregos revela que essa sociedade decidira mudar seus modelos e arquétipos heróicos por outros. Ora, se concebemos o teatro como o diálogo da sociedade consigo mesma, como um exame de seus fundamentos, não deixa de ser sintomático que no teatro francês o Cid e Aquiles suplantem Roland, e Agamênon a Carlos Magno.

Se o mito épico constitui a substância da criação dramática, deve haver uma necessária relação de filialidade entre épica e teatro, como acontece entre gregos, espanhóis e ingleses. Na epopéia o herói surge como unidade de destino; no teatro, como consciência e exame desse mesmo destino. Mas a problematicidade do herói trágico só pode desenvolver-se aí onde o diálogo se cumpre efetiva e livremente, isto é, no seio de uma sociedade onde a teologia não constitui o monopólio de uma burocracia eclesiástica e, por outro lado, aí onde a atividade política consiste sobretudo no livre intercâmbio de opiniões. Tudo nos leva a estudar o caráter heróico na Grécia, porque só entre os gregos a épica é a matéria-prima da teologia e só entre eles a democracia permitiu que os personagens trágicos revivessem como conflitos teatrais os pressupostos teológicos que animavam os heróis da epopéia. Assim pois, sem negar outras epopéias nem um teatro como o Nô japonês, é evidente que a Grécia deve ser o centro de nossa reflexão sobre a figura do herói. Só entre os gregos — e nisto radica o caráter excepcional de sua cultura — se dão todas as condições que permitem o pleno desdobramento do caráter heróico:

os heróis épicos são também heróis trágicos; a reflexão que sobre si mesmo faz o herói trágico não está limitada por uma coação eclesiástica ou filosófica; e, enfim, essa reflexão se refere aos próprios fundamentos do homem e do mundo, porque na Grécia a épica é, simultaneamente, teogonia e cosmogonia e constitui o sustentáculo comum do pensamento filosófico e da religião popular. A reflexão do herói trágico, e seu próprio conflito, são de ordem religiosa, política e filosófica. O tema único do teatro grego é o *sacrilégio*, ou seja: a liberdade, seus limites e suas aflições. A concepção grega da luta entre a justiça cósmica e a vontade humana, sua harmonia final e os conflitos que desgarram a alma dos heróis, constitui uma revelação do ser e, assim, do próprio homem. Um homem que não está fora do cosmos, como um estranho hóspede da terra, como ocorre na idéia do homem que a filosofia moderna nos apresenta; tampouco um homem imerso no cosmos, como um de seus cegos componentes, simples reflexos da dinâmica da natureza ou da vontade dos deuses. Para o grego, o homem forma parte do cosmos, mas sua relação com o todo se funda em sua liberdade. Nesta ambivalência reside o caráter trágico do ser humano. Nenhum outro povo investiu, com semelhante ousadia e grandeza, a revelação da condição humana.

AMBIGÜIDADE DO ROMANCE

Já foi dito muitas vezes que o traço distintivo da idade moderna — esta que agora expira, diante dos nossos olhos — consiste em fundar o mundo no homem. E a pedra, o cimento em que se assenta a fábrica do universo, é a consciência. Certo, nem toda a filosofia moderna compartilha esta idéia. Mas inclusive naquela que poderia parecer mais distanciada destas tendências, a consciência surge como a conquista última e a mais alta da história. Embora Marx não funde o mundo na consciência ele faz da história uma longa caminhada a cujo termo o homem alienado será por fim dono de si mesmo, isto é, de sua própria consciência. Então a consciência deixará de ser determinada pelas leis da produção e terá dado o salto "da necessidade à liberdade", segundo a conhecida frase de Engels. Logo que o homem seja o senhor e não a vítima das relações históricas, a existência social será determinada pela consciência e não o inverso, como agora.

Não deixa de ser estranho, por outro lado, que as ciências mais objetivas e rigorosas se tenham desenvolvido sem obstáculos dentro destas convicções intelectuais. A estranheza desaparece se se adverte que, à diferença da antiga concepção grega da ciência, a da época moderna não é tanto uma versão ingênua da natureza — ou seja, uma visão do mundo natural tal qual o vemos — como uma criação das condições objetivas que permitam a verificação de certos fenômenos. Para os gregos a natureza era sobretudo uma realidade visível: aquilo que vêem os olhos; para nós, uma teia de reações e estímulos, uma rede invisível de relações. A ciência moderna escolhe e isola parcelas de realidade e realiza suas experiências só quando criou certas condições favoráveis à observação. De certo modo, a ciência inventa a realidade sobre a qual opera. A missão final que Marx consigna à espécie humana ao final do dédalo da história — a autonomia da consciência e sua possibilidade quase demiúrgica de criar a existência e modificá-la — o homem moderno realizou em determinados territórios da realidade. Também para o pensamento científico moderno a realidade objetiva é uma imagem da consciência e o mais perfeito de seus produtos.

Seja ao postular-se a consciência como o fundamento do universo, ou ao afirmar-se que não podemos operar sobre a realidade exterior se não a reduzimos prèviamente a dados na consciência ou, finalmente, ao conceber-se a história como uma progressiva liberação da consciência daquilo que a determina ou aliena, a posição do homem moderno diante do cosmos e diante de si mesmo é radicalmente distinta da que assumiu no passado. A revolução de Copérnico mostrou que o homem não era o centro do universo nem o rei da criação. O homem ficou só e destronado, mas apto a refazer a sua morada terrestre. Como se sabe, a primeira conseqüência desta atitude foi o desaparecimento de noções que eram a justificação da vida e o fundamento da história. Refiro-me a esse complexo sistema de crenças que, para simplificar, conhece-se como o sagrado, o divino ou o transcendente. Esta mudança não se deu apenas na esfera das idéias — se é que pode falar-se de idéias desencarnadas ou puras — e sim na zona menos precisa, mas muito mais ativa, das convicções intelectuais. Foi uma mudança histórica e, mais do que isso, uma mudança revolucionária, pois consistiu na substituição de um mundo de valores por outro. Ora, toda revolução aspira a fundar uma ordem nova em princípios certos e inalteráveis, que tendem a ocupar o lugar das divindades deslocadas. Toda revolução é, ao mesmo tempo, uma profanação e uma consagração.

O movimento revolucionário é uma profanação porque derruba as velhas imagens; mas esta degradação se acompanha sempre de uma consagração do que até então era considerado profano: a revolução consagra o sacrilégio. Os grandes reformadores foram considerados sacrílegos porque efetivamente profanaram os mistérios sagrados, desnudaram-nos e exibiram-nos como equívocos ou como verdades incompletas. E simultaneamente consagraram verdades que até então tinham sido ignoradas ou reputadas profanas. Buda denuncia como ilusória a metafísica dos Upanishad: o eu não existe e o *atman* é um jogo enganoso de reflexos; Cristo rompe com o judaísmo e oferece a salvação a todos os homens; Lao Tsé zomba das virtudes confucianas e converte-as em crimes, enquanto santifica o que os seus adversários consideravam pecado. Toda revolução é a consagração de um sacrilégio, que se converte em um novo princípio sagrado.

A revolução moderna ostenta um traço que a faz única na história: sua impotência para consagrar os princípios em que se funda. Com efeito, desde o Renascimento — e particularmente a partir da Revolução Francesa, que consuma o triunfo da modernidade — erigiram-se mitos e religiões seculares que se desmoronam mal são tocados pelo ar vivo da história. Parece desnecessário recordar os fracassos da religião da humanidade ou da ciência. E como ao sacrilégio não se sucedeu a consagração de novos princípios, produziu-se um vazio na consciência. Esse vazio se chama o espírito laico. O espírito laico ou a neutralidade. Ora, "onde morrem os deuses, nascem os fantasmas". Nossos fantasmas são abstratos e implacáveis. A pátria deixa de ser uma comunidade, uma terra, algo concreto e palpável e se converte em uma idéia a que todos os valores humanos se sacrificam: a nação. Ao antigo senhor — tirânico ou clemente, mas a quem sempre se pode assassinar — sucede o Estado, imortal como uma idéia, eficaz como uma máquina, impessoal como elas e contra o qual não valem as súplicas nem o punhal, porque nada o faz piedoso nem o mata. Ao mesmo tempo o culto à técnica conquista as almas e substitui as antigas crenças mágicas. Mas a magia se funda em um duplo princípio: o universo é um todo em movimento, presidido pelo ritmo; e o homem está em relação vivente com esse todo. Tudo muda porque tudo se comunica. A metamorfose é a expressão desta vasta comunidade vital da qual o homem é um dos dois termos. Podemos mudar, ser pedras ou astros, se conhecemos a palavra justa que abre as portas da analogia. O homem mágico está em comunicação constante com o universo, faz parte de uma totalidade na qual se reconhece e sobre a qual pode operar. O homem moderno serve-se da técnica como seu antepassado das fórmulas mágicas, sem que esta, ademais, lhe abra porta alguma. Ao contrário, fecha-lhe toda possibilidade de contato com a natureza e com os seus semelhantes: a natureza converteu-se em um complexo sistema de relações causais no qual as qualidades desaparecem e se transformam em puras quantidades; e seus semelhantes deixaram de ser pessoas e são utensílios, instrumentos. A relação do homem com a natureza e com o seu próximo não é essencialmente distinta da que mantém com o seu automóvel, seu telefone ou sua máquina de escrever. Enfim, a credulidade mais grosseira — conforme se vê nos mitos políticos — é a outra face do espírito positivo. Ninguém tem fé, mas todos se fazem ilusões. Só que as ilusões se evaporam e nada resta então, a não ser o vazio: niilismo e grosseria. A história do espírito laico ou burguês poderia intitular-se, como na série de Balzac: *As Ilusões Perdidas*.

A revolução burguesa proclamou os ‹ direitos do homem, mas ao mesmo tempo pisoteou-os em nome da propriedade privada e do livre comércio; declarou sacrossanta a liberdade, mas submeteu-a às combinações do dinheiro; e afirmou a soberania dos povos e a igualdade dos homens, enquanto conquistava o planeta, reduzia à escravidão velhos impérios e estabelecia na Ásia, África e América os horrores do regime colonial. A sorte final dos ideais burgueses não é excepcional. Impérios e Igrejas recrutam seus funcionários e oficiais entre os velhos revolucionários e seus filhos. Assim, o verdadeiro problema não reside na fatal degradação dos princípios, nem em seu confisco, para uso próprio, por uma classe ou um grupo, mas na própria natureza desses princípios. Como pode ser o homem fundamento do mundo se é o ser que é por essência mudança, perpétuo chegar a ser que jamais se alcança a si mesmo e que cessa de transformar-se apenas para morrer? Como escapar ou transcender a contradição que leva em seu seio o espírito crítico e, portanto, todos os movimentos revolucionários modernos? Só, talvez, uma revolução que se fundasse no princípio original de toda revolução: a mudança. Só um movimento que se voltasse sobre si mesmo, para fazer a "revolução da revolução", poderia impedir a queda fatal no terror cesáreo ou na mistificação burguesa. Uma revolução assim tornaria impossível a transformação do espírito crítico em ortodoxia eclesiástica, do instante revolucionário em data santificada, do dirigente em César e do herói morto em múmia divinizada. Mas esta revolução se destruiria sem cessar a si mesma e, levada ao seu extremo, seria a negação do próprio princípio que a move. O niilismo seria seu resultado final. Assim, o que distingue a revolução da idade moderna das antigas não é tanto nem exclusivamente a corrupção dos primitivos ideais, nem a degradação de seus princípios liberadores em novos instrumentos de opressão, quanto a impossibilidade de consagrar o homem como fundamento da sociedade. E esta impossibilidade de consagração se deve à própria índole do instrumento empregado para derrubar os antigos poderes: o espírito cético, a dúvida racional.

A crítica racional foi sempre um instrumento de liberação, pessoal ou social. Buda apresenta-se como um crítico da tradição e pede a seus ouvintes que não aceitem suas palavras sem antes tê-las examinado. Só que o budismo — ao menos em sua forma primitiva — não pretende explicar os fundamentos do mundo e sim oferecer-nos uma via de escape. Daí a reticência de Gautama ante certas perguntas: "A vida religiosa não depende do dogma da eternidade do cosmos ou de seu caráter perecível... Qualquer que seja nossa opinião sobre estes assuntos, a verdade é que nascemos, morremos, envelhecemos e sofremos miséria, dor e desespero". A doutrina tende à extinção da dor e do mal. Sua crítica possui uma função precisa: iluminar o homem, limpá-lo da ilusão do eu e do desejo. O pensamento moderno, pelo contrário, vê na razão crítica o seu fundamento. Às criações da religião, opõe as construções da razão; seus paraísos não estão fora do tempo, na outra vida ou nesse instante de iluminação que nega a corrente temporal, e sim no próprio tempo, no suceder histórico: são utopias sociais. Enquanto o mito situa-se fora da história, a utopia é uma promessa que tende a realizar-se aqui entre nós e em um tempo determinado: o futuro. Mas as utopias, como filhas do espírito racional, estão sujeitas à crítica racional. Uma sociedade que se define a si mesma como racional — ou que tende a sê-lo — tem que ser crítica e instável, pois a razão é antes de tudo crítica e exame. Daí que a distância entre os princípios e a realidade — presente em toda sociedade — converta-se entre nós em uma verdadeira e insuperável contradição. O Estado liberal se funda na liberdade de exame e no exercício do espírito crítico; negar esses princípios seria negar sua legitimidade histórica e sua própria existência. Nada o justifica a não ser eles. Ao mesmo tempo, a realidade é que o Estado e a classe dirigente não vacilam em recorrer à força toda vez que esse espírito de exame faz vacilar a ordem social. Daí que as palavras mudem de sentido e se tornem ambíguas: a repressão se faz em nome da liberdade de exame. Nas sociedades antigas o exercício do poder não continha hipocrisia alguma, pois seus fundamentos nunca estiveram em discussão; ao contrário disso, o fundamento do poder moderno é precisamente a possibilidade de discuti-lo. Tal é a origem da dobrez e do sentimento de ilegitimidade que tinge a consciência burguesa. Os títulos do burguês para dirigir a sociedade não são claros; são o fruto de uma prestidigitação, de um rápido trocar de mãos. A crítica que lhe serviu para destronar a monarquia e a nobreza serve-lhe agora para ocupar seu lugar. É um usurpador. Como uma chaga secreta que nada cicatriza, a sociedade moderna leva dentro de si um princípio que a nega e do qual não pode renegar sem renegar a si mesma e destruir-se. A crítica é seu alimento e seu veneno.

Ao iniciar esta terceira parte de nosso estudo apontou-se que a função mais imediata da poesia, o que poderia chamar-se sua função histórica, consiste na consagração ou transmutação de um instante, pessoal ou coletivo, em arquétipo. Neste sentido, a palavra poética funda os povos. Sem épica não há sociedade possível, porque não existe sociedade sem heróis em que reconhecer-se. Jacob Burckhardt foi um dos primeiros a advertir que a épica da sociedade moderna é o romance. Mas deteve-se nesta afirmação e não penetrou na contradição que encerra o chamar-se épico a um gênero ambíguo, no qual cabem desde a confissão e a autobiografia até o ensaio filosófico.

O caráter singular do romance provém, em primeiro lugar, de sua linguagem. É prosa? Se se pensa nas epopéias, evidentemente sim. Mas, mal se a compara aos gêneros clássicos da prosa — o ensaio, o discurso, o tratado, a epístola ou a história — percebe-se que não obedece às mesmas leis. No capítulo consagrado ao verso e à prosa observou-se que o prosador luta contra a sedução do ritmo. Sua obra é uma batalha constante contra o caráter rítmico da linguagem. O filósofo ordena as idéias conforme uma ordem racional; o historiador narra os fatos com o mesmo rigor linear. O romancista nem demonstra nem conta: recria um mundo. Embora o seu ofício seja o de relatar um acontecimento — e neste sentido parece-se ao historiador — não lhe interessa contar o que se passou, mas reviver um instante ou uma série de instantes, recriar um mundo. Por isso recorre aos poderes rítmicos da linguagem e às virtudes transmutadoras da imagem. Sua obra inteira é uma imagem. Assim, por um lado, imagina, poetiza; por outro, descreve lugares, fatos, almas. Limita-se com a poesia e com a história, com a imagem e com a geografia, com o mito e com a psicologia. Ritmo e exame de consciência, crítica e imagem, o romance é ambíguo. Sua essencial impureza brota de sua constante oscilação entre a prosa e a poesia, o conceito e o mito. Ambigüidade e impureza que lhe vêm do fato de ser o gênero épico de uma sociedade fundada na análise e na razão, isto é, na prosa.

O herói épico é um arquétipo, um modelo. Como arquétipos, Aquiles ou Sigfrid são invulneráveis; como homens estão sujeitos à sorte de todo mortal; há sempre uma fenda secreta no corpo ou na alma do herói pela qual penetram a morte e a derrota. O calcanhar de Aquiles é o selo de sua mortalidade, a marca de sua natureza humana. E quando cai, ferido pela fatalidade, recobra a sua natureza divina: a ação heróica é a reconquista da divindade. No herói pelejam dois mundos, o sobrenatural e o humano, mas essa luta não implica ambigüidade alguma. Trata-se de dois princípios que disputam uma alma e um deles acabará por vencer o outro. No romance não há nada semelhante. Razão e loucura em Don Quixote, vaidade e amor em Rastignac, avareza e generosidade em Benigna formam uma única teia. Não se sabe nunca onde terminam os ciúmes e onde começa o amor para Swann. Por isso nenhum destes personagens pode ser realmente um arquétipo, no sentido em que o são Aquiles, o Cid ou Roland. Épica de heróis que raciocinam e duvidam, época de heróis duvidosos, dos quais ignoramos se são loucos ou prudentes, santos ou demônios. Muitos são céticos, outros francamente rebeldes e anti-sociais e todos em aberta ou secreta luta contra o mundo. Épica de uma sociedade em luta consigo mesma.

Nem Aquiles nem o Cid duvidam das idéias, crenças e instituições do mundo. Os heróis da epopéia estão bem plantados em seu universo e por isso suas relações com a sua sociedade são as naturais da planta com a terra que lhe é própria. Arjuna não põe em juízo a ordem cósmica nem as hierarquias sociais, Roland é todo fidelidade a seu senhor. O herói épico nunca é rebelde e o ato heróico geralmente tende a restabelecer a ordem ancestral, violada por uma falta mítica. Tal é o sentido do regresso de Odisseu ou, na tragédia, o da vingança de Orestes. A justiça é sinônimo da ordem natural. Ao invés disso, a dúvida do herói novelesco sobre si mesmo também se projeta sobre a realidade que o sustenta. São moinhos ou são gigantes o que vêem Don Quixote e Sancho? Nenhuma das duas possibilidades é verdadeira, parece dizer-nos Cervantes: são gigantes e são moinhos. O realismo do romance é uma crítica da realidade e até uma suspeita de que seja tão irreal como os sonhos e as fantasias de Don Quixote. Odette era lésbica, Gilberte dizia a verdade, Matilde amava Julien Sorel, Smerdiákov matou o velho Karamázov? Onde está a realidade e que espécie de estranho realismo é o de todos esses romancistas? O mundo que rodeia a estes heróis é tão ambíguo como eles próprios.

O trânsito do ideal épico ao romanesco pode ser observado muito bem em Ariosto e em Cervantes. Orlando não é só uma extemporânea tentativa de poema épico: também é uma burla do ideal cavaleiresco. A perfeição das estrofes, o brilho das imagens e o descomunal da invenção contribuem para sublinhar o tom grotesco. O idealismo de Ariosto é um irrealismo. A verdadeira épica é realista: embora Aquiles fale com deuses e Odisseu baixe aos infernos, ninguém duvida de sua realidade. Esta realidade é composta de uma mescla do mítico e do humano, de modo que o trânsito do cotidiano ao maravilhoso é insensível: nada mais natural que Diomedes fira Afrodite na batalha. Em Ariosto tudo é irreal. E como se trata de sentimentos e façanhas sublimes, sua própria irrealidade os torna grotescos. O sublime grotesco está próximo do humor, mas ainda não é o humor. Nem Homero nem Virgílio o conheceram; Ariosto parece pressenti-lo, mas este só nasce com Cervantes. Por obra do humor, Cervantes é o Homero da sociedade moderna. Para Hegel a ironia consiste em inserir a subjetividade na ordem da objetividade; pode-se acrescentar que se trata de uma subjetividade crítica. Assim, os mais desarrazoados personagens de Cervantes possuem uma certa dose de consciência de sua situação; e essa consciência é crítica. Diante dela, a realidade vacila, embora sem ceder de todo: os moinhos são gigantes por um instante, para logo serem moinhos com maior força e aprumo. O humor torna ambíguo o que toca: é um juízo implícito sobre a realidade e seus valores, uma espécie de suspensão provisória, que os faz oscilar entre o ser e o não ser. O mundo de Ariosto é descaradamente irreal e o mesmo ocorre com os seus personagens. Na obra de Cervantes há uma contínua comunicação entre realidade e fantasia, loucura e senso comum. A realidade castelhana, com a sua presença apenas, faz de Don Quixote um espantalho, um personagem irreal; mas de súbito Sancho duvida e já não sabe se Aldonza é Dulcinéia ou a lavradora que ele conhece, se Clavileño é um corcel ou um pedaço de madeira. É a realidade castelhana que agora vacila e parece inexistente. A desarmonia entre Don Quixote e seu mundo não se resolve, como na épica tradicional, pelo triunfo de um dos princípios, mas por sua fusão. Essa fusão é o humor, a ironia. A ironia e o humor são a grande invenção do espírito moderno. São o equivalente do conflito trágico e por isso nossas grandes novelas resistem à proximidade do teatro grego. A fusão da ironia é uma síntese provisória, que impede todo desenlace efetivo. O conflito romanesco não pode dar nascimento a uma arte trágica.

Épica de uma sociedade que se funda na crítica, o romance é um juízo implícito sobre essa mesma sociedade. Em primeiro lugar, como se viu, é uma pergunta sobre a realidade da realidade. Esta pergunta — que não tem resposta possível, porque a sua colocação já exclui toda contestação — é um ácido que corrói toda a ordem social. Embora o mundo feudal não fique mais em pé no romance de Cervantes, tampouco a sua época merece a absolvição. Em *O Vermelho e o Negro* há uma evidente nostalgia pelo mundo heróico e em nome dessa nostalgia Julien Sorel condena a realidade que o cerca; mas a figura de Matilde não seria também uma condenação do passado? A oposição entre o mundo romanesco e o da poesia antiga precisa-se com maior clareza em Balzac. Sua obra é uma réplica à *Divina Comédia*. Como esta, a *Comédia Humana* possui seu inferno, seu paraíso, seu purgatório e até o seu limbo. Mas o poema de Dante é um canto e assim termina: como um louvor à criação. Dificilmente pode dizer-se algo semelhante da obra de Balzac. Descrição, análise, história de uma classe que ascende, relato de seus crimes, de suas paixões e de suas secretas renúncias, a *Comédia Humana* participa da enciclopédia e da epopéia, da criação mítica e da patologia, da crônica e do ensaio histórico, enxerto de inspiração e de investigação científica, de utopia e de crítica. É uma história mítica, um mito que escolheu as formas da história para encarnar-se e que termina em um juízo. Um Juízo Final em que a sociedade se condena a si mesma e a seus princípios. Um século mais tarde, nas últimas páginas de outro romance, quando o narrador assiste a uma reunião na casa do Príncipe de Guermantes, Proust repete o gesto e torna a condenar a sociedade que pretendera reviver e contar. O romance é uma épica que se volta contra si mesma e que se nega de uma maneira tríplice: como linguagem poética, consumida pela prosa; como criação de heróis e de mundos, aos quais o humor e a análise tornam ambíguos; e como canto, pois aquilo que a sua palavra tende a consagrar e exaltar converte-se em objeto de análise e no fim de contas em condenação sem apelo.

Nada mais natural que tenha sido a França o lugar de eleição do romance. O francês é o mais analítico dos idiomas atuais e nesse país o espírito moderno encarna-se com maior precisão e clareza do que em outros. No resto da Europa parece que a história procedeu por saltos, rupturas e interrupções; na França, pelo menos desde o século XVII até o primeiro quarto do século XX, tudo parece ter sido feito a seu tempo: a Academia prepara a Enciclopédia, esta a Revolução, a Revolução o Império, e assim sucessivamente. A Espanha, a Itália, a Alemanha e a própria Inglaterra não possuem uma história tão fluida e coerente. Esta impressão, ademais, sem dúvida é ilusória e depende da peculiar perspectiva histórica de nossa época. Mas se é ilusório ver na história da França o modelo da evolução da moderna sociedade ocidental, não o é considerar a novelística francesa como um verdadeiro arquétipo. Certo, como esquecer Cervantes e Pérez Galdós, Dickens e Melville, Tolstói e Dostoiévski? Mas nenhum país e língua alguma contam com tal sucessão ininterrupta de grandes romancistas, de Laclos a Proust. A sociedade francesa se vê nessas criações e, alternativamente, diviniza-se e examina-se. Ela se canta, mas ao mesmo tempo se julga e se condena.

A crise da sociedade moderna — que é crise dos princípios de nosso mundo — manifestou-se no romance como um regresso ao poema. O movimento iniciado por Cervantes repete-se agora, embora em sentido inverso, em Joyce, Proust e Kafka. Cervantes desprende o romance do poema épico burlesco; seu mundo é indeciso como o da aurora e daí o caráter alucinante da realidade que nos oferece. Sua prosa se limita às vezes com o verso, não só porque com certa freqüência incorre em hendecassílabos e octossílabos, como também pelo emprego deliberado de uma linguagem poética. Sua obsessão pela poesia revela-se sobretudo na limpidez da linguagem de *Los Trabajos de Persiles y Segismunda,* que ele considerava como a mais perfeita de suas obras e na qual abundam trechos que são verdadeiros poemas. À medida que são maiores as conquistas do espírito de análise, o romance abandona a linguagem da poesia e se aproxima da prosa. Mas a crítica está destinada a refutar-se a si mesma. A prosa se nega como prosa. O autor de *Madame Bovary* é também o de *Salambô* e da *Legenda de*

São Julião, o Hospitaleiro. Os triunfos da razão são também suas derrotas, conforme se vê em Tolstói, Dostoiévski, Swift ou Henry James. Desde os princípios deste século o romance tende a ser poema de novo. Não é necessário sublinhar o caráter poemático da obra de Proust, com o seu ritmo lento e suas imagens provocadas por uma memória cujo funcionamento não deixa de apresentar analogias com a criação poética. Tampouco é mister deter-se na experiência de Joyce, que faz a palavra recuperar sua autonomia para que se rompa o fio do pensamento discursivo. O mundo de Kafka é uma Comédia infernal, onde a Predestinação desempenha o mesmo papel que a Graça no teatro de Calderón. Não sei se D. H. Lawrence e Faulkner são grandes romancistas, mas estou seguro de que pertencem à raça dos poetas. Este regresso ao poema é mais visível ainda em escritores germânicos, como Ernst Jünger. Em outras obras não é tanto a invasão da maré rítmica o decisivo, mas a reconquista da temperatura heróica. Os heróis de Malraux duvidam em plena ação — mas quereriam não duvidar. Há uma frase da *A Condição Humana* que escandalizava a Trótski: "o marxismo não é uma filosofia e sim um destino". Nela vejo o germe de um teatro futuro pois condensa as contradições do espírito moderno e da história que vivemos.

As mesmas tendências podem ser observadas no teatro contemporâneo. Desde o ocaso do romantismo, o teatro caíra na órbita de gravitação da prosa e Ibsen representa o apogeu desta direção. Mas com Strindberg a poesia regressa — e de uma maneira terrível e fulminante. O último grande dramaturgo da estirpe crítica foi Shaw e não deixa de ser significativo que os seus sucessores se chamem Synge, Yeats e Eliot. Neles, como em Garcia Lorca, o ritmo poético vence a prosa e o teatro volta a ser poesia. Enfim, os dramaturgos centrais deste período, Paul Claudel e Bertold Brecht, são antes de tudo e sobretudo poetas. Não deixa de ser instrutivo que estes dois nomes apareçam juntos, de uma maneira quase involuntária, quando se pensa no teatro moderno. Vivos, tudo os opunha entre si: estética, filosofia, crenças e destino pessoal. E sem embargo cada um à sua maneira nega o homem moderno; os dois buscam e encontram na tradição do Extremo Oriente um sistema de signos que lhes servirá para transformar o neutro cenário de nosso teatro em um espaço significativo; ambos, por fim, lograram em suas melhores obras essa fusão entre a idéia e o ato, a pessoa e a palavra, na qual se funda o caráter *exemplar* do grande teatro. Pois o teatro é a prova do ato pela palavra e desta por aquele; quero dizer: é a objetivação da linguagem em ações e, também, o contrário: a palavra ilumina o ato, torna-o lúcido, faz a história refletir. Em suma, a luta entre prosa e poesia, consagração e análise, canto e crítica, latente desde o nascimento da sociedade moderna, resolve-se pelo triunfo da poesia. E isto é verdade mesmo em Brecht: o famoso "distanciamento" não tende a dissolver nosso juízo sobre a realidade do que ocorre no cenário, mas nos convida a nos unirmos ou nos opormos à ação. Mas a vitória da poesia é o sinal de extinção da idade moderna. O teatro e o romance contemporâneos não cantam um nascimento e sim um funeral: o de seu mundo e o das formas que engendrou.

A poesia é revelação da condição humana e consagração de uma experiência histórica concreta. O romance e o teatro modernos se apóiam em sua época, inclusive quando a negam. Ao negá-la, consagram-na. O destino da lírica foi diverso. Mortas as antigas deidades e a própria realidade objetiva negada, o poema não tem mais nada que cantar, exceto o seu próprio ser. O poeta canta o canto. Mas o canto é comunicação. Ao monólogo não pode suceder-se outra coisa que o silêncio, ou uma aventura entre todas desesperada e extrema: a poesia não mais se encarnará na palavra e sim na vida. A palavra poética não consagrará a história, mas será história, vida.

O VERBO DESENCARNADO

O romance e o teatro são formas que permitem um compromisso entre o espírito crítico e o poético. O primeiro, ademais, o exige: sua essência consiste precisamente em ser um compromisso. A poesia lírica, ao contrário, canta paixões e experiências irredutíveis à análise e que constituem um gasto e uma dissipação. Exaltar o amor significa uma provocação, um desafio ao mundo moderno, pois é algo que escapa à análise e que constitui uma exceção inclassificável; daí o estranho prestígio do adultério durante a idade moderna: se para os antigos era um crime ou um fato sem importância, no século XIX converte-se em um repto à sociedade, uma rebelião e um ato consagrado pela luz ambígua do maldito. (Assistimos agora ao fenômeno contrário: a voga do erotismo suprime os seus poderes de destruição e criação. Trânsito do pecado à diversão anônima...) O sonho, a divagação, o jogo dos ritmos, a fantasia, também são experiências que alteram sem possível compensação a economia do espírito e turvam o juízo. Para o burguês, a poesia é uma distração — mas a quem distrai, a não ser a alguns extravagantes? — ou é uma atividade perigosa; e o poeta um *clown* inofensivo — embora dispendioso — ou um louco e um criminoso em potencial. A inspiração é um embuste ou enfermidade e é possível classificar as imagens poéticas — curiosa confusão que ainda persiste — como produtos das enfermidades mentais.

Os "poetas malditos" não são uma criação do romantismo: são o fruto de uma sociedade que expulsa aquilo que não pode assimilar. A poesia nem ilumina nem diverte ao burguês. Por isso desterra o poeta e transforma-o em um parasita ou um vagabundo. Daí também que os poetas não vivam, pela primeira vez na história, de seu trabalho. Seu labor não vale nada e este *não vale nada* traduz-se precisamente em um *não ganhar nada*. O poeta deve buscar outra ocupação — desde a diplomacia até o roubo — ou perecer de fome. Esta situação confunde-se com o nascimento da sociedade moderna: o primeiro poeta "louco" foi Tasso; o primeiro "criminoso" foi Villon. Os "Siglos de Oro" espanhóis estão povoados de poetas-mendigos e a época elisabetana de líricos-rufiões. Góngora mendigou toda a sua vida, fez trapaças no jogo e acabou cercado pelos credores; Lope recorreu à terçaria; na velhice de Cervantes há um penoso incidente no qual aparecem com luz equívoca mulheres de sua família; Mira de Mescua, cônego em Granada e dramaturgo em Madri, recebia por uma função que não desempenhava; Quevedo, com fortuna diversa entregou-se à política [1], Alarcón refugiou-se na alta burocracia... Marlowe foi assassinado em uma obscura intriga, depois de ter sido acusado de ateísmo e libertinagem; Jonson foi poeta laureado e recebia, além de uma soma em dinheiro, uma barrica anual de vinho: ambas insuficientes; Donne mudou de casaca e assim logrou ascender a Deão de São Paulo... No século XIX a situação social dos poetas piora. Desaparecem os mecenas e suas receitas diminuem, com exceções como a de Hugo. A poesia não tem cotações, não é um valor que pode transformar-se em dinheiro, como a pintura. As "tiragens

---

(1) Sobre Quevedo, político realista, veja-se o ensaio de Raimundo Lida, "Cartas de Quevedo", publicado no número 1 de *Cuadernos Americanos*, México, 1953.

limitadas" não foram tanto uma manifestação do espírito de seita da nova poesia, mas um recurso para vender mais caro, em razão do pouco número de exemplares, livros que de qualquer modo o público não compraria. O Manifesto comunista afirma que "a burguesia converteu o médico, o advogado, o sacerdote, o poeta e o homem de ciência em servidores pagos". Isto é verdade, com uma exceção: a burguesia fechou os seus cofres aos poetas. Nem criados, nem bufões: párias, fantasmas, vadios.

Esta descrição seria incompleta caso se omitisse que o oposição entre o espírito moderno e a poesia inicia-se como um acordo. Com a mesma decisão do pensamento filosófico a poesia tenta fundar a palavra poética no próprio homem. O poeta não vê em suas imagens a revelação de um poder estranho. À diferença das Sagradas escrituras, a escritura poética é a revelação de si mesmo que o homem se faz a si mesmo. Desta circunstância procede o fato de poesia moderna ser também teoria da poesia. Movido pela necessidade de fundar sua atividade em princípios que a filosofia lhe recusa e que a teologia só lhe concede em parte, o poeta desdobra-se em crítico. Coleridge é um dos primeiros a debruçar-se sobre a criação poética, a fim de perguntar-lhe o que significa ou diz realmente o poema. Para o poeta inglês a imaginação é o dom mais alto do homem e em sua forma primordial "a faculdade original de toda percepção humana". Esta concepção inspira-se na de Kant. Segundo a interpretação que Heidegger fez de *Crítica da razão pura*: a "imaginação transcendental" é a raiz da sensibilidade e do entendimento e a que torna possível o juízo... A imaginação desdobra ou projeta os objetos e sem ela não haveria nem percepção nem juízo; ou melhor, como manifestação da temporalidade que é, desdobra-se e apresenta os objetos à sensibilidade e ao entendimento. Sem esta operação — na qual consiste propriamente o que chamamos de "imaginar" — seria impossível a percepção [2]. Razão e imaginação ("transcendental" ou "primordial") não são faculdades opostas: a segunda é o fundamento da primeira e o que permite perceber e julgar o homem. Em uma segunda acepção da palavra, Coleridge concebe a imaginação não só como um órgão do conhecimento, mas como a faculdade de expressá-lo em símbolos e mitos. Neste segundo sentido o saber que a imaginação nos entrega não é realmente um conhecimento: é o saber supremo, *"it's a form of Being, or indeed it is the only Knowledge that truly is, and all other Science is real only*

(2) Martin Heidegger, *Kant e o problema da metafísica*, Fondo de Cultura Econômica, México, 1954.

as it is symbolical of this" [3]. Imaginação e razão, em sua origem uma e mesma coisa, terminam por fundir-se em uma evidência que é indizível exceto através de uma representação simbólica: o mito. Em suma, a imaginação é, primordialmente, um órgão de conhecimento, posto que é a condição necessária de toda percepção; e, além disso, é uma faculdade que expressa, mediante mitos e símbolos, o saber mais alto.

Poesia e filosofia culminam no mito. A experiência poética e a filosófica confundem-se com a religião. Mas a religião não é uma revelação e sim um estado de alma, uma espécie de acordo último do ser do homem com o ser do universo. Deus é uma substância pura, sobre a qual a razão nada pode dizer, exceto que é indizível: *the divine truths of religion should have been revealed to us in the form of poetry; and that at all times poets, not the slaves of any particular sectarian opinion, should have joined to support all those delicate sentimentes of the heart..."* [4]
Religião é poesia, e suas verdades, acima de toda opinião sectária, são verdades poéticas: símbolos ou mitos. Coleridge despoja a religião de sua qualidade constitutiva: o ser revelação de um poder divino, e a reduz à intuição de uma verdade absoluta, que o homem exprime através de formas míticas e poéticas. Por outro lado, a religião *is the poetry of Mankind*. Assim, funda a verdade poético-religiosa no homem e converte-a em uma forma histórica. Pois a frase "a religião é a poesia da humanidade" quer dizer efetivamente: a forma que a poesia tem de encarnar-se nos homens e fazer-se rito e história, é a religião. Nesta idéia, comum a todos os grandes poetas da idade moderna, encontra-se a raiz da oposição entre poesia e humanidade. A poesia proclama-se como um princípio rival do espírito crítico e como o único que pode substituir os antigos princípios sagrados. A poesia concebe-se como o princípio original sobre o qual, como manifestações secundárias e históricas, quando não como superposições tirânicas e máscaras encobridoras, descansam as verdades da religião. Daí que o poeta só possa ver com bons olhos a crítica que o espírito racional faz da religião. Mas, assim que esse mesmo espírito crítico se proclama sucessor da religião, condena-o.

Sem dúvida as reflexões anteriores simplificam com excesso o problema. Já se sabe que a realidade é mais rica que os nossos esquemas intelectuais. Contudo, reduzida ao essencial, não é outra a posição do romantismo alemão, desde Holderlin e, a partir desse momento, de todos os poetas europeus, chamem-se Hugo ou Baude-

(3) *On Method*. Essay XI.
(4) *Biographia Literaria*.

laire, Shelley ou Wordsworth. Não é inútil repetir, por outro lado, que todos esses poetas coincidem em algum momento com a revolução do espírito crítico. Não poderia ser de outro modo, pois já se viu que a empresa poética coincide lateralmente com a revolucionária. A missão do poeta consiste em ser a voz desse movimento que diz "Não" a Deus e a seus hierarcas e "Sim" aos homens. As Escrituras do mundo novo serão as palavras do poeta revelando um homem livre de deuses e senhores, sem intermediários diante da vida e da morte. A sociedade revolucionária é inseparável da sociedade fundada na palavra poética. Por isso não é estranho que a Revolução Francesa suscitasse uma imensa expectativa em todos os espíritos e que conquistasse a simpatia dos poetas alemães e ingleses. Certo, à esperança sucede a hostilidade; porém mais tarde — amortecido ou justificado o duplo escândalo do terror revolucionário e do cesarismo napoleônico — os herdeiros dos primeiros poetas românticos voltam a identificar poesia e revolução. Para Shelley o poeta moderno ocupará o seu antigo lugar, usurpado pelo sacerdote, e voltará a ser a voz de uma sociedade sem monarcas. Heine reclama para o seu túmulo a espada do guerreiro. Todos vêem na grande rebelião do espírito crítico o prólogo de um acontecimento ainda mais decisivo: o advento de uma sociedade fundada na palavra poética. Novalis adverte que "a religião não é senão poesia prática", isto é, poesia encarnada e vivida. Mais ousado que Coleridge, o poeta alemão afirma: "A poesia é a religião original da humanidade". Restabelecer a palavra original, missão do poeta, equivale a restabelecer a religião, anterior aos dogmas das Igrejas e dos Estados.

A atitude de William Blake ilustra de um modo insuperável a direção da poesia e o lugar que ocupa ao iniciar-se nossa época. Blake não regateia seus ataques e sarcasmos contra os profetas do século das luzes e especialmente contra o espírito voltairiano. Só que, com o mesmo furor, não cessa de zombar do cristianismo oficial. A palavra do poeta é a palavra original, anterior às Bíblias e Evangelhos: "O gênio poético é o homem verdadeiro... as religiões de todas as nações derivam de diferentes recepções do gênio poético... os Testamentos judeu e cristão derivam originalmente do gênio poético..." [5] O homem e o Cristo de Blake são o reverso dos que nos são propostos pelas religiões oficiais. O homem original é inocente e cada um de nós leva dentro de si um Adão. O próprio Cristo é Adão. Os Dez Mandamentos são invenção do Demônio:

(5) *All Religions are One*, 1778.

> Was Jesus chaste? or did he
> Give any lessons of chastity?
> The morning plush'd a fiery red:
> Mary was found in adulterous bed.
> ....
> Good and Evil are no more,
> Sinai's trumpets, cease to roar!

A missão do poeta é restabelecer a palavra original, desviada pelos sacerdotes e pelos filósofos. "As prisões são construídas com as pedras da Lei; os bordéis, com os ladrilhos da Religião." Blake canta a Revolução americana e a francesa, que destroçam as prisões e retiram Deus das igrejas. Mas a sociedade que a palavra do poeta profetiza não pode confundir-se com a utopia política. A razão cria cárceres mais escuros que a teologia. O inimigo do homem se chama Urizel (a Razão), o "deus dos sistemas", o prisioneiro de si mesmo. A verdade não procede da razão e sim da percepção poética, isto é, da imaginação. O órgão natural do conhecimento não são os sentidos nem o raciocínio; ambos são limitados e na verdade contrários à nossa essência última, que é desejo infinito: "Menos do que tudo não pode satisfazer o homem". O homem é imaginação e desejo:

> Abstinence sows sand all over
> The suddy lambs and flaming hair,
> But desire gratified
> Plants fruits of life and beauty there.

Por obra da imaginação o homem sacia o seu infinito desejo e converte-se ele mesmo em um ser infinito. O homem é uma imagem na qual ele mesmo se encarna. O êxtase amoroso é essa encarnação do homem em sua imagem: uno com o objeto de seu desejo, uno consigo mesmo. Portanto, a verdadeira história do homem é a de suas imagens: a mitologia. Blake nos conta em seus livros proféticos a história do homem em imagens míticas. Uma história em marcha que está sucedendo agora, nesse instante, e que desemboca na fundação de uma nova Jerusalém. Os grandes poemas de Blake não são outra coisa que a história da imaginação, isto é, dos avatares do Adão primordial. História mítica: escritura sagrada: escritura de fundação. Revelação do passado original, que desvela o tempo arquetípico, anterior aos tempos. Escritura de fundação e profecia: o que foi será e está sendo desde toda a eternidade. E que nos profetizam estas sagradas escrituras poéticas? O advento de um homem que recuperou sua natureza original e que assim venceu a lei de gravidade do pecado. Aliviado da culpa, o homem de Blake voa, tem mil olhos, fogo na cabeleira, beija o que toca, incendeia o que pensa. Ora é imagem, ora é ato. Desejo e realização são o mesmo. Cristo e Adão se reconciliam, Urizel se redime. Cristo não é "o eterno ladrão de energias", mas a própria energia, tensa e disparada para o ato. A imaginação se faz desejo, o desejo, ato: "Energia, delícia eterna". O poeta limpa de erros os livros sagrados e escreve inocência onde se lia pecado, liberdade onde estava escrito autoridade, instante onde se gravara eternidade. O homem é livre, desejo e imaginação são suas asas, o céu está ao alcance das mãos e se chama fruta, flor, nuvem, mulher, ato. "A eternidade está enamorada das obras do tempo." O reino que Blake profetiza é o da poesia. O poeta volta ser Vate e seu vaticínio proclama a fundação de uma cidade cuja primeira pedra é a palavra poética. A sociedade poética, a nova Jerusalém, perfila-se pela primeira vez, liberta dos dogmas da religião e da utopia dos filósofos. A poesia entra em ação.

O romantismo alemão proclama ambições semelhantes. Na revista *Athenaeum*, que serviu de órgão aos primeiros românticos, Schlegel assim define o seu programa: "A poesia romântica não é só uma filosofia universal progressista. Seu fim não consiste apenas em reunir todas as diversas formas de poesia e restabelecer a comunicação entre poesia, filosofia e retórica. Também deve misturar e fundir poesia e prosa, inspiração e crítica, poesia natural e poesia artificial, vivificar e socializar a poesia, tornar poética a vida e a sociedade, poetizar o espírito, encher e saturar as formas artísticas de uma substância própria e diversa e animar o todo com a ironia". As tendências do grupo de Jena encontram em Novalis a voz mais clara e o pensamento mais reto e audaz, unidos à autenticidade do grande poeta. A religião da noite e da morte dos *Hinos,* os impressionantes *Fragmentos* — cada um como um pedaço de pedra estelar, na qual estivessem gravados os signos da analogia universal e das correspondências que enlaçam o homem com o cosmos, — a busca de uma Idade Média perdida, a ressurreição do mito do poeta como uma figura tríplice em que se aliam o cavaleiro andante, o enamorado e o vidente, formam um astro de muitas facetas. Uma delas é um projeto de reforma histórica: a criação de uma nova Europa, com a aliança do catolicismo e do espírito germânico. No famoso ensaio "Europa e a Cristandade" — escrito em 1799, o ano da queda do Diretório — Novalis propõe um retorno ao catolicismo medieval. Mas não se trata de um regresso a Roma e sim de algo novo, embora inspirado na universalidade romana. A universalidade de Novalis não é uma forma vazia; o espírito germânico será a substância, pois a Idade Média está viva e intacta nas profundidades da alma popular alemã. E que é a Idade Média senão a profecia, o sonho do espírito romântico: a poesia. História e poesia se fundem. Um grande Concílio da Paz reconciliaria a liberdade com o Papado, a razão filosófica com a imaginação. Novamente, e por vias inesperadas, a poesia entra na história.

O sonho de Novalis é um inquietante anúncio de outras e mais ferozes ideologias. Mas a mesma inquietude, se formos justos, devem provocar-nos certos discursos de Saint-Just, outro jovem puro, que são também uma profecia das futuras façanhas do espírito geométrico. A atitude de Novalis, por outro lado, reflete uma dupla crise, pessoal e histórica, impossível de ser aqui analisada. Basta dizer que a Revolução Francesa pôs entre a espada e a parede os melhores espíritos alemães, como o fez com os espanhóis [6]. O grupo de Jena, em um momento de sedução e não sem desgarramento, renega muitas de suas concepções de primeira hora. Alguns se lançam nos braços da Santa Aliança, outros escolhem um catolicismo menos militante e o resto penetra na grande noite romântica da morte. Estas oscilações são a contrapartida das crises e convulsões revolucionárias, desde o Terror até o Thermidor e sua culminância final na aventura de Bonaparte. É impossível entender a reação romântica se se esquecem as circunstâncias históricas. Defender a Alemanha das invasões napoleônicas era combater a opressão estrangeira, mas era também fortificar o absolutismo interno. Dilema insolúvel para a maioria dos românticos. Como disse Marx: "A luta contra Napoleão foi uma regeneração acompanhada de uma reação". Nós, contemporâneos da Revolução de 1917 e dos Processos de Moscou, podemos compreender melhor do que ninguém as alternativas do drama romântico.

A concepção de Novalis apresenta-se como uma tentativa de insertar a poesia no centro da história. A sociedade se converteria em comunidade poética e, mais precisamente, em poema vivente. A forma de relação entre os homens deixará de ser a de senhor e servo, patrão e criado, para converter-se em comunhão poética. Novalis prevê comunidades dedicadas a produzir poesia coletivamente. Esta comunhão é, antes de tudo, um penetrar na

(6) Ninguém, entre nós, retratou melhor do que Pérez Galdós a ambigüidade desse momento, nas duas primeiras séries dos *Episodios Nacionales*. Gabriel Araceli e Salvador Monsalud ainda combatem dentro de cada espanhol e hispano-americano.

morte, a grande mãe, porque só a morte — que é a noite, a enfermidade e o cristianismo, mas também o abraço erótico, o festim onde "a rocha se faz carne" — nos dará acesso à saúde, à vida e ao sol. A comunhão de Novalis é uma reconciliação das duas metades da esfera. Na noite da morte, que é também a do amor, Cristo e Dionísio são um. Há um ponto magnético onde as grandes correntes poéticas se cruzam: em um poema como *O pão e o vinho*, a visão de Hoelderlin, poeta solar, roça por um momento a do *Hino V* de Novalis, poeta da noite. Nos *Hinos* arde um sol secreto, sol de poesia, uva negra de ressurreição, astro coberto de uma armadura negra. E não é casual a irrupção dessa imagem do sol como um cavaleiro que leva armas e penachos enlutados, porque a comunhão de Novalis é uma ceia mística e heróica na qual os comensais são cavaleiros que também são poetas. E o pão que se reparte nesse banquete é o pão solar da poesia. "Beberemos esse vinho de luz, seremos astros", diz o Hino. Comunhão na poesia, a ceia do romantismo alemão é uma rima ou resposta à Jerusalém de Blake. Em ambas visões descemos à origem dos tempos, em busca do homem original, o Adão que é Cristo. Em ambas a mulher — que é o "alimento corporal mais elevado" — é mediação, porta de acesso à outra margem, além onde as duas metades pactuam e o homem é uno com suas imagens.

Desde o seu nascimento a poesia moderna apresenta-se como uma empresa autônoma e contra-a-corrente. Incapaz de pactuar com o espírito crítico, tampouco consegue encontrar guarida nas Igrejas. É revelador que para Novalis o triunfo do cristianismo não signifique a negação, mas a absorção, das religiões pré-cristãs. Na noite romântica "tudo é delícia, tudo é poema eterno e o sol que nos ilumina é a face augusta de Deus". A noite é sol. E o mais surpreendente é que esta vitória solar de Cristo se cumpre não antes mas depois da era científica, isto é, na idade romântica: no presente. O Cristo histórico que pregou na Galiléia evidentemente não é o mesmo que a deidade noite-sol invocada pelos *Hinos*. O mesmo ocorre com a Virgem, que é também Perséfone e Sofia, a noiva do poeta, a morte que é vida. O novo catolicismo de Novalis é, ao pé da letra, novo e distinto do histórico; e também é mais antigo, porque convoca as divindades que os pagãos adoraram. Dessa perspectiva, ilumina-se com outro sentido o ensaio *Europa e a Cristandade*; a poesia, uma vez mais, ostenta uma dupla face: é a mais revolucionária das revoluções e, simultaneamente, a mais conservadora das revelações, porque consiste simplesmente em restabelecer a palavra original. A atitude dos outros grandes precursores — Hoelderlin, Blake, Nerval — é ainda mais nítida: seu Cristo é o Dionísio, Luzbel, Orfeu.

A raiz da ruptura entre poesia moderna e religião é de índole distinta da que coloca o espírito poético contra o racional, mas suas conseqüências são semelhantes: também as Igrejas, como a burguesia, expulsam os poetas. A oposição entre as escrituras poéticas e as sagradas é de tal natureza que todas as alianças da poesia moderna com as religiões estabelecidas terminam sempre em escândalo. Nada menos ortodoxo do que o cristianismo de um Blake ou de um Novalis; nada mais suspeitoso que o de um Baudelaire; nada mais distanciado da religião oficial que as visões de um Shelley, um Rimbaud ou um Mallarmé, para não falar daquele que fez de ruptura e negação o canto fúnebre mais acerado do século: Isidore Ducasse [7].

Não é necessário seguir os episódios da sinuosa e subterrânea marcha do movimento poético do século passado, oscilante sempre entre os dois pólos de Revolução e Religião. Cada adesão termina em ruptura; cada conversão, em escândalo. Monnerot comparou a história da poesia moderna com a das seitas gnósticas e com a dos adeptos da tradição oculta. Isto é verdade nos dois sentidos. É inegável a influência do gnosticismo e da filosofia hermética em poetas como Nerval, Hugo, Mallarmé, para não falar de poetas deste século: Yeats, George, Rilke, Breton. Por outro lado, cada poeta cria em torno de si pequenos círculos de iniciados, de modo que sem exagero pode-se falar de uma sociedade secreta da poesia. A influência destes grupos tem sido imensa e logrou transformar a sensibilidade de nossa época. Desse ponto de vista não é falso afirmar que a poesia moderna encarnou-se na história, não à plena luz, mas como um mistério noturno e um rito clandestino. Uma atmosfera de conspiração e de cerimônia subterrânea rodeia o culto da poesia.

Condenado a viver no subsolo da história, a solidão define o poeta moderno. Embora nenhum decreto o obrigue a deixar sua terra, é um desterrado. Em certo sentido, Dante jamais abandonou Florença, pois a sociedade antiga sempre guardou um lugar para o poeta. Os vínculos com sua cidade não se romperam: transformaram-se, mas a relação continuou viva e dinâmica. Ser inimigo do Estado, perder certos direitos cívicos estar sujeito à vingança ou à justiça da cidade natal, é algo

(7) Sobre o caso de Whitman, veja-se o Apêndice III. (O autor refere-se ao apêndice do livro *El arco y la lira* — N. do T.)

muito diverso de carecer de identidade pessoal. No segundo caso a pessoa desaparece, converte-se em um fantasma. O poeta moderno não tem lugar na sociedade porque, efetivamente, não é "ninguém". Isto não é uma metáfora: a poesia não existe para a burguesia nem para as massas contemporâneas. O exercício da poesia pode ser uma distração ou uma enfermidade, nunca uma profissão: o poeta não trabalha nem produz. Por isso os poemas não valem nada: não são produtos suscetíveis de intercâmbio mercantil. O esforço que se gasta em sua criação não pode reduzir-se ao valor trabalho. A circulação comercial é a forma mais ativa e total de intercâmbio que a nossa sociedade conhece e a única que produz valor. Como a poesia não é algo que possa ingressar no intercâmbio de bens mercantis, não é realmente um valor. E se não é um valor, não tem existência real dentro do nosso mundo. A volatilização se opera em dois sentidos: aquilo de que o poeta fala não é real — e não é real, primordialmente, porque não pode ser reduzido a mercancia — e além disso a criação poética não é uma ocupação, um trabalho ou atividade definida, já que não é possível remunerá-la. Daí o poeta não ter *status* social. A polêmica sobre o "realismo" se iluminaria com outra luz se aqueles que atacam a poesia moderna por seu desdém pela "realidade social" compreendessem que não fazem outra coisa senão reproduzir a atitude da burguesia. A poesia moderna não fala de "coisas reais" porque previamente se decidiu abolir toda uma parte da realidade: precisamente aquela que, desde o nascimento dos tempos, tem sido o manancial da poesia. "O admirável do fantástico — diz Breton — é que não é fantástico e sim real." Ninguém se reconhece na poesia moderna porque fomos mutilados e já nos esquecemos de como éramos antes desta operação cirúrgica. Em um mundo de 'coxos, aquele que diz que há seres com duas pernas é um visionário, um homem que se evade da realidade. Ao reduzir o mundo aos dados da consciência e todas as obras ao valor trabalho-mercancia, automaticamente expulsou-se da esfera da realidade o poeta e suas obras.

À medida que o poeta se desvanece como existência social e se torna mais rara a circulação em plena luz de suas obras, aumenta seu contato com isso que, à falta de melhor expressão, chamaremos a metade perdida do homem. Todas as empresas da arte moderna se encaminham para o restabelecimento do diálogo com essa metade. O auge da poesia popular, o recurso do sonho e do delírio, o emprego da analogia como chave do universo, as tentativas para recuperar a linguagem original, o retorno aos mitos, a descida para a noite, o amor pelas artes dos primitivos, tudo é busca do homem perdido. Fantasma em uma cidade de pedra e dinheiro, despossuído de sua existência concreta e histórica, o poeta cruza os braços e vislumbra que todos fomos arrancados de algo e lançados no vazio: à história, ao tempo. A situação de desterro, de si mesmo e de seus semelhantes, leva o poeta a adivinhar que só ao tocar-se o ponto extremo da condição solitária cessará a condenação. Porque ali onde parece que já não há nada nem ninguém, na fronteira última, aparece o *outro*, aparecemos *todos*. O homem só, lançado a esta noite que não sabemos se é a da vida ou a da morte, inerme, perdidos todos os liames, descendo interminavelmente, é o homem original, o homem real, a metade perdida. O homem original é todos os homens.

A tentativa mais desesperada e total de romper o cerco e fazer da poesia um bem comum produziu-se onde as condições objetivas tinham se tornado críticas: Europa, após a primeira Guerra Mundial. Entre todas as aventuras desse momento, a mais lúcida e ambiciosa foi o surrealismo. Examiná-lo será expor, em sua forma mais extremada e radical, as pretensões da poesia contemporânea.

O programa surrealista — transformar a vida em poesia e operar assim uma revolução decisiva nos espíritos, nos costumes e na vida social — não é diverso do projeto de Schlegel e seus amigos: tornar poética a vida e a sociedade. Para consegui-lo, ambos apelam para a subjetividade: a desagregação da realidade objetiva, primeiro passo para a sua poetização, será obra da inserção do sujeito no objeto. A "ironia" romântica e o "humor" surrealista se dão as mãos.

O amor e a mulher ocupam em ambos movimentos um lugar central: à plena liberdade erótica alia-se a crença no amor único. A mulher abre as portas da noite e da verdade; a união amorosa é uma das experiências mais altas do homem e nela o homem toca as vertentes do ser: a morte e a vida, a noite e o dia. As heroínas românticas, formosas e terríveis como essa maravilhosa Carolina de Gunderode, reencarnam-se em mulheres como Leonora Carrington. As vicissitudes políticas são também semelhantes: entre a reação bonapartista e a Santa Aliança, Schlegel se entrega a Metternich e outros se refugiam no catolicismo; em direção oposta, mas não menos negadora de seu passado, diante do mundo burguês e da reação estalinista, poetas como Aragon e Eluard abraçam esta última. Os outros se dispersam (até que o campo de concentração ou o manicômio os traguem: Desnos e

Artaud), continua sós sua aventura, ação e criação, como René Char. ou persistem, como Breton e Péret, em busca de uma via de conciliação entre poesia e revolução.

Não menos notáveis são as diferenças. Entre os surrealistas é menos aguda e ampla a visada metafísica; inclusive em Breton e Artaud — os únicos com vocação realmente filosófica — a visão é parcial e desgarrada. A atmosfera que envolve os românticos é a filosofia alemã; ao surrealismo, a poesia de Apollinaire, a arte contemporânea, Freud e Marx. Em compensação, a consciência histórica dos surrealistas é mais clara e profunda e sua relação com o mundo mais direta e arrojada. Os românticos terminam negando a história e refugiando-se no sonho; os surrealistas não abandonam a partida — inclusive se isto significa, como ocorre com Aragon, submeter a palavra às necessidades da ação. Diferenças e semelhanças se fundem em uma circunstância comum: ambos movimentos são um protesto contra a esterilidade espiritual do espírito geométrico, coincidem com revoluções que se transformam em ditaduras cesáreas ou burocráticas e, por fim, constituem tentativas de transcender razão e religião e fundar assim um novo sagrado. Diante de crises históricas semelhantes são simultaneamente crepúsculo e aurora. O primeiro denuncia a comum insuficiência do feudalismo e do espírito jacobino; o segundo, o niilismo final do capitalismo e os perigos do bolchevismo burocrático. Não logram uma síntese, mas em plena tormenta histórica levantam a bandeira da poesia e do amor.

Como os românticos, os surrealistas atacam as noções de objeto e sujeito. Não vale a pena deter-se na descrição de sua atitude, já exposta em outro capítulo. Vale, entretanto, sublinhar que a afirmação da inspiração como uma manifestação do inconsciente e as tentativas para criar poemas coletivamente implicam numa socialização da criação poética. A inspiração é um bem comum; basta fechar os olhos para que fluam as imagens; todos somos poetas e deve-se pedir pêras ao olmeiro *. Blake já dizia: "all men are alike in the poetic genius". O surrealismo procura demonstrá-lo recorrendo ao sonho, ao ditado do inconsciente e à coletivização da palavra. A poesia hermética de Mallarmé e Valéry — e a concepção do poeta como um ser eleito e à parte — sofrem uma terrível investida: todos podemos ser poetas. "Devolvemos o ta-

---

(*) Traduziu-se literalmente a locução *y si hay que pedirle peras al olmo*, a fim de prescrever o significado da frase. O autor inverte o provérbio espanhol que diz "no hay que pedirle peras al olmo", ou seja, não se deve exigir o impossível ou querer o absurdo. (N. do T.)

lento que recebemos de empréstimo. Fale-me do talento desse metro de platina, desse espelho, dessa porta... Nós não temos talento", diz Breton no *Primeiro Manifesto*. A destruição do sujeito implica na do objeto. O surrealismo interdiz as obras. Toda obra é uma aproximação, uma tentativa para alcançar algo. Mas se a poesia está ao alcance de todos, são supérfluos os poemas e os quadros. Todos podemos fazê-los. Ainda mais: todos podemos ser poema. Viver em poesia é ser poemas, ser imagens. A socialização da inspiração conduz ao desaparecimento das obras poéticas, dissolvidas na vida. Não é tanto a criação de poemas que o surrealismo se propõe, mas a transformação dos homens em poemas viventes.

Entre os meios destinados a consumar a abolição da antinomia poeta e poesia, poema e leitor, tu e eu, o de maior radicalismo é a escrita automática. Destruída a casca do eu, rompidos os tabiques da consciência, possuído por outra voz que sobe do fundo como um corpo que emerge, o homem regressa àquilo de que foi separado quando nasceu a consciência. A escrita automática é o primeiro passo para restaurar a idade de ouro, na qual pensamento e palavra, fruto e lábios, desejo e atos são sinônimos. A "lógica superior" que Novalis pedia é a escrita automática: eu é tu, isto é aquilo. A unidade dos contrários é um estado no qual cessa o conhecimento, porque se fundiu o que conhece com aquilo que é conhecido: o homem é um fornecedor de evidências.

A prática da escrita automática enfrenta várias dificuldades. Em primeiro lugar, é uma atividade que se realiza em direção contrária a todas as noções vigentes em nosso mundo; ataca, muito claramente, um dos fundamentos da moral corrente: o valor do esforço. Por outro lado, a passividade exigida pelo automatismo poético implica numa decisão violenta: a vontade de não intervir. A tensão que se produz é insuportável e só alguns conseguem chegar, se é que chegam, a esse estado de passiva atividade. A escrita automática não está ao alcance de todos. Diria ainda que sua prática efetiva é impossível, já que supõe a identidade entre o ser do homem individual e a palavra, que é sempre social. Precisamente o equívoco da linguagem reside nessa oposição. A linguagem é simbólica porque trata de pôr em relação duas realidades heterogêneas: o homem e as coisas que nomeia. A relação é duplamente imperfeita porque a linguagem é um sistema de símbolos que, por um lado, reduz a equivalências a heterogeneidade de cada coisa concreta e, por outro, constrange o homem individual a servir-se de símbolos gerais. A poesia, precisamente, propõe-se a encontrar uma equivalência (isto é, a metáfora) na qual não desapareçam nem as coisas em sua particularidade concreta nem o homem individual. A escrita automática é um método para alcançar um estado de perfeita coincidência entre as coisas, o homem e a linguagem; se esse estado fosse alcançado isso consistiria numa abolição da distância entre a linguagem e as coisas e entre a primeira e o homem. Ou, dito de outro modo: o estado a que a escrita automática aspira não é a palavra e sim o silêncio. Não nego a espontaneidade nem o automatismo: são partes constitutivas da pré-meditação ou inspiração. A linguagem *nos diz* — à condição de que o digamos... Nosso juízo sobre esta idéia será menos severo se a insertarmos dentro da perspectiva histórica do surrealismo. O automatismo é outro nome dessa recuperação da consciência alienada que o movimento revolucionário postula. Em uma sociedade comunista, o trabalho se transformaria pouco a pouco em arte; a produção de coisas seria também a criação de obras. E à medida que a consciência determinasse a existência todos seríamos poetas porque nossos atos seriam criações. A noite que é um "eterno poema" seria uma realidade cotidiana e a pleno sol.

Agora, após a segunda Guerra Mundial e os anos tensos que se seguiram, pode ver-se com maior claridade em que consistiu o fracasso revolucionário do surrealismo. Nenhum dos movimentos revolucionários do passado adotara a forma cerrada do Partido Comunista; nenhuma das escolas poéticas anteriores se apresentara como um grupo tão compacto e militante. O surrealismo não só se proclamou a voz poética da Revolução como identificou esta com a poesia. A nova sociedade comunista seria uma sociedade surrealista, em que a poesia circularia pela vida social como uma força perpetuamente criadora. Mas na realidade histórica essa nova sociedade engendrara seus mitos, suas imagens e um novo sagrado. Antes que nascesse o culto aos chefes já haviam surgido os guardiões dos livros santos e uma casta de teólogos e inquisidores. Finalmente, a nova sociedade começou a parecer-se demasiado com as antigas e muitos de seus atos recordavam não tanto o terror do Tribunal de Saúde Pública quanto as façanhas dos faraós. Contudo, a transformação do Estado operário de Lênin em imensa e eficaz burocracia precipitou a ruptura mas não foi a sua causa. Com Trótski no poder as dificuldades não teriam sido de todo diferentes. Basta ler *Literatura e Revolução* para compreender-se que a liberdade da arte também tinha certos limites para Trótski; se o artista os ultrapassa, o Estado revolucionário tem o dever de pegá-lo pelos ombros e sacudi-lo [8]. O compromisso era impossível, pelas mesmas razões que impediram aos poetas do século passado toda união permanente com a Igreja, o Estado liberal ou a burguesia.

A partir desta ruptura, o surrealismo volta a ser o que foram os antigos círculos poéticos: uma sociedade semi-secreta. É certo que Breton não cessou de afirmar a identidade última entre o movimento revolucionário e o poético, mas sua ação no campo da realidade foi esporádica e não chegou a influir na vida política. Ao mesmo tempo, não seria justo esquecer que, mais além deste fracasso histórico, a sensibilidade de nossa época e suas imagens — particularmente o triângulo incandescente formado pela liberdade, o amor e a poesia — são em grande parte uma criação do surrealismo e de sua influência sobre a maior parte dos poetas contemporâneos. Além do mais, o surrealismo não é uma sobrevivência do primeiro após-guerra, nem um objeto arqueológico. Na realidade, é a única tendência que conseguiu chegar viva à metade do século, depois de atravessar uma guerra e uma crise espiritual sem paralelo. O que distingue o romantismo e o surrealismo do resto dos movimentos literários modernos é o seu poder de transformação e sua capacidade para atravessar, subterraneamente, a superfície histórica e reaparecer outra vez. Não se pode enterrar o surrealismo porque não é uma idéia e sim uma direção do espírito humano. A decadência inegável do estilo poético surrealista, transformado em receita, é a de uma forma de arte determinada e não afeta essencialmente a seus poderes últimos. O surrealismo pode criar novos estilos, fertilizar os velhos ou, inclusive, prescindir de toda forma e converter-se em um método de busca interior. Independentemente do que o futuro reserve a esse grupo e às suas idéias, é evidente que a solidão continua sendo a nota dominante da poesia atual. A escrita automática, a idade de ouro, a noite que é um festim eterno, o mundo de Shelley e Novalis, Blake e Hoelderlin, não está ao alcance dos homens. A poesia não se encarnou na história, a experiência poética é um estado de exceção e o único caminho que resta ao poeta é o antigo da criação de poemas, quadros e romances. Só que este voltar ao poema não é um simples retorno, nem uma restauração. Cervantes não renega Don Quixote:

(8) Anos mais tarde, já no exílio, Trótski modificou seus pontos de vista e afirmou que o único regime possível para o artista seria o do anarquismo, a liberdade absoluta, independentemente das circunstâncias que o Estado revolucionário atravessasse. Mas estas afirmações provêm de um homem na oposição.

assume a sua loucura, não a vende por umas migalhas de senso comum. O poema futuro, para ser deveras poema, terá que partir da grande experiência romântica. As perguntas que há século e meio se fazem os maiores poetas têm uma resposta?

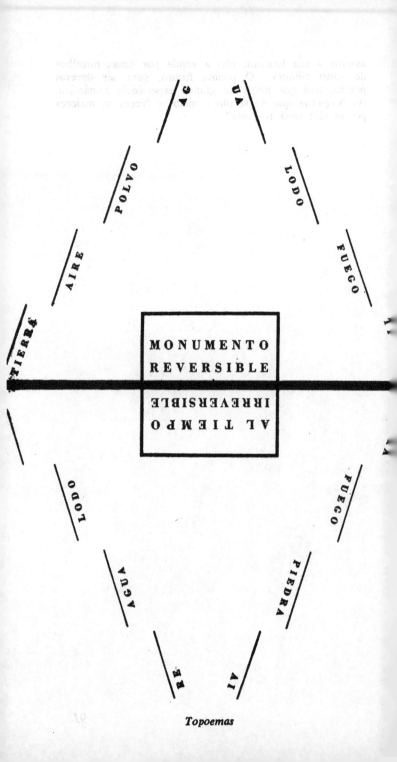

Topoemas

OS SIGNOS EM ROTAÇÃO

A história da poesia moderna é a de um descomedimento. Todos os seus grandes protagonistas, após traçar um signo breve e enigmático, estilhaçaram-se contra o rochedo. O astro negro de Lautréamont rege o destino de nossos mais altos poetas. Mas este século e meio foi tão rico em infortúnios quanto em obras: o fracasso da aventura poética é a face opaca da esfera; a outra se compõe da luz dos poemas modernos. Assim, a interrogação sobre as possibilidades de encarnação da poesia não é uma pergunta sobre o poema e sim sobre a história: será uma quimera pensar em uma sociedade que reconcilie o poema e o ato, que seja palavra viva e palavra vivida, criação da comunidade e comunidade criadora? Este livro não se propôs responder a esta pergunta: seu tema foi uma reflexão sobre o poema. Não obstante, a imperiosa naturalidade com que aparece no princípio e no fim da meditação não será um indício de seu caráter central? Essa pergunta é a pergunta. Desde a aurora da idade moderna o poeta a faz sem cessar, e por isso escreve. A História também, sem cessar, a rechaça — responde com *outra coisa*. Não tentarei respondê-la. Não poderia. Muito menos posso ficar calado. Aventuro algo que é mais do que uma opinião e menos do que uma certeza: uma crença. É uma crença alimentada pelo incerto e que em nada se fundamenta a não ser em sua negação. Procuro na realidade esse ponto de inserção da poesia que é também um ponto de interseção, centro fixo e vibrante onde se anulam e renascem sem trégua as contradições. Coração-manancial.

A pergunta contém dois termos antagônicos e complementares: não há poesia sem sociedade, mas a maneira de ser social da poesia é contraditória: afirma e nega simultaneamente a fala, que é palavra social; não há sociedade sem poesia, mas a sociedade não pode realizar-se nunca como poesia, nunca é poética. Às vezes os dois termos aspiram a desvincular-se. Não podem. Uma sociedade sem poesia careceria de linguagem: todos diriam a mesma coisa ou ninguém falaria, sociedade transumana em que todos seriam um ou cada um seria um todo auto-suficiente. Uma poesia sem sociedade seria um poema sem autor, sem leitor e, a rigor, sem palavras. Condenados a uma perpétua conjunção que se resolve em instantânea discórdia, os dois termos buscam uma conversação mútua. Transformação da sociedade em comunidade criadora, em poema vivo; e do poema em vida social, em imagem encarnada.

Uma comunidade criadora seria aquela sociedade universal em que as relações entre os homens, longe de ser uma imposição da necessidade exterior, fossem como um tecido vivo, feito da fatalidade de cada um ao enlaçar-se com a liberdade de todos. Esta sociedade seria livre porque, dona de si mesma, nada exceto ela mesma poderia determiná-la; e solidária porque a atividade humana não consistiria, como ocorre hoje, no domínio de uns sobre outros (ou na rebelião contra esse domínio) e sim procuraria o reconhecimento de cada um por seus iguais, ou melhor, por seus semelhantes. A idéia cardeal do movimento revolucionário da era moderna é a criação de uma sociedade universal que, ao abolir as opressões, desenvolva simultaneamente a identidade ou semelhança original de todos os homens e a radical diferença ou singularidade de cada um. O pensamento poético não tem sido alheio às vicissitudes e aos conflitos dessa empresa literalmente sobre-humana. A gesta da poesia ocidental, desde o romantismo alemão, foi a de suas rupturas e reconciliações com o movimento revolucionário. Em um movimento ou noutro, todos os nossos grandes poetas acreditaram que na sociedade revolucionária, comunista ou libertária, o poema cessaria de ser esse núcleo de contradições que ao mesmo tempo nega e afirma a história. Na nova sociedade a poesia seria por fim *prática*.

A conversão da sociedade em comunidade e do poema em poesia prática ainda não está á vista. O contrário é que é o certo: cada dia parecem mais distanciados. As previsões do pensamento revolucionário não se cumpriram ou se realizaram de uma maneira que é uma afronta às supostas leis da história. Já é um lugar-comum discutir sobre a palpável discórdia entre teoria e realidade. Não tenho outro remédio senão repetir, sem qualquer alegria, *for the sake of the argument*, alguns fatos conhecidos por todos: a ausência de revoluções em países que Marx chamava de civilizados e que hoje se chamam de industriais e desenvolvidos; a existência de regimes revolucionários que aboliram a propriedade privada dos meios de produção sem abolir contudo nem a exploração do homem nem as diferenças de classe, hierarquia ou função; a substituição quase total do antagonismo clássico entre proletários e burgueses, capital e trabalho, por uma dupla e feroz contradição: a oposição entre países ricos e pobres, e as querelas entre Estados ou grupos de Estados que se unem ou separam, que se aliam ou se combatem movidos pelas necessidades da hora, da geografia e do interesse nacional, independentemente dos sistemas sociais e das filosofias que dizem professar[1]. Uma descrição da superfície da sociedade contemporânea deveria abranger outros traços não menos perturbadores: o agressivo renascimento dos particularismos raciais, religiosos e lingüísticos ao mesmo tempo que a dócil adoção de formas de pensamento e conduta erigidas em cânon universal pela propaganda comercial e política, a elevação do nível de vida e a degradação do *nível da vida;* a soberania do objeto e a desumanização daqueles que o produzem ou o utilizam; o predomínio do coletivismo e a evaporação da noção de próximo. Os meios se transformaram em fins: a política econômica em lugar da economia política; a educação sexual e não o conhecimento através do erotismo; a per-

---

(1) A situação descrita pelo último parágrafo da seção *Burgueses e proletários* do *Manifesto Comunista*, na qual Marx via a causa final e inevitável da revolução operária, aplica-se hoje, ponto por ponto às relações entre nações ricas e pobres. Bastaria substituir as palavras *classe* por *nação, burguesia* por *países desenvolvidos, proletariado* e *operários* por *países subdesenvolvidos*, para pensar que se trata de um texto sobre a realidade atual.

feição do sistema de comunicações e a anulação dos interlocutores; o triunfo do signo sobre o significado nas artes, e, agora, da coisa sobre a imagem... Processo circular: a pluralidade se resolve em uniformidade, sem suprimir a discórdia entre as nações, nem a cisão nas consciências; a vida pessoal, exaltada pela publicidade, dissolve-se em vida anônima; a novidade diária acaba por ser repetição e a agitação desemboca na imobilidade. Vamos de nenhum lado a nenhuma parte. *Como o movimento no círculo,* dizia Raimundo Lulio, *assim é a pena no inferno.*

Talvez tenha sido Rimbaud o primeiro poeta que viu, no sentido de perceber e no de vidência, a realidade presente como a forma infernal ou circular do movimento. Sua obra é uma condenação da sociedade moderna, mas sua palavra final, *Une Saison en enfer*, também é uma condenação da poesia [2]. Para Rimbaud o novo poeta criaria uma linguagem universal, da alma para a alma, que ao invés de ritmar a ação a anunciaria. O poeta não se limitaria a expressar o *caminho para o Progresso,* e sim seria *vraiment un multiplicateur de progrès.* A novidade da poesia, diz Rimbaud, *não está nas idéias nem nas formas,* mas em sua capacidade de definir a *quantité d'inconnu s'éveillant en son temps dans l'âme universelle.* O poeta não se limita a descobrir o presente; desperta o futuro, conduz o presente ao encontro do que vem; *cet avenir sera matérialiste.* A palavra poética não é menos "materialista" do que o futuro que anuncia: é movimento que gera movimento, ação que transmuta o mundo material. Animada pela mesma energia que move a história, é profecia e consumação efetiva, na vida real, dessa profecia. A palavra encarna, é poesia prática. *Une Saison en enfer* condena tudo isso. A alquimia do verbo é um delírio: *vieillerie poétique, hallucination, sophisme de la folie.* O poeta renuncia à palavra. Não volta à sua antiga crença, o cristianismo, nem aos seus; mas antes de abandonar tudo, anuncia um singular *Noël sur la terre: le travail nouveau, la sagesse nouvelle, la fuite des tyrans et des démons, la fin de la superstition.* O adeus ao mundo velho e à esperança de transformá-lo pela poesia: *Je dois*

---

(2) O tema da cronologia dos escritos de Rimbaud se colocou, a meu ver, de maneira unilateral. Uma coisa são as datas em que foram escritos os poemas e outra o seu lugar dentro da obra. Tampouco se trata de um problema psicológico: é indubitável que Rimbaud, ao escrever *Une Saison en enfer* acreditava que era a sua última palavra, um adeus; mas inclusive se assim não tivesse ocorrido, esse texto é efetivamente um exame e um juízo final da experiência poética, tal como a concebem a chamada *Lettre du Voyant* e *Les Illuminations.* Se se julga que os poemas de Rimbaud constituem uma obra, que são um todo e não uma coleção de textos dispersos, *Une Saison en enfer* é posterior a *Les Illuminations,* embora alguns textos dêste último livro tenham sido escritos depois.

enterrer mon imagination. A crônica do inferno se encerra com uma declaração enigmática: *Il faut être absolument moderne*. Qualquer que seja a interpretação que se dê a esta frase, e há muitas, é evidente que *modernidade* se opõe aqui à *alquimia do verbo*. Rimbaud já não exalta a palavra, mas a ação: *point de cantiques*. Depois de *Une Saison en enfer* não se pode escrever um poema sem um sentimento de vergonha: não se trata de um ato irrisório, ou, o que é pior, não se incorre em uma mentira? Restam dois caminhos, os dois tentados por Rimbaud: a ação (a indústria, a revolução) ou escrever o poema final que seja também o fim da poesia, sua negação e culminância. Já foi dito que a poesia moderna é poema da poesia. Talvez isso tenha sido verdade na primeira metade do século XIX; a partir de *Une Saison en enfer* nossos grandes poetas fizeram da negação da poesia a forma mais alta da poesia: seus poemas são crítica da experiência poética, crítica da linguagem e do significado, crítica do próprio poema. A palavra poética se sustenta pela negação da palavra. O círculo se fechou.

Nunca como nos últimos trinta anos pareceram de tal modo incompatíveis a ação revolucionária e o exercício da poesia. Não obstante, algo os une. Nascidos quase ao mesmo tempo, o pensamento poético moderno e o movimento revolucionário se encontram, ao fim de um século e meio de querelas e alianças efêmeras, diante da mesma paisagem: um espaço preenchido de objetos, mas desabitado de futuro. A condenação da tentativa da poesia de encarnar na história alcança também o principal protagonista da era moderna: o movimento revolucionário. São duas faces do mesmo fenômeno. Esta condenação, além do mais, é uma exaltação: condena a nós, não a revolução nem a poesia. É muito fácil fazer agora uma crítica do pensamento revolucionário, particularmente de seu ramo marxista. Suas insuficiências e limitações estão à vista. Já se notou que são também as nossas? Seus erros são os da parte mais ousada e generosa do espírito moderno, em sua dupla direção: como crítica da realidade social e como projeto universal de uma sociedade justa. Sequer os crimes do período "estalinista" ou a degradação progressiva do marxismo oficial, nos são alheios: são parte integrante de uma mesma história. Uma história que nos engloba a todos e de que todos participamos. Ainda que a sociedade prevista por Marx esteja longe de ser uma realidade histórica, o marxismo penetrou tão profundamente na história que todos, de uma maneira ou de outra, às vezes sem sabê-lo, somos marxistas. Nossos juízos e categorias morais, nossa idéia de futuro, nossas opiniões sobre o presente ou sobre a justiça, a paz ou a guerra, tudo, sem excluir nossas negações do marxismo, está impregnado de marxismo. Este pensamento já é parte de nosso sangue intelectual e de nossa sensibilidade moral.

A situação contemporânea tem certa semelhança com a dos filósofos medievais, que não tinham outro instrumento para definir o Deus judeu-cristão, Deus criador e pessoal, a não ser as noções da metafísica de Aristóteles sobre o ente e o ser. (Se Deus, a idéia de Deus, morreu, foi de morte filosófica: a filosofia grega.) A crítica do marxismo é indispensável mas é, também, inseparável da do homem moderno e deve ser feita com as mesmas idéias críticas do marxismo. Para saber o que está vivo e o que está morto na tradição revolucionária, a sociedade contemporânea deve examinar-se a si mesma. Já Marx tinha dito que o cristianismo não pôde *"fazer com que se compreendesse de forma objetiva as mitologias anteriores, senão realizando a sua própria crítica"* e que *"a economia burguesa não compreendeu as sociedades feudais, a antiga e a oriental, a não ser no momento em que a sociedade burguesa empreendeu a crítica de si mesma[3]"*. Ademais, no interior do sistema marxista estão os germes da destruição criadora; a dialética e, sobretudo, a *força de abstração*, como chamava Marx à análise social, hoje aplicada a um sujeito real e historicamente determinado: a sociedade do século XX. A noção do proletariado como agente universal da história, a do Estado como simples expressão da classe no poder, a da cultura como "reflexo da realidade social", tudo isso, e muitas outras coisas, desaparecerá. Não a visão de uma sociedade comunista. A idéia de uma comunidade universal na qual, pela abolição das classes e do Estado, cesse o domínio de uns sobre outros e a moral da autoridade e do castigo seja substituída pela da liberdade e da responsabilidade pessoal – uma sociedade em que, ao desaparecer a propriedade privada, cada homem seja proprietário de si mesmo e essa "propriedade individual" seja literalmente comum, compartida por todos graças à produção coletiva; a idéia de uma sociedade na qual se apague a distinção entre o trabalho e a arte, essa idéia é irrenunciável. Não só constitui a herança do pensamento moral e político do Ocidente desde a época da filosofia grega, como faz parte da nossa natureza histórica. Renunciar a ela é renunciar a ser o que desejou ser o homem moderno, renunciar a ser. Não se trata unicamente de uma moral nem de uma filosofia política. O marxismo é a última tentativa do pensamento ocidental para conciliar razão e história. A visão de uma sociedade universal comunista

(3) *Introdução geral à crítica da economia política.*

está ligada a outra: a história é o lugar da encarnação da razão. Ou mais exatamente: o movimento da história, ao desdobrar-se, revela-se como razão universal. Algumas vezes a realidade da história desmente esta idéia; algumas vezes procuramos um sentido para a sangrenta agitação. Estamos condenados a buscar a razão da desrazão. É verdade que, se há de surgir um novo pensamento revolucionário, terá que absorver duas tradições desdenhadas por Marx e seus herdeiros: a libertária e a poética, entendida esta última como experiência de *otredad;* não é menos certo que este pensamento, tal como o marxismo, será crítico e criador; conhecimento que abraça a sociedade em sua realidade concreta e em seu movimento geral, e a transforma. Razão ativa.

Sem dúvida a nova poesia não repetirá as experiências dos últimos cinqüenta anos. São irrepetíveis. E ainda estão submersos os mundos poéticos que esperam ser descobertos por um adolescente cujo rosto certamente nunca veremos. Mas de fora talvez não seja de todo temerário descobrir algumas das circunstâncias com que se defrontam os novos poetas. Uma é a perda da imagem do mundo; outra, o aparecimento de um vocabulário universal, composto de signos ativos: a técnica; e outra ainda, a crise dos significados.

Na Antigüidade o universo tinha uma forma e um centro; seu movimento estava regido por um ritmo cíclico e essa figura rítmica foi durante séculos o arquétipo da cidade, das leis e das obras. Na ordem política e na ordem do poema, as festas públicas e os ritos privados — e também as discórdias e as transgressões da regra universal — eram manifestações do ritmo cósmico. Depois, a imagem do mundo ampliou-se: o espaço se fez infinito ou transfinito; o ano platônico converteu-se em sucessão linear, interminável; e os astros deixaram de ser a imagem da harmonia cósmica. Deslocou-se o centro do mundo e Deus, as idéias e as essências desvaneceram-se. Não ficamos sós. Mudou a imagem do universo e mudou a idéia que o homem fazia de si mesmo: não obstante, os mundos não deixaram de ser o mundo nem o homem os homens. Tudo era um todo. Agora o espaço se desagrega e se expande; o tempo se torna descontínuo; e o mundo, o todo, se desfaz em pedaços. Dispersão do homem, errante em um espaço que também se dispersa, errante em sua própria dispersão. Em um universo que se desfia e se separa de si, totalidade que deixou de ser pensável exceto como ausência ou como coleção de fragmentos heterogêneos, o eu também se desagrega. Não que tenha perdido a sua realidade ou que o consideremos como uma ilusão. Ao contrário, sua própria dispersão multiplica-o e fortalece-o. Perdeu a coesão e deixou de ter um centro, mas cada partícula se concebe como um eu único, mais fechado e obstinado em si mesmo que o antigo eu. A dispersão não é pluralidade, mas repetição: sempre o mesmo eu que combate cegamente a um outro eu cego. Propagação, multiplicação do idêntico.

O crescimento do eu ameaça a linguagem em sua dupla função: como diálogo e como monólogo. O primeiro se fundamenta na pluralidade; o segundo, na identidade. A contradição do diálogo consiste em que cada um fala consigo mesmo ao falar com os outros; a do monólogo em que nunca sou eu, mas outro, o que escuta o que digo a mim mesmo. A poesia sempre foi uma tentativa de resolver esta discórdia através de uma conversão dos termos: o eu do diálogo no tu do monólogo. A poesia não diz: eu sou tu; diz: meu eu és tu. A imagem poética é a *outridade**. O fenômeno moderno da incomunicação não depende tanto da pluralidade de sujeitos quanto do desaparecimento do tu como elemento constitutivo da consciência. Não falamos com os outros porque não podemos falar conosco mesmo. Mas a multiplicação cancerosa do eu não é a origem e sim o resultado da perda da imagem do mundo. Ao sentir-se só no mundo, o homem antigo descobria o seu próprio eu e, assim, o dos outros. Hoje não estamos sós no mundo: não há mundo. Cada lugar é o mesmo lugar e nenhum parte está em todas as partes. A conversão do eu em tu — imagem que compreende todas as imagens poéticas — não pode realizar-se sem que antes o mundo reapareça. A imaginação poética não é invenção mas descoberta da presença. Descobrir a imagem do mundo no que emerge como fragmento ou dispersão, perceber no uno o outro, será devolver à linguagem sua virtude metafórica: dar presença aos outros. A poesia: procura dos outros, descoberta da *outridade*.

Se o mundo como imagem se desvanece, uma nova realidade cobre toda a terra. A técnica é uma realidade tão poderosamente real — visível, palpável, audível, ubíqua — que a verdadeira realidade deixou de ser natural ou sobrenatural: a indústria é nossa paisagem, nosso céu e nosso inferno. Um templo maia, uma catedral medieval ou um palácio barroco eram alguma coisa mais do que monumentos: pontos sensíveis do espaço e do tempo, observatórios privilegiados de onde o homem podia contem-

(*) O autor usa o termo *otredad*, um neologismo. A tradução para *outridade* é também um neologismo (N. do T.)

plar o mundo e o transmundo como um todo. Sua orientação correspondia a uma visão simbólica do universo; a forma e a disposição de suas partes abriam uma perspectiva plural, verdadeira encruzilhada de caminhos visuais: para cima e para baixo, na direção dos quatro pontos cardeais. Ponto de vista total sobre a totalidade. Essas obras não só eram uma visão do mundo, como estavam feitas segundo a sua imagem: eram uma representação da figura do universo, sua cópia ou seu símbolo. A técnica se interpõe entre nós e o mundo, fecha toda perspectiva à nossa mirada: para além de suas geometrias de ferro, vidro ou alumínio não há rigorosamente nada, exceto o desconhecido, a região do informe ainda não transformada pelo homem.

A técnica não é nem uma imagem nem uma visão do mundo: não é uma imagem porque não tem por objeto representar ou reproduzir a realidade; não é uma visão porque não concebe o mundo como figura, e sim como algo mais ou menos maleável para a vontade humana. Para a técnica o mundo se apresenta como resistência, não como arquétipo: tem realidade, não figura. Essa realidade não se pode reduzir a nenhuma imagem e é, ao pé da letra, inimaginável. O saber antigo tinha por fim último a contemplação da realidade, fosse presença sensível ou forma ideal; o saber da técnica aspira substituir a realidade real por um universo de mecanismo. Os artefatos e utensílios do passado estavam no espaço; os mecanismos modernos alteram-no radicalmente. O espaço não só se povoa de máquinas que tendem para o automatismo ou que já são autômatos, como é um campo de forças, um entrelace de energias e relações — algo muito distinto dessa extensão ou superfície mais ou menos estável das antigas cosmologias e filosofias. O tempo da técnica é, por um lado, ruptura dos ritmos cósmicos das velhas civilizações; e por outro, aceleração e, por fim, abolição do tempo cronométrico moderno. De ambos os modos é um tempo descontínuo e vertiginoso que elude, se não a medida, a representação. Em suma a técnica se funda em uma negação do mundo como imagem. E haveria ainda que acrescentar: graças a essa negação, há técnica. Não é a técnica que nega a imagem do mundo; é o desaparecimento da imagem que torna possível a técnica.

As obras do passado eram réplicas do arquétipo cósmico no duplo sentido da palavra: cópias do modelo universal e resposta humana ao mundo, rimas ou estrofes do poema que o cosmos diz a si mesmo. Símbolos do mundo e diálogo com o mundo: o primeiro por ser reprodução da imagem do universo; o segundo, por ser o ponto de interseção entre o homem e a realidade exterior. Essas obras eram uma linguagem: uma visão do mundo e uma ponte entre o homem e tudo que o rodeia e sustém. As construções da técnica — fábricas, aeroportos, planos de energia e outros grandiosos conjuntos — são absolutamente reais, mas não são presenças; não representam: são signos da ação e não imagens do mundo. Entre elas e a paisagem natural que as contém não há diálogo nem correspondência. Não são obras, mas instrumentos; sua duração depende de seu funcionamento e sua forma não possui outra significação além de sua eficácia. Uma mesquita ou um arco triunfal romano são obras impregnadas de significação: duram por ter sido edificados sobre significados perduráveis, e não apenas em razão da maior ou menor resistência de seus materiais. Inclusive as grutas do paleolítico parecem-nos um texto talvez indecifrável mas não desprovido de sentido. Os aparelhos e mecanismo da técnica mal deixam de funcionar tornam-se insignificantes: nada dizem, exceto que deixaram de servir. Assim, a técnica não é propriamente uma linguagem, um sistema de significados permanentes fundado em uma visão do mundo. É um repertório de signos que têm significados temporários e variáveis: um vocabulário universal da atividade, aplicado à transformação da realidade e que se organiza desta ou daquela maneira diante desta ou daquela resistência. O poeta do passado se alimentava da linguagem e da mitologia que sua sociedade e seu tempo lhe propunham. Essa linguagem e esses mitos eram inseparáveis da imagem de mundo de cada civilização. A universalidade da técnica é de ordem diferente da das antigas religiões e filosofias: não nos oferece uma imagem do mundo e sim um espaço em branco, o mesmo para todos os homens. Seus signos não são uma linguagem: são os sinais que marcam as fronteiras, sempre em movimento, entre o homem e a realidade inexplorada. A técnica liberta a imaginação de toda mitologia e coloca-a frente ao desconhecido. Faz com que ela se defronte a si mesma e, diante da ausência de toda imagem de mundo, leva-a a configurar-se. Essa configuração é o poema. Fixado sobre o informe, tal como os signos da técnica, e como eles em busca de um significado incessantemente elusivo, o poema é um espaço vazio mas carregado de iminência. Ainda não é a presença: é um conjunto de signos que procuram o seu significado e que não significam outra coisa além de ser procura.

A consciência da história parecia ser a grande aquisição do homem moderno. Essa consciência se converteu em pergunta sem resposta sobre o sentido da história. A técnica não é uma resposta. Se o fosse, seria negativa: a invenção de armas de aniquilação total proíbe qualquer hipótese ou teoria sobre o sentido da história e sobre a suposta razão inerente aos movimentos e lutas de povos e classes. Mas suponhamos que essas armas não tivessem sido inventadas ou que as potências que as possuem decidissem destruí-las: o pensamento técnico, único sobrevivente das filosofias do passado, tampouco poderia nos dizer algo sobre o futuro. A técnica pode prever estas ou aquelas mudanças e, até certo ponto, construir realidades futuras. Neste sentido a técnica é produtora do futuro. Nenhum destes prodígios responderá à unica pergunta que o homem se faz enquanto ser histórico e, devo acrescentar, enquanto homem: o por que e o para que das mudanças. Esta pergunta contém já em germe. uma idéia do homem e uma imagem do mundo. É uma pergunta sobre o existir humano individual e coletivo; fazê-la é afirmar que a resposta, ou a ausência de resposta, pertencem a esferas distintas da esfera da técnica. Assim, embora a técnica invente todos os dias algo novo, nada pode dizer-nos sobre o futuro. De certo modo sua ação consiste em ser uma incessante destruição de futuro. Com efeito, na medida em que o futuro que constrói é cada vez menos imaginável e nos surge como desprovido de sentido, cessa de ser futuro: é o desconhecido que irrompe sobre nós. Cessamos de nos reconhecer no futuro.

A perda da imagem do futuro, dizia Ortega y Gasset, implica numa mutilação do passado. E assim acontece: tudo que nos parecia carregado de sentido se apresenta agora aos nossos olhos como uma série de esforços e criações que são um não-sentido. A perda de significado afeta às duas metades da esfera, a morte e a vida: a morte tem o sentido que lhe dá nosso viver; e este tem como significado último ser vida diante da morte. A técnica nada nos pode dizer sobre tudo isto. Sua virtude filosófica consiste, por assim dizer, em sua ausência de filosofia. Talvez não seja uma desgraça: graças à técnica o homem se encontra, depois de milhares de anos de filosofia e religiões, a céu descoberto. A consciência da história revelou-se como consciência trágica; o agora já não se projeta em um futuro: é um sempre instantâneo. Escrevo consciência trágica não porque pense em um regresso à tragédia grega, mas para designar o *caráter* de uma nova poesia. História e tragédia são termos incompatíveis: para a história nada é definitivo, exceto a mudança; para a tragédia toda mudança é definitiva. Por isso os gêneros próprios da sensibilidade histórica, hoje feridos de morte, são o romance, o drama, a elegia, a comédia. O poeta moderno vivia em um tempo que se distinguia dos outros tempos por ser a época da consciência histórica. Essa consciência descobre agora que a história não tem sentido ou que, se o tem, este é inacessível para ela. Nosso tempo é o do fim da história como futuro imaginável e previsível. Reduzidos a um presente que se estreita cada vez mais, nos perguntamos: aonde vamos? na realidade deveríamos indagar-nos: em que tempos vivemos? Não creio que ninguém possa responder com certeza a esta pergunta. A aceleração do suceder histórico, sobretudo a partir da Primeira Guerra Mundial, e a universalidade da técnica, que fez da terra um espaço homogêneo, revelam-se por fim como uma espécie de frenética imobilidade em um lugar que é todos os lugares. Poesia: procura de um agora e de um aqui.

A descrição anterior é incompleta e insuficiente. Não tanto, talvez, para que nos impeça totalmente de entrever a possível direção da poesia vindoura. Em primeiro lugar: a dispersão da imagem do mundo em fragmentos desconexos resolve-se em uniformidade e, assim, em perda da *outridade*. A técnica, por sua vez, não nos deu uma nova imagem do mundo e tornou impossível um retorno às velhas mitologias. Enquanto durar este tempo que é o nosso tempo, não há passado nem futuro, idade de ouro anterior à história ou falanstério posterior. O tempo do poeta: viver em dia; e vivê-lo, simultaneamente, de duas maneiras contraditórias: como se fosse interminável e como se fosse acabar agora mesmo. Assim, a imaginação não pode propor-se outra coisa senão recuperar e exaltar — descobrir e projetar — a vida concreta de hoje. O primeiro, o descobrir, designa a experiência poética; o segundo, a projeção, refere-se ao poema propriamente dito e será tratado mais adiante.

Quanto ao primeiro, começarei por dizer que a vida concreta é a verdadeira vida, por oposição ao viver uniforme que nos tenta impor a sociedade contemporânea. Breton disse: *lá véritable existence est ailleurs*. Esse além está aqui, sempre aqui e neste momento. A verdadeira vida não se opõe nem à vida cotidiana nem à heróica; é a percepção do relampejar da *outridade* em qualquer dos nossos atos, sem excluir os mais mesquinhos. Freqüentemente engloba-se esses estados sob um nome a meu ver inexato: *a experiência espiritual*. Nada nos permite afirmar que se trata de algo predominantemente espiritual; nada, além disso, nos faz pensar que o espírito seja realmente distinto da vida corpórea e do que, também com inexatidão, chamamos de matéria. Essas experiências são e não são excepcionais. Nenhum método exterior ou interior — seja a meditação, as drogas, o erotismo, as práticas ascéticas ou qualquer outro meio físico ou mental — pode por si só suscitar o aparecimento da *outridade*. É um dom imprevisto, um sinal que a vida faz à vida, sem que o fato de recebê-lo implique mérito ou diferença alguma, seja de ordem moral, seja de ordem espiritual. Certo, há situações propícias e temperamentos mais afinados, mas mesmo nisto não há regra fixa. Experiência feita do tecido de nossos atos diários, a *outridade* é antes de mais nada a percepção de que somos outros sem deixar de ser o que somos e que, sem deixar de estar onde estamos, nosso verdadeiro ser está em outra parte. Somos outra parte. Em outra parte quer dizer: aqui, agora mesmo enquanto faço isto ou aquilo. E também: estou só e estou contigo, em um não sei onde que é sempre aqui. Contigo e aqui: quem és tu, quem sou eu, onde estamos quando estamos aqui?

Irredutível, elusiva, indefinível, imprevisível e constantemente presente em nossas vidas, a *alteridade* se confunde com a religião, a poesia, o amor e outras experiências afins. Surge com o próprio homem, de modo que pode dizer-se que se o homem se fez homem por obra do trabalho, teve consciência de si graças à percepção de sua radical *alteridade*: ser e não ser o mesmo que o resto dos animais. Desde o paleolítico inferior até nossos dias essa revelação alimentou a magia, a religião, a poesia, a arte e também o viver e o imaginar cotidiano de homens e mulheres. As civilizações do passado integraram em sua visão do mundo as imagens e as percepções da *alteridade;* a sociedade contemporânea condena-as em nome da razão, da ciência, da moral e da saúde. As proibições atuais desviam-nas ou deformam-nas, dão-lhes maior virulência, não as suprimem. Poderia chamar-se a *aliedad* * de experiência básica, não fosse por consistir precisamente no contrário: uma suspensão do homem em uma espécie de vôo imóvel, como se as bases do mundo e as de seu próprio ser tivessem se desvanecido.

Embora se trate de uma experiência mais vasta que a religiosa e que é anterior à mesma, como já se disse em outra parte deste livro, o pensamento racionalista con-

(*) Outro neologismo do autor. Enquanto *otredad* implica a noção de *outro* em oposição à noção de *mesmo*, ou seja, de *alteridade* em oposição a *identidade*, o termo *aliedad* implicaria a noção de *alheio*. (N. do T.)

dena-a com a mesma decisão com que condena a religião. Talvez não seja inútil repetir que a crítica moderna da religião reduz o divino à noção judaico-cristã de um Deus criador, único e pessoal. Esquece assim que há outras concepções do divino, desde o animismo primitivo até o ateísmo de certas seitas e religiões orientais. O ateísmo ocidental é polêmico e anti-religioso; o oriental, ao ignorar a noção de um deus criador, é uma contemplação da totalidade na qual os extremos entre deus e a criatura se dissipam. Ademais, a despeito de seu antideísmo, nosso ateísmo não é menos "religioso" do que nosso deísmo; um grande poeta francês, célebre pela violência de suas convicções anti-religiosas, disse-me certa vez: *o ateísmo é um ato de fé*. Nesta frase, que não é desprovida de grandeza, há como que um eco de Tertuliano e também de Santo Agostinho. Enfim, a própria idéia de religião é uma noção ocidental abusivamente aplicada às crenças das outras civilizações. O *Sanâtana dharma* — que abarca várias "religiões", algumas atéias como o sistema samkya — ou o taoísmo dificilmente podem ser chamados de religiões, no sentido que se dá à palavra no Ocidente: não postulam nem uma ortodoxia nem uma vida extraterrena... A experiência do divino é mais antiga, imediata e original que todas as concepções religiosas. Não se esgota na idéia de um Deus pessoal, nem tampouco na de muitos: todas as deidades emergem do divino e regressam ao seu seio.

Recordarei por último, algo que muitas vezes se disse: ao extirpar a noção de divindade o racionalismo reduz o homem. Nos liberta de Deus mas nos encerra em um sistema ainda mais férreo. A imaginação humilhada se vinga e do cadáver de Deus brotam fetiches atrozes: na Rússia e em outros países, a divinização do chefe, o culto à letra das escrituras, a deificação do partido; entre nós, a idolatria do próprio eu. Ser *um mesmo* é condenar-se à mutilação pois o homem é apetite perpétuo de ser outro. A idolatria do eu conduz à idolatria da propriedade; o verdadeiro Deus da sociedade cristã ocidental chama-se domínio sobre os outros. Concebe o mundo e os homens como *minhas* propriedades, *minhas* coisas. O árido mundo atual, o inferno circular, é o espelho do homem cerceado em sua faculdade poetizante. Fechou-se todo contato com esses vastos territórios da realidade que se recusam à medida e à quantidade, com tudo aquilo que é qualidade pura, irredutível a gênero e espécie: a própria substância da vida.

A rebelião dos poetas românticos e de seus herdeiros modernos não foi tanto um protesto contra o desterro de

Deus como uma procura da metade perdida, descida a essa região que nos comunica com o *outro*. Por isto não encontraram lugar em nenhuma ortodoxia e sua conversão a esta ou aquela crença nunca foi total. Atrás de Cristo ou de Orfeu, de Luzbel ou de Maria, procuravam essa realidade das realidades que chamamos o divino ou o *outro*. A situação dos poetas contemporâneos difere nisto radicalmente. Heidegger expressou-o de maneira admirável: *Chegamos tarde para os deuses e muito cedo para o ser;* e acrescenta: *cujo iniciado poema é o ser.* O homem é o inacabado, ainda que seja cabal em sua própria inconclusão; e por isso faz poemas, imagens nas quais se realiza e se acaba, sem acabar-se nunca de todo. Ele mesmo é um poema: é o ser sempre em perpétua possibilidade de ser completamente e cumprindo-se assim em seu não-acabamento. Mas nossa situação histórica se caracteriza pelo *demasiado tarde* e o *muito cedo*. Demasiado tarde: na luz indecisa, os deuses já desaparecidos, seus corpos radiantes fundidos no horizonte que devora todas as mitologias passadas; muito cedo: o ser, a experiência central saindo de nós mesmos ao encontro de sua verdadeira presença. Andamos perdidos entre as coisas, nossos pensamentos são circulares e percebemos apenas algo que emerge, ainda sem nome.

A experiência da *outridade* abrange as duas notas extremas de um ritmo de separação e reunião, presente em todas as manifestações do ser, desde as físicas até as biológicas. No homem este ritmo se exprime como queda, sentir-se só em um mundo estranho, e como reunião, em acordo com a totalidade. Todos os homens, sem exceção, entreviram por um instante a experiência da separação e da reunião. No dia em que verdadeiramente estivemos enamorados e soubemos que esse instante era para sempre; quando caímos no sem-fim de nós mesmos e o tempo abriu suas entranhas e nos contemplamos como um rosto que se desvanece e uma palavra que se anula; na tarde em que vimos aquela árvore em meio do campo e adivinhamos, embora já não o recordemos mais, o que diziam as folhas, a vibração do céu, a reverberação do muro branco golpeado pela última luz; numa manhã, estendidos na relva, ouvindo a vida secreta das plantas; ou de noite, diante das águas entre os altos rochedos. Sós ou acompanhados vimos o Ser e o Ser nos viu. É *a outra vida?* É a verdadeira vida, a vida de todos os dias. Sobre a outra que nos prometem as religiões, nada podemos dizer com certeza. Parece excessiva vaidade ou empolgamento com o nosso próprio eu pensar em sua sobrevivência; reduzir toda existência ao modelo humano e terrestre revela certa falta de imaginação ante as possibilidades do ser. Deve haver outras formas de ser e talvez morrer seja apenas um trânsito. Duvido que esse trânsito possa ser sinônimo de salvação ou perdição pessoal. Em qualquer caso, aspiro ao ser, ao ser que transforma, não à salvação do eu. Não me preocupa a *outra vida* além, mas só aqui. A experiência da *outridade,* é aqui mesmo, a *outra vida.* A poesia não se propõe consolar o homem da morte, mas fazer com que ele vislumbre que a vida e a morte são inseparáveis: são a totalidade. Recuperar a vida concreta significa reunir a parelha vida-morte, reconquistar um no outro, o tu no eu, e assim descobrir a figura do mundo na dispersão de seus fragmentos.

Na dispersão de seus fragmentos... O poema não será esse espaço vibrante sobre o qual se projeta um punhado de signos como um ideograma que fosse provedor de significações? Espaço, projeção, ideograma: estas três palavras aludem a uma operação que consiste em desdobrar um lugar, um aqui, que receba e sustente uma escritura: fragmentos que se reagrupam e procuram constituir uma figura, um núcleo de significados. Ao imaginar o poema como uma configuração de signos sobre um espaço animado não penso na página do livro: penso nas Ilhas Açôres vistas como um arquipélago de chamas numa noite de 1938, nas tendas negras dos nômades nos vales do Afeganistão, nos cogumelos dos pára-quedas suspensos sobre uma cidade adormecida, na pequena cratera de formigas vermelhas em algum pátio citadino, na lua que se multiplica e se anula e desaparece e reaparece sobre o seio gotejante da Índia após as monções. Constelações: ideogramas. Penso em uma música nunca ouvida, música para os olhos, uma música nunca vista. Penso em *Un coup de dés*.

A poesia moderna, como prosódia e escritura, inicia-se com o verso livre e o poema em prosa. *Un coup de dés* encerra esse período e abre outro, que mal começamos a explorar. Seu significado é duplo. Por um lado é a condenação da poesia "idealista", como *Une Saison en enfer* teria sido da "materialista"; se o poema de Rimbaud declara ser loucura e sofisma a tentativa da palavra para materializar-se na história, o de Mallarmé proclama absurda e nula a intenção de fazer do poema o duplo ideal do universo. Por outro lado, *Un coup de dés* não implica numa renúncia à poesia; ao contrário, Mallarmé nos oferece seu poema nada menos do que como modelo de um gênero novo. Pretensão à primeira vista extraordinária, se se pensa que é o poema da nulidade do ato de escrever, mas que se justifica inteiramente se se nota que inaugura um novo modo poético. A escritura poética alcança neste texto sua máxima condensação e sua extrema dispersão. Ao mesmo tempo é o apogeu da página como espaço literário e o começo de outro espaço. O poema cessa de ser uma sucessão linear e escapa assim à tirania tipográfica que nos impõe uma visão longitudinal do mundo, como se as imagens e as coisas se apresentassem umas atrás das outras e não, como realmente ocorre, em momentos simultâneos e em diferentes zonas de um mesmo espaço ou em diferentes espaços. Embora a leitura de *Un coup de dés* se faça da esquerda para a direita e de cima para baixo, as frases tendem a configurar-se em centros mais ou menos independentes, à maneira dos sistemas solares dentro do universo; cada conjunto de frases, sem perder a sua relação com o todo, cria para si um domínio próprio nesta ou naquela parte da página; e estes espaços distintos fundem-se às vezes em uma só superfície sobre a qual brilham duas ou três palavras. A disposição tipográfica, verdadeira anunciação do espaço criado pela técnica moderna, particularmente a eletrônica, é uma forma que corresponde a uma inspiração poética distinta. Nessa inspiração reside a verdadeira originalidade do poema. Mallarmé explicou-o várias vezes em *Divagations* e outras notas: a novidade de *Un coup de dés* consiste em ser um *poema crítico*.

Poema crítico: se não me engano, a união destas duas palavras contraditórias quer dizer: aquele poema que contém sua própria negação e que faz dessa negação o ponto de partida do canto, a igual distância da afirmação e da negação. A poesia, concebida por Mallarmé como a única possibilidade de identificação da linguagem com o absoluto, de ser o absoluto, nega-se a si mesma cada vez que se realiza em um poema (nenhum ato, inclusive um ato puro e hipotético: sem autor, tempo ou lugar, abolirá o acaso) — salvo se o poema é simultaneamente crítica dessa tentativa. A negação da negação anula o absurdo e dissolve o acaso. O poema, o ato de lançar os dados ou pronunciar o número que suprimirá o acaso (porque suas cifras coincidirão com a totalidade) é absurdo e não é: *devant son existence,* diz um dos apontamentos de *Igitur, la négation et l'affirmation viennent échouer. Il contient l'Absurde — l'implique, mais à l'état latent et l'empêche d'exister: ce qui permet à l'Infini d'être*[4]. O poema de Mallarmé não é a obra que tanto

---

(4) Sigo parcialmente a interpretação de Gardner Davies (*Vers une explication rationnelle du Coup de dés*, Paris, 1953) que foi um dos primeiros a advertir o sentido de afirmação do poema.

o preocupou e que nunca escreveu, não é aquele hino que expressaria, ou, melhor dizendo, consumaria, a *correlação íntima entre a poesia e o universo;* mas em certo sentido, *Un coup de dés* o contém.

Mallarmé enfrenta duas possibilidades que na aparência são excludentes (o ato e sua omissão, o acaso e o absoluto) e, sem suprimi-las, resolve-as numa afirmação condicional — uma afirmação que sem cessar se nega e assim se afirma pois se alimenta de sua própria negação. A impossibilidade de escrever um poema absoluto em condições também absolutas, tema de *Igitur* e da primeira parte de *Un coup de dés,* graças à crítica, à negação, converte-se na possibilidade, agora e aqui, de escrever um poema aberto até o infinito. Esse poema é o único ponto de vista possível, momentâneo e não obstante suficiente, do absoluto. O poema não nega o acaso, mas o neutraliza ou dissolve: *il réduit le hasard à l'infini.* A negação da poesia é também exaltação jubilosa do ato poético, verdadeiro lançamento para o infinito: *Toute pensée émet un coup de dés.* Esses dados lançados pelo poeta, ideograma do acaso, são uma constelação que roda sobre o espaço e que em cada uma de suas momentâneas combinações diz, sem jamais dizê-lo inteiramente, o número absoluto; *compte total en formation.* Sua carreira estelar não termina antes que atinja *quelque point dernier qui le sacre.* Mallarmé não diz qual é esse ponto. Não é temerário pensar que é um ponto absoluto e relativo, último e transitório: o de cada leitor ou, mais exatamente, cada leitura: *compte total en formation.*

Em um ensaio que é um dos mais densos e luminosos entre os que se escreveram sobre este texto capital para a poesia vindoura, Maurice Blanchot assinala que *Un coup de dés* contém sua própria leitura [5]. Com efeito a noção de um *poema crítico* implica a de uma leitura e Mallarmé referiu-se várias vezes a uma escritura ideal em que as frases e palavras se refletiriam umas nas outras e, de certo modo, se contemplariam e se leriam. A leitura a que Blanchot alude não é a de um leitor qualquer, nem sequer desse leitor privilegiado que é o autor. Apesar de que Mallarmé, à diferença da maioria dos autores, não nos imponha a sua interpretação tampouco a deixa ao capricho do leitor. A leitura, ou leituras, depende da correlação e interseção das distintas partes em cada um dos momentos da recitação mental ou sonora. Os brancos, os parênteses, as aposições, a construção sintática tanto quanto a disposição tipográfica e, sobretudo, o tempo verbal em

(5) *Le livre à venir,* Paris, 1959.

que se apóia o poema, este *Si...*, conjunção condicional que suspende o discurso no ar, são outras tantas maneiras de criar entre frase e frase a distância necessária para que as palavras se reflitam. Em seu próprio movimento, em seu duplo ritmo de contração e expansão, de negação que se anula e se transforma em afirmação que duvida de si, o poema engendra suas sucessivas interpretações. Não é a subjetividade e sim, como diria Ortega y Gasset, a interseção dos distintos pontos de vista que nos dá a possibilidade de uma interpretação. Nenhuma delas é definitiva, nem sequer a última (*Toute pensée émet un coup de dés*), frase que absorve o acaso ao disparar seu *talvez* na direção do infinito; e todas, de sua perspectiva particular, são definitivas: conta total em perpétua formação. Não há uma interpretação final de *Un coup de dés* porque sua palavra última não é uma palavra final. A destruição foi a minha Beatriz, diz Mallarmé em carta a um amigo; no final da viagem o poeta não contempla a Idéia, símbolo ou arquétipo do universo, mas um espaço em que desponta uma constelação: seu poema. Não é uma imagem nem uma essência; é uma conta em formação, um punhado de signos que se desenham, se desfazem e voltam a desenhar-se. Assim, este poema que nega a possibilidade de dizer algo absoluto, consagração da impotência da palavra, é ao mesmo tempo o arquétipo do poema futuro e a afirmação plena da soberania da palavra. Não diz nada e é a linguagem em sua totalidade. Autor e leitor de si mesmo, negação do ato de escrever e escritura que renasce continuamente de sua própria anulação.

O horizonte em que aparece a constelação errante que formam os últimos versos de *Un coup de dés* é um espaço vazio. E a própria constelação além disso não tem existência certa: não é uma figura e sim a possibilidade de chegar a sê-lo. Mallarmé não nos mostra nada exceto um lugar nulo e um tempo sem substância: uma transparência infinita. Se se compara esta visão do mundo com a dos grandes poetas do passado — não é preciso pensar em Dante ou em Shakespeare, basta lembrar Hoelderlin ou Baudelaire — pode-se perceber a mudança. O mundo, como imagem, evaporou-se. Toda a tentativa poética se reduz a fechar o punho para não deixar escapar esses dados que são o signo ambíguo da palavra *talvez*. Ou abri-lo, para mostrar que também eles se desvaneceram. Os dois gestos têm o mesmo sentido. Durante toda a sua vida Mallarmé falou de um livro que seria o duplo do cosmos. Ainda me assombra que tenha dedicado tantas páginas para dizer-nos como seria esse livro e tão poucas para revelar-nos a sua visão do mundo. O universo, confia a seus amigos e correspondentes, parece-lhe ser um sistema de relações e correspondências, idéia que não é diferente da de Baudelaire e dos românticos; contudo, nunca explicou realmente como o via nem o que era aquilo que via. A verdade é que não via: o mundo deixara de ter imagem. A diferença com Blake e seus universos povoados de símbolos, monstros e seres fabulosos, parecerá ainda mais notável se se recordar que ambos os poetas falam em nome da imaginação e que os dois julgam-na uma potência soberana. A diferença não depende unicamente da diversidade de temperamentos e sensibilidades e sim dos cem anos que separam *The Marriage of Heaven and Hell* (1793) de *Un coup de dés* (1897). A mudança da imaginação poética depende da mudança da imagem do mundo.

Blake vê o invisível porque para ele tudo esconde uma figura. O universo em sua essência é apetite de manifestação, desejo que se projeta: a imaginação não tem outra missão além de dar forma simbólica e sensível à energia. Mallarmé anula o visível por um processo a que chama de *transposição* e que consiste em tornar imaginário todo objeto real: a imaginação reduz a realidade à idéia. O mundo já não é energia nem desejo. Na verdade, nada seria sem a poesia, que lhe dá a possibilidade de encarnar na analogia verbal. Para Blake a realidade primordial é o mundo, que contém todos os símbolos e arquétipos; para Mallarmé, a palavra. O universo inteiro se torna iminência de hino; se o mundo é idéia, sua maneira própria de existir não pode ser outra senão a linguagem absoluta: um poema que seja o Livro dos livros. Em um segundo momento de sua aventura Mallarmé compreende que nem a idéia nem a palavra são absolutamente reais: a única palavra verdadeira é *talvez* e a única realidade do mundo se chama probabilidade infinita. A linguagem se torna transparente como o próprio mundo e a *transposição*, que anula o real em benefício da linguagem, anula também, agora, a palavra. As núpcias entre o verbo e o universo se consumam de uma maneira insólita, que não é nem palavra nem silêncio, mas um signo que procura o seu significado.

Embora o horizonte de *Un coup de dés* não seja o da técnica — seu vocabulário é ainda o do simbolismo, fundado no *anima mundi* e na correspondência universal — o espaço que abre é o mesmo enfrentado pela técnica: mundo sem imagem, realidade sem mundo e infinitamente real. Freqüentemente acusa-se Marx, nem sempre com razão, de cegueira estética, o que não impede que uma de suas observações antecipe com extraordinária exatidão a situação do poeta contemporâneo: o mundo moderno é "uma sociedade que se desenvolve excluindo toda relação mitológica com a natureza, relação que se exprime através de mitos e que supõe assim no artista uma imaginação independente da mitologia...". A imaginação livre de toda imagem de mundo — uma mitologia não é outra coisa além disso — volta-se sobre si mesma e funda sua morada ao ar livre: um agora e um aqui sem ninguém. À diferença dos poetas do passado, Mallarmé não nos apresenta uma visão do mundo; tampouco nos diz uma palavra acerca do que significa ou não significa ser homem. O *legado* a que expressamente se refere *Un coup de dés* — sem legatário expresso: *à quelqu'un ambigu* — é uma forma; e mais ainda, é a própria forma da possibilidade: um poema fechado ao mundo, mas aberto ao espaço sem nome. Um agora em perpétua rotação, um meio-dia noturno — e um aqui deserto. Povoá-lo: tentação do poeta por vir. Nosso legado não é a palavra de Mallarmé e sim o espaço que a sua palavra abre.

O desaparecimento da imagem do mundo engrandeceu a do poeta; a verdadeira realidade não estava fora, mas dentro, na cabeça ou no coração do poeta. A morte dos mitos gerou o seu próprio mito: sua figura cresceu tanto que as suas próprias obras tiveram um valor acessório e derivado, sendo mais provas de seu gênio do que da existência do universo. O método de Mallarmé, a destruição criadora ou *transposição*, mas sobretudo o surrealismo, arruínaram para sempre a idéia do poeta como um ser de exceção. O surrealismo não negou a inspiração, estado de exceção: afirmou que é um bem comum. A poesia não exige nenhum talento especial mas uma espécie de intrepidez espiritual, um desprendimento que é também um des-envoltura. Várias vezes Breton afirmou sua fé na potência criadora da linguagem, que é superior a de qualquer engenho pessoal, por eminente que seja. Ademais, o movimento geral da literatura contemporânea, de Joyce e cummings às experiências de Queneau e às combinações da eletrônica, tende a restabelecer a soberania da linguagem sobre o autor. A figura do poeta corre a mesma sorte que a imagem do mundo: uma noção que paulatinamente se evapora. Sua imagem, não sua realidade. A utilização das máquinas, o emprego das drogas para alcançar certos estados de exceção (*misérable miracle*, chama-os Michaux e, portanto, *paix dans les brisements*), a intervenção do acaso matemático e de outros processos combinatórios, não são, no fim de contas, algo diferente do que era proposto pela *escritura automática*: deslocar o centro da criação e devolver à linguagem o que era seu. Ainda uma vez: os homens servem-se das palavras; o poeta é o seu servidor. Nosso século é o do retorno, por vias não suspeitadas, de uma potência negada ou ao menos desdenhada desde o Renascimento: a antiga inspiração. A linguagem cria o poeta e só na medida em que as palavras nascem, morrem e renascem em seu interior ele é, por sua vez, criador. A obra poética mais vasta e poderosa da literatura moderna é talvez a de Joyce; seu tema é imenso e mínimo: a história da queda, velório e ressurreição de Tim Finnegan, que não é outra coisa senão o próprio idioma inglês. Adão (todos os homens), o inglês (todas as línguas) e o próprio livro e seu autor são uma só voz que flui em um discurso circular: a palavra, fim e princípio de toda história. O poema devora o poeta.

Muitos desses processos exprimem a tendência crítica adotada por toda atividade criadora em nosso tempo. Seu interesse é duplo: um, de ordem científica, é o de investigar em que consiste o processo da criação, como e de que maneira se formam as frases, ritmos e imagens do poema; outro, poético, o de ampliar o campo da criação, até ontem considerado por nossa sociedade como um domínio individual. Neste último sentido, que é o propriamente criador, esses processos revelam a antiga nostalgia de uma poesia feita por todos e para todos. Mas há que distinguir entre a tentativa para fazer do poema uma criação em comum e a que pretende eliminar o criador, pessoal ou coletivo. A segunda delata uma obsessão contemporânea: um medo e uma resignação. Uma demissão. O homem é linguagem porque é sempre os homens, o que fala e o que ouve. Suprimir o sujeito que fala seria consumar definitivamente o processo de submissão espiritual do homem. As relações humanas, já viciadas pelas diferenças de hierarquia entre os interlocutores, modificaram-se substancialmente quando o livro substituiu a voz viva, impôs ao ouvinte uma só lição e retirou-lhe o direito de replicar ou interrogar. Se o livro reduziu o ouvinte à passividade do leitor, estas novas técnicas tendem a anular o homem como emissor da palavra. Desaparecidos o que fala e o que responde, anula-se a linguagem. Niilismo circular e que termina por destruir-se a si mesmo: soberania do ruído. Quanto à idéia de uma poesia criada por todos, continua me parecendo válida a reserva formulada por Benjamin Péret há cerca de quinze anos atrás: *a prática da poesia cole-*

tiva só é concebível em um mundo liberto de toda opressão, em que o pensamento poético volte a ser para o homem tão natural quanto a água e o sonho. Acrescentarei que em um mundo assim talvez fosse supérflua a prática da poesia: ela mesma seria, por fim, *poesia prática*. Em suma, a noção de um criador, pessoal ou coletivo — algo que não é exatamente o mesmo que o autor contemporâneo — é inseparável da obra poética. Na realidade, todo poema é coletivo. Em sua criação intervém, tanto ou mais ainda que a vontade ativa ou passiva do poeta, a própria linguagem de sua época, não como palavra já consumada, mas em formação: como um querer dizer da própria linguagem. Depois, queira ou não o poeta, a prova da existência de seu poema é o leitor ou ouvinte, verdadeiro depositário da obra, que, ao lê-la, recria-a e outorga-lhe sua significação final.

Em sua origem, a poesia, a música e a dança eram um todo. A divisão das artes não impediu que durante muitos séculos o verso fosse ainda, com ou sem apoio musical, canto. Em Provença os poetas compunham a música de seus poemas. Essa foi a última ocasião em que a poesia do Ocidente pode ser música sem deixar de ser palavra. Desde então, toda vez que se tenta reunir ambas as artes, a poesia se perde como palavra, dissolvida nos sons. A invenção da imprensa não foi a causa do divórcio, mas acentuou-o de tal modo que a poesia em vez de ser algo que se diz e se ouve converteu-se em algo que se escreve e se lê. Certo, a leitura do poema é uma operação particular: ouvimos mentalmente o que vemos. Não importa: a poesia nos entra pelos olhos, não pelos ouvidos. E ademais, lemos para nós mesmos, em silêncio. Trânsito do ato público ao privado: a experiência se torna solitária. A imprensa, por outro lado, tornou supérflua a arte da caligrafia e a da ilustração e iluminação de manuscritos. Embora a tipografia conte com recursos que não são inferiores aos da pena ou do lápis, poucas vezes conseguiu-se uma verdadeira fusão entre o que o poema diz e sua disposição tipográfica na página. É verdade que são muitas as edições ilustradas; quase sempre as ilustrações sacrificam o texto ou o inverso. A idéia de representar com letras o que elas mesmas significam tentou muitas vezes aos poetas; o resultado foi desnaturalizar igualmente o desenho e a escritura. Não sei se as linhas falam (às vezes o creio, diante de certos desenhos); em compensação estou certo de que as letras da imprensa não desenham. Talvez minha opinião fosse diferente se Apollinaire, para citar o último que tentou desenhar com letras, em vez dos *cali-*

gramas tivesse inventado verdadeiros ideogramas poéticos. Mas o ideograma não é desenho nem pintura: é um signo e faz parte de um sistema de signos. Portanto, chamar de caligrafia aos traços de alguns pintores contemporâneos é uma abusiva metáfora da crítica e uma confusão. Se há uma prefiguração de escritura nesses quadros é porque todas as nossas artes sofrem da nostalgia de significação — embora seja outra a verdadeira linguagem da pintura e outro o seu significado. Nenhuma destas tentativas pôs em perigo o reinado do branco e do preto.

Pela eliminação da música, da caligrafia e da iluminação, a poesia reduziu-se até converter-se quase exclusivamente em uma arte do entendimento. Palavra escrita e ritmo interior: arte mental. Assim, ao silêncio e afastamento que a leitura do poema exige, temos que acrescentar a concentração. O leitor se esforça por compreender o que quer dizer o texto e sua atenção é mais intensa que a do ouvinte ou que a do leitor medieval, para quem a leitura do manuscrito era igualmente contemplação de uma paisagem simbólica. Ao mesmo tempo, a participação do leitor moderno é passiva. As transformações neste domínio correspondem também às da imagem do mundo, desde a sua aparição na pré-história até o seu eclipse contemporâneo. Palavra falada, manuscrita, impressa: cada uma delas exige um espaço distinto para manifestar-se e implica numa sociedade e numa mitologia diferentes. O ideograma e a caligrafia colorida são verdadeiras representações sensíveis da imagem do mundo; a letra de imprensa corresponde ao triunfo do princípio de causalidade e a uma concepção linear da história. É uma abstração e reflete o paulatino ocaso do mundo como imagem. O homem não vê o mundo: pensa-o. Hoje a situação transformou-se de novo: voltamos a ouvir o mundo, embora não possamos vê-lo. Graças aos novos meios de reprodução sonora da palavra, a voz e o ouvido recobram seu antigo lugar. Alguns anunciam o fim da era da imprensa. Não o creio. Mas a letra deixará de ocupar um lugar central na vida dos homens. O espaço que a sustentava já não é esta superfície plana e homogênea da física clássica, na qual se depositavam ou se colocavam todas as coisas, desde os astros até as palavras. O espaço perdeu, por assim dizer, sua passividade: não é aquilo que contém as coisas e sim aquilo que, em perpétuo movimento, altera seu transcorrer e intervém ativamente em suas transformações. É o agente das mutações, é energia. No passado, era o sustentáculo natural do ritmo verbal e da música; sua representação visual era a página, ou qualquer outra superfície plana, sobre a qual deslizava, horizontal ou verticalmente, a dupla estrutura da melodia e da harmonia. Hoje o espaço se move, incorpora-se e torna-se rítmico. Assim, o reaparecimento da palavra falada não implica numa volta ao passado: o espaço é outro, mais vasto e, sobretudo, em dispersão. A espaço em movimento, palavra em rotação; a espaço plural, uma nova frase que seja como um delta verbal, como um mundo que explode em pleno céu. Palavra ao ar livre, pelos espaços exteriores e interiores: nebulosa contida em uma pulsação, pestanejo de um sol.

A mudança afeta a página e a estrutura. O jornalismo, a publicidade, o cinema e outros meios de reprodução visual transformaram a escritura, que fora quase totalmente estereotipada pela tipografia. Tal como previra Mallarmé e graças sobretudo a Apollinaire, que compreendeu admiravelmente — mesmo em seus extravios — a direção da época, a poesia moderna incorporou muitos desses processos. A página, que não é senão a representação do espaço real onde se estende a palavra, converte-se em uma extensão animada, em perpétua comunicação com o ritmo do poema. Mais do que conter a escritura dir-se-ia que tende ela mesma a ser escritura. Por sua vez, a tipografia aspira a uma espécie de ordem musical, não no sentido da música escrita mas de correspondência visual com o movimento do poema e as uniões e separações da imagem. Ao mesmo tempo, a página evoca a tela do quadro ou a folha do álbum de desenhos; e a escritura se apresenta como uma figura que alude ao ritmo do poema e que de certo modo convoca ao objeto que designa o texto. Ao servir-se destes meios a poesia recupera algo que havia perdido, pondo-os outra vez a serviço da palavra. Mas a poesia não é nem música nem pintura. A música da poesia é a música da linguagem; suas imagens são as visões suscitadas em nós pela palavra, não pela linha nem pela cor. Entre a página e a escritura estabelece-se uma relação, nova no Ocidente e tradicional nas poesias do Extremo Oriente e na arábica, que consiste em sua mútua interpretação. O espaço torna-se escritura: os espaços em brancos (que representam o silêncio, e talvez por isso mesmo) dizem algo que os signos não dizem. A escritura projeta uma totalidade mas apóia-se em uma carência: não é música nem é silêncio e alimenta-se de ambos. Ambivalência da poesia: participa de todas as artes e só vive quando se libera de toda companhia.

Toda escritura convoca um leitor. A do poema vindouro suscita a imagem de uma cerimônia: jogo, recitação, *paixão* (nunca espetáculo). O poema será recriado coletivamente. Em certos momentos e lugares a poesia pode ser vivida por todos: a arte da festa aguarda a sua ressurreição. A festa antiga fundava-se na concentração ou encarnação do tempo mítico em um espaço fechado, que logo se tornou o centro do universo pelo descenso da divindade. Uma festa moderna obedeceria a um princípio contrário: a dispersão da palavra em espaços distintos, seu ir e vir de um a outro espaço, sua perpétua metamorfose, suas bifurcações e multiplicações, sua reunião final em um só espaço e uma só frase. Ritmo gerado de um duplo movimento de separação e reunião. Pluralidade e simultaneidade; convocação e gravitação da palavra em um aqui magnético. Assim, lido em silêncio por um solitário ou escutado e talvez declamado por um grupo, o poema conjura a noção de um teatro. A palavra, a unidade rítmica: a imagem, é o personagem único desse teatro; o cenário é uma página, uma praça ou um terreno baldio; a ação, a contínua reunião e separação do poema, herói solitário e plural em perpétuo diálogo consigo mesmo: pronome que se dispersa em todos os pronomes e se reabsorve em um só, imenso, que não será nunca o eu da literatura moderna. Esse pronome é a linguagem em sua unidade contraditória: o eu não sou tu e o tu és meu eu.

A poesia nasce no silêncio e no balbuciamento, no não poder dizer, mas aspira irresistivelmente à recuperação da linguagem como uma realidade total. O poeta torna palavra tudo o que toca, sem excluir o silêncio e os brancos do texto. As recentes tentativas de substituir a palavra por meros sons — letras e outros ruídos — são ainda mais infelizes e menos engenhosas que os caligramas: a poesia se perde sem que a música ganhe. É outra a poesia da música e outra a música da poesia. O poema acolhe o grito, os trapos vocabulares, a palavra gangrenada, o murmúrio, o ruído e o sem-sentido: não a in-significância. A destruição do sentido teve sentido no momento da rebelião dadaísta e ainda poderia tê-lo hoje se implicasse em algum risco e não fosse mais uma concessão ao anonimato da publicidade. Numa época em que o sentido das palavras se desvaneceu, estas atividades não são diversas das de um exército que metralhasse cadáveres. Hoje a poesia não pode ser destruição e sim busca do sentido. Nada sabemos desse sentido porque a significação não está no que agora se diz e sim mais além, em um horizonte que mal começa a se aclarar. Realidade sem rosto e que está aí, diante de nós, não como um muro: como um espaço vazio. Quem sabe como será realmente o que vem e qual é a imagem que se forma em um mundo que, pela primeira vez, tem consciência de ser um equilíbrio instável flutuando em pleno infinito, um acidente entre as inumeráveis possibilidades de energia? Escritura em um espaço cambiante, palavra no ar ou na página, cerimônia: o poema é um conjunto de signos que buscam um significado, um ideograma que gira sobre si mesmo e em redor de um sol que ainda não está nascendo. A significação deixou de iluminar o mundo; por isso hoje temos realidade e não imagem. Giramos em torno de uma ausência e todos os nossos significados se anulam ante essa ausência. Em sua rotação o poema emite luzes que brilham e se apagam sucessivamente. O sentido desse pestanejo não é a significação última mas é a conjunção instantânea do eu e do tu. Poema: busca do tu.

Os poetas do século passado e da primeira metade do corrente consagraram a palavra com a palavra. Exaltaram-na inclusive ao negá-la. Esses poemas nos quais a palavra se volta sobre si mesma são irrepetíveis. Que ou quem pode nomear hoje a palavra? Recuperação da *outridade,* projeção da linguagem em um espaço despovoado por todas as mitologias, o poema assume a forma da interrogação. Não é o homem que pergunta: a linguagem nos interroga. Essa pergunta nos engloba a todos. Durante mais de cento e cinqüenta anos o poeta sentiu-se à parte, em ruptura com a sociedade. Cada reconciliação, com as igrejas ou os partidos, terminou em nova ruptura ou na anulação do poeta. Amamos a Claudel ou a Maiakóvski não por, mas a despeito das suas ortodoxias, pelo que sua palavra tem de solidão irredutível. A solidão do novo poeta é distinta: não está só diante de seus contemporâneos mas diante do futuro. E este sentimento de incerteza compartilha-o com todos os homens. Seu desterro é o de todos. De uma cutilada cortaram-se todos os laços que nos prendiam ao passado e ao futuro. Vivemos um presente fixo e interminável e, não obstante, em contínuo movimento. Presente flutuante. Não importa que os despojos de todas as civilizações se acumulem em nossos museus; tampouco que todos os dias as ciências humanas nos ensinem algo mais sobre o passado do homem. Esses passados longínquos não são o nosso: se desejamos reconhecer-nos neles é porque deixamos de reconhecer-nos no que nos pertencia. Do mesmo modo, o futuro que se prepara não se parece com o que pensou e quis a nossa civilização. Nem sequer podemos afirmar que tenha semelhança com algo: não só ignoramos a sua figura como a sua essência consiste em não tê-la. Situação única: pela primeira vez o futuro carece de uma forma. Antes do nascimento da consciência histórica, a forma do futuro não era terrestre nem temporal: era mítica e acontecia em um tempo fora do tempo. O homem moderno fez com que o futuro descesse à terra, enraizou-o no solo e deu-lhe uma data: converteu-o em história. Agora, ao perder seu sentido, a história perdeu seu império sobre o futuro e também sobre o presente. Ao desfigurar-se o futuro, a história cessa de justificar nosso presente. A pergunta que o poema se faz — quem é que diz isto que digo e a quem o diz? — abarca o poeta e o leitor. A separação do poeta terminou: sua palavra brota de uma situação comum a todos. Não é a palavra de uma comunidade mas de uma dispersão; e não funda ou estabelece nada, salvo sua interrogação. Ontem, talvez, sua missão foi a de *dar um sentido mais puro às palavras da tribo;* hoje é uma pergunta sobre esse sentido. Essa pergunta não é uma dúvida, mas uma busca. Mais ainda: é um ato de fé. Não uma forma, mas signos que se projetam em um espaço animado e que possuem múltiplos significados possíveis. O significado final desses signos o poeta ainda não conhece: está no tempo, o tempo que fazemos entre todos e que a todos nos desfaz. Enquanto isso, o poeta escuta. No passado foi o homem da visão. Hoje aguça o ouvido e percebe que o próprio silêncio é voz, murmúrio que busca a palavra de sua encarnação. O poeta escuta o que diz o tempo, ainda que ele diga: nada. Sobre a página algumas palavras se reúnem ou se despregam. Essa configuração é uma prefiguração: iminência de presença.

Uma imagem de Heráclito foi o ponto de partida desse livro. Em seu final, vem a meu encontro: a lira, que consagra o homem e assim lhe concede um lugar no cosmos; o arco, que o dispara mais além de si mesmo. Toda criação poética é histórica; todo poema é apetite de negar a sucessão e fundar um reino perdurável. Se o homem é transcendência, ir mais além de si mesmo, o poema é o signo mais puro desse contínuo transcender-se, desse permanente imaginar-se. O homem é imagem porque se transcende. Talvez consciência histórica e necessidade de transcender a história não sejam mais do que os nomes que agora damos a este antigo e perpétuo desgarramento do ser, sempre separado de si, sempre em busca de si. O homem quer identificar-se com suas criações, reunir-se consigo mesmo e com seus semelhantes:

ser o mundo sem cessar de ser ele mesmo. Nossa poesia é consciência da separação e tentativa de reunir o que foi separado. No poema, o ser e o desejo de ser pactuam por um instante, como o fruto e os lábios. Poesia, momentânea reconciliação: ontem, hoje, amanhã; aqui e ali; tu, eu, ele, nós. Tudo está presente: será presença.

LITERATURA DE FUNDAÇÃO*

Existe uma literatura hispano-americana? Até fins do século passado dizia-se que nossas letras eram um ramo do tronco espanhol. Nada mais certo, considerando-se a linguagem. Mexicanos, argentinos, cubanos, chilenos — todos nós, hispano-americanos — escrevemos em espanhol. Nossa língua não é diferente, no essencial, do espanhol escrito pelos andaluzes, castelhanos, aragoneses ou estremenhos. Como se sabe, a unidade lingüística é maior na América do que na Espanha. Não podia ser de outro modo: não tivemos Idade Média. Nascemos no alvorecer dos tempos modernos e o castelhano que chegou às nossas terras era um idioma que já havia alcançado a madureza e a universalidade. Se algo está ausente do espanhol da América, são os particularismos medievais. Criamos outros, é verdade. Mas não há perigo de que

---

(*) Prólogo ao número dedicado pela revista *Lettres Nouvelles*, em 1961, à jovem literatura hispano-americana.

as peculiaridades da fala argentina ou centroamericana dêem origem a línguas distintas. Embora o espanhol da América não seja eterno — e nenhum idioma pode sê-lo — durará tanto quanto durem as outras línguas modernas: vivemos a mesma história dos russos, franceses ou ingleses. Mas uma coisa é a língua falada pelos hispano-americanos e outra é a literatura que escrevem. O ramo cresceu tanto que já é tão grande quanto o tronco. Na realidade, é outra árvore. Uma árvore diversa, com folhas mais verdes e frutos mais amargos. Entre os seus galhos nidificam pássaros desconhecidos na Espanha.

Literatura ou literaturas hispano-americanas? Se abrirmos um livro de história do Equador ou da Argentina encontraremos um capítulo dedicado à literatura nacional. Pois bem, o nacionalismo não é só uma aberração moral; é também uma falácia estética. Nada distingue a literatura argentina da uruguaia, nem a mexicana da guatemalteca. A literatura é mais ampla do que as fronteiras. É verdade que os problemas do Chile não são os problemas da Colômbia e que um índio boliviano pouco tem a ver com um negro antilhano. A pluralidade de situações, raças e paisagens não nega a unidade da língua e da cultura. Unidade não é uniformidade. Os grupos, os estilos e as tendências literárias não coincidem com as divisões políticas, étnicas ou geográficas. Não há escolas nem estilos nacionais; em compensação, há famílias, estirpes, tradições espirituais ou estéticas. O romance argentino ou a poesia chilena são rótulos geográficos. Mas não o são a literatura fantástica, o realismo, o criacionismo, o crioulismo e tantas outras tendências estéticas e intelectuais. Os movimentos artísticos, é claro, nascem neste ou naquele país; mas se são fecundos não tardam em saltar as fronteiras e deitar raízes em outras terras. Além disso, a atual geografia política da América Latina é enganosa. A pluralidade de nações resulta de circunstâncias e calamidades alheias à realidade profunda de nossos povos. A América Latina é um continente desmembrado artificialmente pela conjunção das oligarquias nativas, os caudilhos militares e o imperialismo estrangeiro. Se essas forças desaparecessem (e desaparecerão), as fronteiras seriam outras. A existência de uma literatura hispano-americana é precisamente uma das provas da unidade histórica de nossas nações.

Uma literatura nasce sempre frente a uma realidade histórica e, freqüentemente, contra essa realidade. A literatura hispano-americana não é uma exceção a esta regra. Seu caráter singular reside no fato de que a realidade contra a qual se levanta é uma utopia. Nossa literatura é a resposta da realidade real dos americanos à realidade utópica da América. Antes de ter existência histórica própria, começamos por ser uma idéia européia. Não é possível entender-nos se se esquece de que somos um capítulo da história das utopias européias. Não é necessário remontar-se até Morus ou Campanella para comprovar o caráter utópico da América. Basta recordar que a Europa é o fruto, de certo modo involuntário, da história européia, enquanto nós somos a sua criação premeditada. Durante muitos séculos os europeus ignoraram que eram europeus e só quando a Europa tornou-se uma realidade histórica que saltava aos olhos, deram-se conta de que pertenciam a algo mais vasto do que sua cidade natal. E ainda hoje não é muito certo que os europeus sintam-se europeus: sabem disso, mas sabê-lo é algo muito diferente de senti-lo. Na Europa a realidade precedeu ao nome. América, pelo contrário, começou por ser uma idéia. Vitória do nominalismo: o nome engendrou a realidade. O continente americano ainda não havia sido inteiramente descoberto e já fora batizado. O nome que nos deram nos condenou a ser um mundo novo. Terra de eleição do futuro: antes de ser, a América já sabia como iria ser. Mal se transplantou para as nossas terras o emigrante europeu já perdia a sua realidade histórica: deixava de ter passado e convertia-se em um projétil do futuro. Durante mais de três séculos a palavra americano designou um homem que não se definia pelo que fizera e sim pelo que faria. Um ser que não tem passado, que não tem mais do que futuro, é um ser de pouca realidade. Americanos: homens de pouca realidade, homens de pouco peso. Nosso nome nos condenava a ser o projeto histórico de uma consciência alheia: a européia.

Desde o seu nascimento, a América saxônica foi uma utopia em marcha. A espanhola e a portuguesa foram construções intemporais. Em um caso como no outro: anulação do presente. A eternidade e o futuro, o paraíso e o progresso negam ao hoje a sua realidade, à humilde evidência do sol de cada dia. E aqui termina a nossa semelhança com os saxões. Somos filhos da Contra--Reforma e da Monarquia universal; eles, de Lutero e da Revolução Industrial. Por isso respiram com facilidade na atmosfera rarefeita do futuro. Também por isso estão mal instalados na realidade. O chamado realismo anglo--americano é o pragmatismo — operação que consiste em aliviar as coisas de sua compacta materialidade a fim de convertê-las em um processo. A realidade deixa de ser uma substância e se transforma em uma série de fatos.

Nada é permanente porque a ação é a forma privilegiada que a realidade assume. Cada ato é instantâneo: para prolongar-se necessita mudar, ser outro ato. A América espanhola e portuguesa foram fundadas por uma civilização que concebia a realidade como uma substância estável; as ações humanas, políticas e artísticas não tinham outro objeto senão cristalizar-se em obras. Encarnação da vontade de permanência, as obras se erigem para resistir à mudança. Quando ouço dizer que Whitman é o grande poeta da realidade americana, encolho os ombros. Sua realidade é o desejo de tocar algo real. A poesia de Whitman tem fome de realidade. E fome de comunhão: vai da terra de ninguém à terra de todos. A América saxônica padece da fome de ser. Seu pragmatismo é uma utopia sempre irrealizável e daí que desemboque no pesadelo. Não busca a realidade dos sentidos, o que os olhos vêem e o que as mãos tocam, mas a multiplicação da imagem no espelho da ação. Horror e fascínio da ação: muda a realidade, mas não a toca nem a usufrui. Disparo em direção ao futuro, flecha que jamais atinge o seu alvo, o nomadismo dos anglos-americanos não é espacial e sim temporal: a terra que pisam é uma terra futura.

Em fins do século XIX a literatura hispano-americana deixa de ser um reflexo da espanhola. Os poetas "modernistas" rompem bruscamente com o modelo peninsular. Mas não voltam os seus olhos em direção à sua terra e sim em direção a Paris. Partem em busca do presente. Os primeiros escritores hispano-americanos que tiveram consciência de si mesmos e de sua singularidade histórica formaram uma geração de desterrados. Os que não puderam sair inventaram Babilônias e Alexandrias, na medida de seus recursos e fantasias. Literatura de evasão e, portanto, tentativa de fusão com a vida moderna, esforço de recuperação do presente. Queriam estar "ao corrente", estar dentro da corrente universal. Nossa porção de novo mundo era uma velha casa murada, metade convento e metade quartel. Primeiro passo: derrubar os muros, despertar o adormecido, limpar as consciências de seus espectros. (Esses fantasmas eram, e são, bastante reais: um passado pertinaz, que não se irá embora a não ser que seja expulso pela força.) Se os exorcismos dos poetas "modernistas" não dissiparam os espectros, permitiram pelo menos que entrássemos na luz. Pudemos ver o mundo: estávamos em princípios do século XX. Necessário apressar-se. Entre os desterrados não faltou quem voltasse os olhos para a realidade hispano-americana: haveria algo, além daquele passado espanhol ao mesmo tempo grandioso e anquilosado? Mais com a imaginação do que com a memória alguns entreviram uma natureza imensa e, perdidas entre as selvas e os vulcões, ruínas de civilizações brilhantes e cruéis. A literatura de evasão não tardou em transformar-se em literatura de exploração e de regresso. A verdadeira aventura estava na América.

O caminho para Palenque ou para Buenos Aires passava quase sempre por Paris. A experiência destes poetas e escritores confirma que para voltar à nossa casa é necessário primeiro arriscar-nos a abandoná-la. Só o filho pródigo é quem regressa. Censurar à literatura hispano-americana o seu desenraizamento é ignorar que só o desenraizamento permitiu-nos recobrar nossa porção de realidade. A distância foi a condição da descoberta. A distância e as miragens que suscitou: não faz mal que nos alimentemos de ilusões se as transformamos em realidades. Uma de nossas miragens foi a natureza americana; outra, o passado indígena. Ora, a natureza é apenas um ponto de vista: os olhos que a contemplam ou a vontade que a transforma. A paisagem é poesia ou história, visão ou trabalho. Nossas terras e cidades recobraram a existência real logo que os nossos poetas e romancistas as nomearam. O mesmo não ocorreu com o passado indígena. Por um lado, os índios não são passado e sim presente; e um presente que irrompe agora. Por outro lado, não são a natureza e sim realidades humanas. A literatura indianista, em suas duas vertentes, a ornamental e a didática, a arqueológica e a apostólica, fracassou duplamente: como criação artística e como prédica social. O mesmo poderia dizer-se da literatura negra. Na América Espanhola há escritores índios e negros que contam entre os melhores, mas esses poetas e romancistas não escrevem *sobre* e sim *a partir* de sua condição. Uma das obras mais impressionantes de nossas letras contemporâneas é um documento de antropologia: a narrativa autobiográfica de Juan Pérez Jolote, índio de Chiapas.

O desenraizamento da literatura hispano-americana não é acidental. É a conseqüência de nossa história: termos sido fundados como uma idéia da Europa. Ao assumi-lo plenamente o superamos. Quando Rubén Darío escreve *Cantos de vida y esperanza* não é um escritor americano que descobre o espírito moderno: é um espírito moderno que descobre a realidade hispano-americana. Isto nos distingue dos espanhóis. Machado acreditava que só seria universal uma obra que fosse antes profundamente espanhola; Juan Ramón Jiménez chamava-se a si mesmo de "o andaluz universal". O movimento da literatura hispano-americana se desdobra em um sentido inverso: pensamos que a literatura argentina não é universal, mas em compensação acreditamos que algumas obras da literatura universal são argentinas. E há mais, ainda. Graças ao nosso desenraizamento descobrimos uma tradição sepultada: as antigas literaturas indígenas. A influência da poesia *náhuatl* em vários poetas mexicanos foi muito profunda, mas talvez esses poetas não se reconhecessem nesses textos, ao mesmo tempo contidos e delirantes, se não tivessem passado antes pela experiência do surrealismo ou, no caso de Rubén Bonifaz Nuño, pela poesia latina. Não é significativo que o tradutor de Virgílio seja também um dos que melhor entenderam aquilo em que consiste a "modernidade" da poesia indígena? Do mesmo modo, Neruda tinha que escrever *Tentativa del hombre infinito*, exercício surrealista, antes de chegar à sua *Residencia en la tierra*. Que terra é esta? É a América e também Calcutá, Colombo, Rangún. Poderia multiplicar os exemplos: os romances de Bioy Casares e Cortázar, os poemas de Lezama Lima e Cintio Vitier... Não é necessário: um livro do poeta argentino Enrique Molina se chama *Costumbres Errantes o la Redondez de la Tierra*.

Regressar não é descobrir. Que descobriram os escritores hispano-americanos? Quase toda a obra de Borges — e não penso apenas em sua prosa e sim em muitos de seus poemas — postula a inexistência da América. A Buenos Aires de Borges é tão irreal quanto suas babilônias ou nínives. Estas cidades são metáforas, pesadelos, silogismos. Quem diz esta metáfora, quem sonha este sonho? Outro sonho que se chama Borges. E a este sonho? Outro. Na origem, alguém sonha; se despertasse, a realidade sonhada se desvaneceria. Sob pena de morte estamos condenados a sonhar uma Buenos Aires onde sonha um Borges. A obra deste poeta não só postula a inexistência da América como a inevitabilidade de sua invenção. Ou, dizendo de outro modo: a literatura hispano-americana é uma empresa da imaginação. Propomo-nos inventar a nossa própria realidade: à luz das quatro da madrugada sobre um muro esverdeado nas cercanias de Bogotá; o vertiginoso cair da noite sobre Santo Domingo (numa casa do centro um revolucionário espera a chegada dos esbirros); a hora da maré cheia na costa de Valparaíso (uma jovem se despe e descobre a solidão e o amor); o meio-dia impiedoso em um povoado de Jalisco (um camponês encontrou uma pequena imagem em seu terreno; amanhã irá à cidade; ali o aguarda uma desconhecida e uma viagem...) Inventar a realidade ou resgatá-la? Ambas as coisas. A realidade se reconhece nas fantasias dos poetas; e os poetas reconhecem suas imagens na realidade. Nossos sonhos nos aguardam ao dobrarmos a esquina. Desenraizada e cosmopolita, a literatura hispano-americana é regresso e procura de uma tradição. Ao procurá-la, a inventa. Mas invenção e descoberta não são os termos que convêm as suas criações mais puras. Vontade de encarnação, literatura de fundação.

Paris, 1961.

INVENÇÃO, SUBDESENVOLVIMENTO, MODERNIDADE

Para nós o valor de uma obra reside em sua novidade: invenção de formas ou combinação das antigas de uma maneira insólita, descoberta de mundos desconhecidos ou exploração de zonas ignoradas nos conhecidos. Revelações, surpresas: Dostoiévski penetra no subsolo do espírito, Whitman nomeia realidades desdenhadas pela poesia tradicional, Mallarmé submete a linguagem a provas mais rigorosas que as de Góngora e inventa o poema crítico, Joyce faz do idioma uma epopéia e de um acidente lingüístico um herói (Tim Finnegan é a queda e a ressurreição do inglês e de todas as linguagens), Roussel converte a charada em poema... Desde o romantismo a obra há de ser única e inimitável. A história da arte e da literatura se desdobra como uma série de movimentos antagônicos: romantismo, realismo, naturalismo, simbolismo. Tradição não é continuidade e sim ruptura e daí que não seja inexato chamar à tradição moderna: tradição da ruptura. A Revolução Francesa continua sendo nosso modelo: a história é mudança violenta e essa mudança se chama progresso. Não sei se estas idéias seriam aplicáveis à arte. Podemos pensar que é melhor conduzir um automóvel que montar a cavalo, mas não vejo como se poderia dizer que a escultura egípcia é inferior à de Henry Moore ou que Kafka é superior a Cervantes. Creio na tradição da ruptura e não nego a arte moderna; afirmo que utilizamos noções duvidosas para compreendê-la e julgá-la. As mudanças artísticas não têm, em si mesmas, nem valor nem significação; a idéia de mudança é que tem valor e significação. Outra vez: não por si mesma, mas como agente ou inspiradora das criações modernas. A imitação da natureza e dos modelos da antigüidade — a idéia de imitar mais do que o próprio ato — alimentou os artistas do passado; depois, durante cerca de dois séculos, a modernidade — a idéia da criação original e única — nos nutriu. Sem ela não existiriam as obras mais perfeitas e duradouras de nosso tempo. O que distingue a modernidade é a crítica: o novo se opõe ao antigo e essa oposição é a *continuidade* da tradição. A continuidade se manifestava antes como prolongamento ou persistência de certos traços ou formas arquetípicas nas obras; agora se manifesta como negação ou oposição. Na arte clássica a novidade era uma variação do modelo; na barroca, uma exageração; na moderna, uma ruptura. Nos três casos a tradição vivia como uma relação, polêmica ou não, entre o antigo e o moderno: o diálogo das gerações não se rompia.

Se a imitação se torna simples repetição, o diálogo cessa e a tradição se petrifica; e do mesmo modo, se a modernidade não faz a crítica de si mesma, se não se postula como ruptura e só é uma prolongação do "moderno", a tradição se imobiliza. Isto é o que sucede com grande parte da chamada "vanguarda". A razão é clara: a idéia de modernidade começa a perder sua vitalidade. Perde-a porque já não é uma crítica e sim uma convenção aceita e codificada. Em lugar de ser uma heresia como no século passado e na primeira metade do nosso, converteu-se em um artigo de fé que todos compartem. O Partido Revolucionário Institucional — esse monumental achado lógico e lingüístico da política mexicana — é um rótulo que poderia designar uma boa parte da arte contemporânea. Desde há mais de quinze anos o espetáculo — particularmente o da pintura e da escultura

— é antes de tudo cômico; embora os "movimentos" se sucedam uns aos outros com grande velocidade, toda essa agitação de esquilos pode-se reduzir a esta fórmula: aceleração da repetição. Nunca se havia imitado com tal frenesi e descaramento — em nome da originalidade, da invenção e da novidade. Para os antigos a imitação não só era um procedimento legítimo como um dever; contudo, a imitação não impediu o surgimento de obras novas e realmente originais. O artista vive na contradição: quer imitar e inventa, quer inventar e copia. Se os artistas contemporâneos aspiram a ser originais, únicos e novos, deveriam começar por colocar entre parênteses as idéias de originalidade, personalidade e novidade: são os lugares-comuns de nosso tempo.

Alguns críticos mexicanos empregam a palavra "subdesenvolvimento" para descrever a situação das artes e das letras hispano-americanas: nossa cultura é "subdesenvolvida", a obra de fulano rompe o "subdesenvolvimento da novelística nacional", etc. Creio que com essa palavra aludem a certas correntes que não são de seu gosto (nem do meu): nacionalismo fechado, academicismo, tradicionalismo, etc. Mas a palavra "subdesenvolvimento" pertence à economia e é um eufemismo das Nações Unidas para designar as nações atrasadas, com um baixo nível de vida, sem indústria ou com uma indústria incipiente. A noção de "subdesenvolvimento" é uma excrescência da idéia de progresso econômico e social. À parte de que me repugna reduzir a pluralidade de civilizações e o próprio destino do homem a um só modelo, a sociedade industrial, duvido que a relação entre prosperidade econômica e excelência artística seja a de causa e efeito. Não se pode chamar "subdesenvolvidos" a Kavafis, Borges, Unamuno, Reyes, apesar da situação marginal da Grécia, Espanha e América Latina. A pressa por "desenvolver-se", ademais, faz-me pensar em uma desenfreada carreira para chegar mais cedo do que os outros ao inferno.

Muitos povos e civilizações chamaram-se a si mesmos com o nome de um deus, uma virtude, um destino, uma fraternidade: Islã, judeus, nipônicos, tenochcas, árias, etc. Cada um desses nomes é uma espécie de pedra de fundação, um pacto com a permanência. Nosso tempo é o único que escolheu como nome um adjetivo vazio: moderno. Como os tempos modernos estão condenados a deixar de se-lo, chamar-se assim equivale a não ter nome próprio.

A idéia da imitação dos antigos é uma conseqüência da visão do suceder temporal como degeneração de um tempo primordial e perfeito. É o contrário da idéia de progresso: o presente é insubstancial e imperfeito frente ao passado e o amanhã será o fim do tempo. Esta concepção postula, por um lado, a virtude regeneradora do passado; por outro, contém a idéia do regresso a um tempo original — para recomeçar o ciclo da decadência, a extinção e o novo começo. O tempo se gasta e, portanto, se reengendra. De um ou de outro modo o passado é o modelo do presente: imitar os antigos e a natureza, modelo universal que contém em suas formas a todos os tempos, é um remédio que adia o processo da decadência. A idéia da modernidade é filha do tempo retilíneo: o presente não repete o passado e cada instante é único, diferente e auto-suficiente. A estética da modernidade, como observou um dos primeiros a formulá-la, Baudelaire, não é idêntica à noção do progresso: é muito difícil — e mesmo grotesco — afirmar que as artes progridem. Mas modernidade e progresso se parecem por ser manifestações da visão do tempo retilíneo. Hoje esse tempo se acaba. Assistimos a um fenômeno duplo: crítica do progresso nos países progressistas ou desenvolvidos e, no campo da arte e da literatura, degeneração da "vanguarda". O que distingue a arte da modernidade da arte de outras épocas é a crítica — e a "vanguarda" cessou de ser crítica. Sua negação se neutraliza ao ingressar no circuito de produção e consumo da sociedade industrial, seja como *objeto*, seja como *notícia*. Pelo primeiro, a verdadeira significação do quadro ou da escultura é o *preço;* pelo segundo, o que conta não é o que diz o poema ou a novela e sim o que *se diz* sobre eles, um dizer que se dissolve finalmente no anonimato da publicidade.

Outra arte desponta. A relação com a idéia do tempo retilíneo começa a mudar e essa mudança será ainda mais radical que a da modernidade, há dois séculos, frente ao tempo circular. Passado, presente e futuro deixaram de ser valores em si; tampouco há uma cidade, uma região ou um espaço privilegiado. As cinco da tarde em Delhi são cinco da manhã no México e meia-noite em Londres. O fim da modernidade é, portanto, o fim do nacionalismo e dos "centros mundiais de arte". Escolas de Paris ou New York; poesia inglesa, romance russo ou teatro cingalês; modernismo ou vanguarda — relíquias do tempo linear. Todos falamos simultaneamente, se não o mesmo idioma, a mesma linguagem. Não há centro e o tempo perdeu sua antiga coerência: leste e oeste, amanhã e ontem se confundem em cada um de nós. Os distintos tempos e os distintos espaços se combinam em um agora e um aqui que está em todas as partes e sucede a qualquer hora. À visão diacrônica da arte se superpõe uma visão sincrônica. O movimento começou quando Apollinaire tentou a conjunção de vários espaços em um poema; Pound e Eliot fizeram o mesmo com a história, ao incorporar em seus textos outros textos de outros tempos e de outras línguas. Estes poetas acreditavam que assim eram modernos: seu tempo era a suma dos tempos. Na realidade iniciavam a destruição da modernidade. Agora o leitor e o ouvinte participam na criação do poema e, no caso da música, o executante também participa do arbítrio do compositor. As antigas fronteiras se apagam e reaparecem outras; assistimos ao fim da idéia da arte como contemplação estética e voltamos a algo que o Ocidente havia esquecido: o renascimento da arte como ação e representação coletivas e o de seu complemento contraditório, a meditação solitária. Se a palavra não tivesse perdido o seu significado exato, diria: uma arte espiritual. Uma arte mental e que exigirá do ouvinte e do leitor a sensibilidade e imaginação de um executante que, como os músicos da Índia, seja, também, um criador. As obras do tempo que nasce não estarão regidas pela idéia da sucessão linear e sim pela idéia de combinação: conjunção, dispersão e reunião de linguagens, espaços e tempos. A festa e a contemplação. *Arte da conjugação.*

OS NOVOS ACÓLITOS

Outra semelhança entre a antiga vanguarda européia e a contemporânea dos anglo-americanos: em ambos os episódios a poesia antecipou e preparou o advento da nova visão pictórica. Dada e o surrealismo foram antes de mais nada movimentos poéticos em que participaram poetas-pintores como Arp e pintores-poetas como Ernst e Miró. Nos Estados Unidos o fenômeno se repete de forma ligeiramente diversa. A mudança se inicia na década de 1950 e a chispa foi a rebeldia dos poetas diante da poesia intelectual de Eliot, Wallace Stevens, Marianne Moore — uma rebelião em que Pound e William Carlos Williams desempenharam a mesma função exemplar (e ambígua) de Reverdy no surrealismo; poucos anos depois, por volta de 1960, de maneira independente mas coincidente, os pintores se rebelaram contra o expressionismo-

-abstrato. Foi uma espécie de repetição do que sucedera na Europa, sobretudo na França, entre 1915 e 1930. A repetição, claro está, não é idêntica nem é uma imitação. A semelhança é o resultado de circunstâncias análogas e pode ser considerada como uma ilustração dessa lei rítmica a que aludi: um movimento de pêndulo entre períodos de reflexão e períodos de espontaneidade. Com esta ressalva, é indubitável a influência da vanguarda européia sobre a anglo-americana, uma influência que não nega autenticidade nem originalidade a esta última. Pelo que diz respeito à pintura, as dívidas da *pop-art* são de tal modo conhecidas — Dada, os surrealistas e, sobretudo, Marcel Duchamp — que não vale a pena deter-se nelas. Quanto à poesia, a influência do surrealismo não se limitou ao automatismo ou escrita espontânea nem à concepção da imagem poética como cápsula explosiva pela união de realidades contrárias; também foi decisiva a idéia da poesia como atividade subversiva, ao mesmo tempo crítica do mundo e meio de conhecimento, destruição da moral e da lógica imperantes e visão suprema da realidade. À influência do surrealismo, deve acrescentar-se a de outros movimentos europeus de vanguarda: o *projective verse* de Olson recorda em mais de um ponto a Khliébnikov e a Maiakóvski.

Repetindo: nada disso empana a autenticidade, se não a novidade, de muitas obras poéticas e pictóricas dos anglo-americanos. O mesmo não se pode dizer de seus imitadores hispano-americanos, pelo menos dos poetas. (No Brasil, sim, existe uma autêntica e rigorosa vanguarda: os poetas concretos). Repetir a Olson ou a Ginsberg em Lima, Caracas, Buenos Aires, Santiago, México ou Tegucigalpa equivale a ignorar — ou o que é pior: a esquecer — que essa revolução poética *já foi feita em língua espanhola* e, precisamente, não na Espanha mas na América *. Esse movimento iniciou-se há mais de quarenta anos entre nós e seus iniciadores se chamam Macedonio Fernández, Huidobro, Pellicer — para citar somente os mais conhecidos. Culmina em dois momentos que são verdadeiros meio-dias. O primeiro se concentra nos nomes de Neruda e Vallejo; o segundo se dispersa nas obras menos conhecidas, embora não menos notáveis, de vários poetas de minha geração: Lezama Lima, Nicanor

---

(*) Sobre o sentido diverso da tradição poética moderna em inglês, francês e espanhol, veja-se o capítulo "Verso e prosa" de *El arco y la lira* (1956). A primeira, segundo se nota em Eliot e Pound, é a nostalgia de um classicismo e seu modelo é Dante (para Eliot) e os momentos de meio-dia das civilizações clássicas (China, Grécia e Ocidente, para Pound). O movimento poético em língua francesa e na América Espanhola é de signo contrário: busca de uma linguagem primordial — a arte como *paixão universal*.

Parra, Enrique Molina, Alberto Girri, Vitier e alguns poucos mais. É um movimento que ainda não terminou, uma tradição viva, como pode ver-se na atitude dos poetas jovens que contam: não imitam nem prolongam, buscam e inventam. Sua relação com a tradição imediata é polêmica. Ao contrário disso, os outros repetem, traduzem: acompanham de fora um rito que compreendem pela metade. São os acólitos. A negação da herança sempre me pareceu tônica e estimulante. Penso, não obstante, que para negar é preciso conhecer primeiro aquilo que se nega: Breton rompeu com a estética de Valéry, depois de freqüentar esse poeta durante muitos anos; o ultraísmo argentino se rebelou contra Lugones mas não ignorou a sua existência; Auden continua Eliot na medida em que lhe opõe outra visão e outra linguagem. A tradição da ruptura é uma verdadeira tradição: postula uma relação de contradição entre os seus protagonistas. Os novos acólitos praticam a natação em uma piscina sem água, exploram territórios que figuram em todos os mapas. Talvez esta atitude seja conseqüência de uma extensão irreflexiva do conceito de "subdesenvolvimento" ao campo da criação artística. Certo, a América Latina é um continente de oligarquias obtusas e rapaces, ditaduras sangrentas, gente humilhada e governos títeres de Washington, mas este mundo sombrio nos deu, desde a época de Rubén Darío, uma série ininterrupta de grandes poetas. Esses poetas são parte da tradição moderna universal e suas obras não são menos significativas que as de Benn e Brecht, Yeats e Pound, Perse e Michaux, Ungaretti e Montale, Maiakóvski e Pasternak. Não digo que os jovens devam continuar, repetir ou imitar seus predecessores; digo que toda negação, se não é um grito vazio contra o vazio, implica uma relação polêmica com aquilo que se nega. Não me preocupa a rebelião contra a tradição: inquieta-me a *ausência* de tradição. É um signo de alienação e mais do que isso: ao privar-se de sua tradição os acólitos se automutilam... Mas tudo isto não é, talvez, mais do que um resíduo do passado, os últimos estremecimentos da "modernidade" agonizante. Outro tempo amanhece: outra arte.

POESIA LATINO-AMERICANA?

Começarei por uma confissão: estou certo da existência de alguns poemas escritos nos últimos cinqüenta anos por alguns poetas latino-americanos, mas não o estou da existência da poesia latino-americana. Experimento a mesma dúvida diante de expressões parecidas, tais como "poesia inglesa" ou "poesia francesa". Ambas designam realidades heterogêneas e, por vezes, incompatíveis: La Fontaine e Rimbaud, Dryden e Wordsworth. À parte esta dificuldade de ordem geral, há outra, mais imediata; embora a frase "poesia latino-americana" pareça natural, não o é: une dois termos desconhecidos. A esta altura, após mais de dois milênios de especulações estéticas, de Aristóteles a Heidegger, sofremos uma espécie de tontura filosófica e ninguém sabe já ao certo o que significa realmente a palavra poesia. O mesmo ocorre, ao nível da política e da história, com a expressão América Latina: é uma, ou várias, ou nenhuma? Talvez seja apenas um rótulo que, mais do que nomear, oculta uma realidade em ebulição — algo que não tem nome próprio porque tampouco conseguiu ter uma existência própria. Enumero estas dificuldades do tema não por estratégia retórica, mas para justificar o método que empregarei neste artigo: a negação e a comparação. Na impossibilidade de definir ou, sequer, de descrever a nossa poesia pelo que é, procurarei dizer o que ela *não é*. Proponho-me a limpar o terreno; uma vez que esteja desobstruído, os curiosos poderão acercar-se para ver, e sobretudo para ouvir — não a poesia, que é muda de nascença, mas sim os poemas, essas realidades verbais.

Se a poesia é antes de mais nada um objeto verbal (um poema) será difícil tratar em um mesmo artigo distintas realidades lingüísticas. Na América Latina falam-se vários idiomas: o português, o espanhol, o francês e as línguas nativas. Estas últimas são as únicas realmente americanas — mas não são latinas. Além disso, essas literaturas são tradicionais e, quase sempre, orais; portanto, tampouco são, no sentido mais estrito, contemporâneas. A poesia latino-americana de língua francesa nos coloca diante de um curioso problema. Se os poetas haitianos são latino-americanos, também o serão os poetas canadenses que escrevem em francês? Saint-John Perse nasceu em Guadalupe e Aimé Césaire na Martinica. O primeiro é autor de *Eloges* e o segundo de *Cahier d'un retour au pays natal*, livros que são duas visões das Antilhas. A menção destas obras, tão profundamente americanas e, ao mesmo tempo, tão estreitamente ligadas à tradição poética francesa, torna vacilante a noção de "literatura latino-americana". A verdade é que a América Latina é um conceito histórico, sociológico ou político: designa um conjunto de povos, não uma literatura.

As relações entre a literatura brasileira e a hispano-americana são de outra ordem. A comunicação entre o português e o espanhol foi constante no passado. Basta recordar, apenas, que alguns grandes poetas portugueses — Gil Vicente, Sá de Miranda, Camões — escreveram também em castelhano e que Góngora e Quevedo o fizeram em português. Não obstante, a literatura brasileira não faz parte da literatura hispano-americana: tem independência, caráter e fisionomia inconfundíveis. O Brasil é algo mais do que uma nação: é um universo lingüístico irredutível ao espanhol. A frase "Guimarães Rosa é um escritor brasileiro" alude não só ao registro civil como à literatura; dizer que Darío é o poeta da Nicarágua é confundir as fronteiras políticas com os estilos. Não há uma literatura argentina, cubana ou venezuelana: o mexicano

Pellicer está mais próximo do equatoriano Carrera Andrade do que de seu compatriota José Gorostiza. Na América hispânica as tendências artísticas e os estilos literários, sem excluir o "nacionalismo", ultrapassaram sempre as fronteiras nacionais, mas detiveram-se ante as do Brasil. Quanto aos grandes poetas brasileiros (Bandeira, Drummond de Andrade, Murilo Mendes, Cabral de Mello): nenhum deles exerceu influência na poesia hispano-americana. O grupo de poetas concretos de São Paulo, que tanto e legítimo interesse despertou na Inglaterra, mal é conhecido entre nós; apenas o México, que eu saiba, publicou uma antologia da poesia concreta brasileira.

A evolução literária no Brasil e na América hispânica foi simultânea, coincidente e, também, totalmente independente. Os críticos distinguem três momentos na poesia brasileira moderna que equivalem exatamente a outros três na hispano-americana: o "modernismo" de 1920 à nossa vanguarda; a geração de 1945 à de Cintio Vitier e Alberto Girri; a "poesia concreta" à dos jovens hispano-americanos. As tendências, as influências, as atitudes e os manifestos foram semelhantes; quase ao mesmo tempo brasileiros e hispano-americanos descobriram Dadá e a arte primitiva, o surrealismo e o seu próprio passado, Eliot e a tradição, o cosmopolitismo e o nacionalismo. Vítimas das mesmas enfermidades, descobridores das mesmas verdades, enamorados dos mesmos deuses — e, não obstante, absolutamente incomunicados. E há mais: uma olhada atenta descobre que — como se se tratasse desses mitos estudados por Lévi-Strauss, os quais, em cada tribo se transformam graças a diferentes combinações dos mesmos elementos — o movimento da poesia brasileira se desenvolve em uma ordem temporal simetricamente inversa à nossa: o "modernismo" brasileiro carece do radicalismo da vanguarda hispano-americana: nada nem ninguém comparável a Huidobro; a figura mais representativa da geração de 1945, Cabral de Mello, é um poeta estrito e rigoroso, o contrário do barroquismo de Lezama Lima ou da vegetação verbal de Enrique Molina; por fim, seria inútil procurar entre os poetas jovens da América hispânica um grupo como o de *Invenção* (Haroldo e Augusto de Campos, Décio Pignatari, Braga). Em 1920 a vanguarda estava na América hispânica; em 1960, no Brasil.

A literatura ibero-americana é dupla: a escrita em português e a escrita em castelhano. A segunda é o meu tema. Mas o tema, apenas enunciado, outra vez se bifurca: se o idioma espanhol nos distingue dos brasileiros, que é o que nos define diante dos espanhóis? Antes de tudo:

certas diferenças lingüísticas; sobretudo: uma atitude distinta diante da linguagem que, nós e eles, falamos. Os especialistas afirmam que é maior a unidade lingüística na América hispânica do que na Espanha. Nada mais natural: o castelhano foi transplantado às nossas terras quando já era um idioma conhecido e reconhecido, o idioma de um Estado que o escolhera como seu veículo oficial e exclusivo: o embaixador de Carlos V pronuncia o seu discurso na corte papal em espanhol e não em latim, em meio ao escândalo e à consternação de seus ouvintes. A sorte dos outros idiomas da Península Ibérica foi semelhante à dos antigos reinos medievais, submetidos a Castela. Só que a unidade da Espanha permaneceu sempre precária, daí a sobrevivência tanto dos separatismos regionais quanto das línguas e dialetos locais. Na América, pelo contrário, o castelhano não teve que lutar contra o catalão, o basco, o galego e maiorquino. Ninguém fala asturiano ou valenciano entre nós *. Ao mesmo tempo, o espanhol da América é uma língua mais aberta que a da Espanha, mais exposta às influências de fora: os idiomas indígenas, o inglês e o francês, os italianismos e africanismos de imigrantes e escravos... O tecido lingüístico revela histórias diferentes: na Espanha, a persistência da pluralidade medieval; na América, o centralismo do Império espanhol e sua desagregação final: 19 países (se contamos uma colônia, Porto Rico, e várias pseudo-nações inventadas pelas oligarquias nativas e pelo imperialismo norte-americano). O espanhol da Espanha está mais ligado à terra e às coisas, é um idioma substancialista. O da América, mais do que fundir-se na terra parece estender-se no espaço. O casticismo de certos escritores espanhóis é exasperante; não o é menos o hibridismo de alguns hispano-americanos.

A atitude diante do idioma também é distinta: a nossa é crítica, a deles confiante. Entre os espanhóis e o seu idioma não há distância; nenhum de seus escritores modernos pôs em cheque a linguagem e um Wittgenstein ou um Joyce espanhóis estão ainda por nascer. Nós, desde a época da independência, denunciamos o passado espanhol — em espanhol. No século XX, primeiro Darío e depois Huidobro, decidiram ser necessário afrancesar o espanhol — para americanizá-lo. O espanhol é nosso e não é. Ou mais exatamente: o idioma é uma de nossas incertezas. Às vezes uma máscara, outras uma paixão — nunca um costume. Os espanhóis crêem no que dizem, inclusive quando dizem mentiras; os hispano-americanos se ocultam

(*) É impossível tratar neste artigo do tema das línguas indígenas. Basta recordar que são faladas por milhões de indivíduos. Se desaparecessem, como é muito possível que ocorra, não só a América Latina mas a humanidade inteira se empobreceria: cada língua que morre é uma visão do homem que se extingue.

nas palavras, acreditam que a linguagem é uma vestimenta. Se a dilaceramos, ficamos desolados: descobrimos que a linguagem é o homem e que somos feitos de palavras, pronunciadas e não pronunciadas, umas banais e outras atrozes. Mas, para sabê-lo, há que expor-se à desolação e poucos se atreveram a isso. Embora os espanhóis também tenham tido uma atitude crítica ante a sua história, o objeto implícito ou explícito dessa crítica foi sempre a regeneração ou a restauração: o regresso a uma Espanha essencial, substancial ou original. É o tema da *verdadeira Espanha,* que vai de Larra a Unamuno e Machado. Um tema elegíaco. Na América espanhola não há regresso porque, como na Argentina e no Chile, não há outra história senão a do triste século XIX, ou porque, como no Peru e no México, a história é *outra*: o mundo pré-colombiano. A verdadeira Argentina não está no passado nem é uma essência: é uma invenção diária, algo que devemos fazer. No México o passado é algo que não podemos abandonar e a que tampouco podemos regressar: uma tensão entre um passado estranho e um presente não menos estranho.

Os movimentos poéticos tornam visíveis todas essas alternativas hispano-americanas. O "modernismo" (1890) e a vanguarda (1920) nasceram na América espanhola e dali foram transportados à Espanha. Nos dois casos os espanhóis acolheram com reticências essas revoluções; contudo, terminaram por adotá-las, modificaram-nas com gênio e lhes deram um banho de tradicionalismo (Unamuno, Machado e Jiménez no primeiro quarto do século; Guillén, Lorca, Cernuda, Alberti e Aleixandre no segundo). Assim, a primeira nota distintiva da poesia hispano-americana, em oposição à espanhola, é sua sensibilidade diante do temporal, sua decisão de enfrentar a modernidade e fundir-se com ela. Sua nostalgia de futuro, diria. A outra, sua curiosidade, seu cosmopolitismo. Os primeiros haikai de língua espanhola são escritos por um mexicano, José Juan Tablada, por volta de 1917; três anos depois, aparece outro volume seu, desta vez de poemas "ideográficos". Enquanto António Machado publica, em 1917 *Campos de Castilla,* Vicente Huidobro lança, em 1918, *Poemas árticos.* O melhor livro de Huidobro é um extenso poema, *Altazor.* Seu herói é um antipoeta-aviador-cometa: a tradição luciferina do anjo rebelde e caído. O movimento se refuta a si mesmo e resolve-se em imobilidade: a modernidade é um abismo no qual se precipita Altazor-Huidobro. Dupla tentação: estar na ponta do tempo ou estar em um espaço que seja todos os espaços, todos os mundos. Uma cosmópolis particular. A biblioteca de Babel não está nem em Londres nem em Paris, mas em Buenos Aires; seu bibliotecário, seu deus ou seu fantasma, chama-se Jorge Luís Borges. O escritor argentino descobre que todos os livros são o mesmo livro e que, "abomináveis como os espelhos", repetem a mesma palavra. Altazor busca um tempo que está depois do tempo e desaparece no ar. Borges interroga os espelhos e contempla o paulatino desvanecimento das imagens. Sua obra propõe-se a refutação do tempo; não é, talvez, mais do que a fábula da vaidade, que são todas as eternidades que nós, os homens, fabricamos.

Outra tentação, outra resposta ao Ocidente e à modernidade: encontrar um tempo que esteja *antes* do tempo, uma antigüidade anterior à história. O primeiro grande livro de Neruda — um livro que marcou os que chegaram depois — chama-se *Residencia en la tierra*. Não é uma terra histórica, não é Chile nem tampouco a América pré-colombiana; é uma geologia mítica, um planeta em fermentação, putrefação e germinação: o amassilho primordial. Vida não intra-uterina, mas intraterrestre: "el tiempo que debajo del océano nos mira". A modernidade de *Residencia en la tierra* é uma antigüidade não histórica, a abolição das datas. À barbárie terrestre, genésica, de Neruda, César Vallejo responde com o seu "sermón de la barbarie". Sua poesia é religiosa: um sermão. E seu tema é bárbaro: não a terra do princípio, mas o homem primordial. Não o índio nem o negro nem o mestiço, embora seja esses três personagens, mas o órfão. Quem é esse órfão? Aqui confluem o americanismo, o marxismo e o cristianismo: o homem despossuído da América Latina; o proletariado, a classe internacional sem terra nem pátria, e a vítima abandonada pelo pai, o homem como Cristo coletivo. A mãe deste órfão universal é uma "muerta inmortal". Uma morta ativa, que não é nem a Igreja nem a História nem a terra: "el placer que nos engendra y el placer que nos destierra". Não há terra, não há *enterro*. Há exílio.

Os quatro poetas que mencionei pertencem à geração anterior à minha. Suas obras, quase é desnecessário dize-lo, não representam toda a poesia hispano-americana entre 1920 e 1945; tampouco deixam-se encerrar nas frases com que pretendi, momentaneamente, defini-las. Servi-me dos seus nomes como símbolos, ou antes, como símbolos indicadores de certas direções da poesia hispano-americana. Quatro maneiras de encarnar a modernidade e, de certo modo, de negá-la. Quatro respostas à mesma pergunta. Ao contrário do que afirma implicitamente a poesia de seus contemporâneos espanhóis, para nenhum deles há uma substância original nem um passado por resgastar: há o vazio, a orfandade, a terra do princípio não batizada, a conversação dos espelhos. Há, sobretudo, a busca da origem: a palavra como fundação.

O destino do idioma espanhol na América suscita um paralelo: o do inglês no mesmo continente. A analogia pode resultar enganosa se não se adverte que, outra vez, se apresenta como uma simetria inversa. A situação dos interlocutores foi diferente e diferente o conteúdo do diálogo. As colônias anglo-americanas eram efetivamente colônias, prolongações mais ou menos dissidentes dentro da grande dissidência que foi, e continua a ser, o protestantismo inglês. As hispano-americanas eram vice-reinados construídos à imagem e semelhança da monarquia católica. De um lado, pequenas comunidades unidas por vínculos religiosos que as consagravam como um grupo à parte (e eleito) dentro do cristianismo protestante; de outro, uma população heteróclita espalhada em um território imenso, mas regida por uma mesma igreja e submetida a uma complexa máquina burocrática. Entre o protestantismo, as instituições democráticas anglo-saxônicas, a idéia do progresso e o capitalismo há uma relação orgânica. Assim, a independência dos Estados Unidos pode ser vista como um conflito dentro de um sistema: não uma ruptura, mas uma separação. A independência hispano-americana foi uma negação do passado espanhol: catolicismo e monarquia absoluta. Uma verdadeira revolução. Por isso muitos liberais espanhóis, como Mina, lutaram ao lado dos insurgentes hispano-americanos: essa luta era a sua. Os anglo-americanos fundaram uma sociedade que, longe de negar suas origens, outra coisa não se propunha que o cumprimento da grande revolução européia iniciada pela Reforma. Os hispano-americanos queriam derrubar a velha ordem e substituir o universalismo católico e monárquico pelo universalismo da Ilustração e da Revolução Francesa.

A resistência à independência anglo-americana era exterior, vinha da Metrópole; na América espanhola a resistência era também interior: a ordem espanhola se enraizara na terra. Assinalo que tal enraizamento se deveu não só à conversão de milhões de seres ao catolicismo e às notáveis criações espanholas na esfera da cultura, como ao fato de que da ordem colonial participavam, ao menos na base da estrutura social, todos os habitantes. As colônias hispano-americanas eram uma complicada rede de instituições, sentimentos e interesses que abarcava tanto os *criollos* * como os índios e os mestiços. Entre os seus horrores figurava a escravidão e a servidão feudal, não o

(*) Nativos, filhos de espanhóis na América. (N. do T.)

outcast. Talvez por isso nosso movimento de independência tenha sido uma revolução abortada: adotou constituições republicanas mas deixou intacta a ordem feudal e substituiu o domínio da Metrópole pelo dos caudilhos militares e dos latifundiários. As instituições democráticas foram (são) uma fachada, como certos recentes "socialismos" asiáticos e africanos. Uma realidade imaginária mas perversa e perdurável: desde então a mentira tornou-se consubstancial à nossa vida política. A fragmentação do continente e a ação dos imperialismos, sobretudo o dos Estados Unidos, consumaram o fracasso de nossa independência.

Os anglo-americanos viveram a sua história como uma ação coletiva, da qual se sentem solidários e responsáveis. Não importa que para Whitman essa empresa comum tenha sido sinônimo de liberdade e fraternidade e que para Robert Lowell o seja de crime. De uma e de outra maneira, segundo a sua época e o seu temperamento, os dois poetas afirmam a sua responsabilidade e sua participação. Certo, a infeliz expressão "poesia confessional" não só evoca a rótula do confessionário e o divã do psicanalista, como denuncia a obsessão dos norte-americanos com o tema do pecado original (e eu prefiro o *outro* tema do Ocidente, o de Rousseau e o de Blake: a inocência original). Mas a confissão se redime, ou, mais exatamente, se *purga*, ao ser inserida dentro do contexto de uma sociedade e de seus transtornos históricos e morais. A atitude hispano-americana é a contrária: Vallejo, não menos religioso e não menos radical do que Lowell, não se sente culpado e sim vítima. Neruda, nada cristão, tampouco se sente culpado: acusa. Não, nós não vivemos a nossa história: nós a sofremos como uma catástrofe ou como um castigo. Nossos heróis são aqueles que nos defendem do tirano local ou, como Juárez e Sandino, do poder estrangeiro. Não fomos sujeitos, mas objetos da história. Em suma, por um lado, consagração do ato ou confissão do crime; pelo outro, queixa e acusação. Dois monólogos. Whitman e Pound são talvez os poetas mais representativos dos Estados Unidos (representativos não quer dizer forçosamente os melhores). Ambos proclamam um universalismo que é, no fundo, um americanismo. Um e outro afirmam que os Estados Unidos têm uma vocação mundial. Whitman americaniza a liberdade e faz de sua terra o lugar de eleição do "companheirismo". Pound acumula em seus *Cantos* os ideogramas chineses, os hieróglifos egípcios e as citações em grego e provençal. O método de Pound é semelhante ao do conquistador romano, ladrão dos deuses e dos vencidos. Apropriar-se de um deus estranho ou de um texto alheio são ritos mágicos de significação semelhante: em ambos os casos não se trata tanto de construir um museu universal de despojos, quanto um santuário de ídolos eficazes. O rito é uma homenagem e, também, um sacrilégio, uma violação: desaloja-se a divindade de seu templo e o texto de seu contexto. (A propósito: como e por que diabo ocorreu a Pound que Confúcio poderia ser o mestre dos Estados Unidos? O chinês postula uma ordem natural, fundada no tempo cíclico e em hierarquias imutáveis; os Estados Unidos, desde o seu nascimento, identificaram-se com as idéias anticonfucianas: o progresso e a democracia.) A atitude de Whitman não é radicalmente diferente: *Passage to India* deveria chamar-se *Passage to U.S.A.* O poema canta a reconciliação entre Ásia e América: "the Elder Brother found, the Younger melts in fondness in his arms". Mas este encontro é o resultado de uma intrusão: o poeta norte-americano apresenta-se como o descendente espiritual de Alexandre, Tamerlão, Babur, Vasco da Gama, Marco Polo e até do pitoresco e mentiroso Ibn Battuta. Em seu entusiasmo Whitman não se dá conta de que "old occult Brahma" and tender junior Buddha" poderiam achar incômodo o seu abraço. Perturbar a meditação do *yogin*, absorto na contemplação do Uno ou na dissolução de todos os vínculos, inclusive os fraternais, é pelo menos uma impertinência. Há uma espécie de capacidade comovedora nessa cordialidade ávida. Um apetite realmente ecumênico; outros povos se contentaram com a destruição de ídolos e textos dos mortos e dos humilhados.

A teoria poética dos *Cantos*, o método da *presentação*, é o contrário da tradução. É verdade que toda tradução implica transmutação e, portanto, desfiguração e apropriação, geralmente inconscientes. Não obstante, o ideal do tradutor é a objetividade, o respeito ao texto original. Ou seja: o reconhecimento do *outro* e de um *outro*. A tradução é uma atividade civilizada porque nasce, como a imitação, da veneração ante o exemplar ou o único. Suas raízes são éticas e estéticas. A veneração não exclui, antes exige a fidelidade. Exemplo: as versões chinesas e tibetanas dos *sutras* e *sastras* budistas. Por isso a tradução também é civilizadora: apresenta-nos uma imagem do outro e assim nos obriga a reconhecer que o mundo não acaba conosco e que o homem é os homens. Pound foi um grande tradutor e neste sentido foi um civilizador e não só do mundo de fala inglesa: seria inútil buscar em francês, espanhol ou italiano uma versão do *Shih Ching* comparável à sua. Mas o método dos *Cantos* está fundado em uma falsa analogia: o que Pound chama de "presentação" não é, freqüentemente, mais do que justaposição. Além disso, em nenhum caso sua escritura é realmente ideográfica, nem sequer quando incrusta ideogramas chi-

151

neses em seu discurso: nesse contexto, que é o da escritura linear e fonética do Ocidente, os signos chineses deixam de ser ideogramas. Com efeito, se o significado de todos os signos é significar, que significam os ideogramas *dentro* de um texto escrito em inglês? Uma das duas: ou são citações que exigem uma tradução e esta só pode ser não-ideográfica — ou são traços mágicos, signos que perderam sua virtude de significar.

Minha objeção não é unicamente estética — afinal de contas Pound é um grande poeta — mas moral. À parte ser ingênua, sua teoria — há que dizê-lo embora seja escandaloso — é bárbara e arrogante. Barbárie e arrogância de conquistador: Roma e não Babel. É verdade que, de certo modo, os *Cantos* podem ser vistos como um poema arrancado da biblioteca de Borges. Há uma diferença: o poema de Pound tem (ou quer ter) um sentido: é a imagem do "processo histórico", o "conto da tribo". Um conto que para Borges, mais budista do que confuciano, não tem sentido. A biblioteca de Pound é um conjunto de signos com significados contraditórios aos quais o poeta pretende (e às vezes consegue) impor um sentido; a de Borges é um sistema de signos que, em suas combinações, dissolvem cada vez mais os seus precários significados. As "idéias em ação" de Pound são, para o escritor argentino, o reverso das idéias. Ou antes: o reverso da idéia de idéias. A fundação de Buenos Aires, tema predileto de Borges, não é um ato mas uma idéia — uma hipótese... Os poetas dos Estados Unidos estão condenados ao futuro, ao progresso — a cantá-lo ou a criticá-lo, o que é igual. Nós, hispano-americanos, estamos condenados à busca da origem ou, o que também é igual, a imaginá-la. Uns e outros nos parecemos, se em algo nos parecemos, em nos sentirmos mal no presente. Somos os prófugos de todas as eternidades, sem excluir o tempo circular de Confúcio.

Embora ao longo deste artigo tenha misturado, talvez em excesso, as considerações literárias e as históricas, não creio na onipotência da história. Creio, em compensação, na soberania da poesia: um dos poemas mais belos que li (sim, em tradução) é um hino funerário dos pigmeus, um povo sem história. Mas história e poesia se cruzam e, às vezes, coincidem. É indubitável que de Bolívar a Zapata e de Zapata a Fidel Castro — um aristocrata, um camponês e um revolucionário da classe média — há uma certa continuidade, não nas idéias mas nos propósitos profundos e talvez inconscientes. O que alguns chamam de "lógica da história" e outros de "destino". Um poeta hispano-americano não pode ser insensível a esta continuidade: encontrar a palavra da origem e fundar uma sociedade não são, no essencial, tarefas contraditórias, mas complementares. Quando a história e a poesia rimam, essa coincidência se chama, por exemplo, Whitman; quando há discórdia entre uma e outra, a dissonância se chama Baudelaire. No segundo caso nada resta à poesia senão retrair-se, fundar-se à si mesma: *l'action restreinte* de Mallarmé.

Os perigos da discórdia são a canção irresponsável ou o silêncio — a não ser que esse silêncio se resolva em *Un coup de dés,* algo que acontece uma só vez em cada século. Os da coincidência se exemplificam com o caso trágico de Maiakóvski e com os simplesmente deploráveis de Aragon e tantos outros. A poesia e a história se completam, com a condição de que o poeta saiba guardar as distâncias. O poder, ainda que seja um poder revolucionário e generoso, pela lei natural tende sempre a neutralizar e anular não só as heterodoxias como as diferenças. Minha geração conheceu os dois extremos, a discórdia e a coincidência *. A maioria resistiu a uma e outra tentação, ao solilóquio e à retórica do entusiasmo por encomenda. Embora alguns destes poetas tenham escrito alguns poemas que figuram entre os melhores da poesia hispano-americana deste século, não é isto o que quero destacar e sim que nunca, até agora, esqueceram que a poesia, mesmo na coincidência, é *dissidência*. Não prego uma heterodoxia, apesar de que por temperamento me seduzem as heterodoxias; afirmo que a poesia é irredutível às idéias e aos sistemas. É a *outra* voz. Não a palavra da história nem a da anti-história mas a voz que, na história, diz sempre outra coisa — a mesma desde o princípio. Não sei como defini-la nem explicar em que consiste essa diferença, esse tom que, sem isolá-la, torna-a única e distinta. Direi apenas que é a estranheza e a familiaridade em pessoa. Basta *ouvi-la* para reconhecê-la.

(*) Não falei dela, em primeiro lugar, por pudor; em seguida, porque este texto não é um panorama da poesia contemporânea hispano-americana.

A POESIA DE MATSÚO BASHÔ

Após um longa série de guerras intestinas, durante as quais a antiga capital, Kioto, quase é destruída, o Japão conhece um longo período de paz. Ao iniciar-se o século XVII a família Tokugawa assume a direção do Estado, que não deixará até a restauração do poder imperial, em meados do século passado. A residência dos Shoguns (governantes supremos, frente ao poder puramente simbólico dos imperadores) transfere-se para Edo (a atual Tóquio). O Japão fecha as suas portas ao mundo exterior e vive dentro das normas de uma rígida disciplina política, social e econômica que às vezes faz pensar nas modernas sociedades totalitárias ou no Estado que os jesuítas fundaram no Paraguai. Mas a partir de meados do século XVII uma nova classe urbana começa a surgir em Edo, Osaka e Kioto. São os mercadores, os *chonins* ou homens do comum, que se não destróem a supremacia feudal dos militares, modificam profundamente a atmosfera das grandes cidades. Esta classe converte-se em patrona das artes e da vida social. Um novo estilo de vida, mais livre e espontâneo, menos formal e aristocrático, consegue impor-se. Por oposição à cultura tradicional japonesa — sempre de estreito e fechado círculo, aristocrática e religiosa — a nova sociedade é aberta. Vive-se na rua e multiplicam-se os teatros, os restaurantes, as casas de prazer, os banhos públicos atendidos por moças, os espetáculos dos lutadores. Uma burguesia próspera e refinada protege e fomenta os prazeres do corpo e do espírito. O bairro alegre de Edo não só é um lugar de libertinagem elegante onde reinam as cortesãs e os atores como também, à diferença do que ocorre em nossas abjetas cidades modernas, é ainda um centro de criação artística. *Genroku* — tal é o nome do período — distingue-se por uma vitalidade e um desenfado ausentes na arte de épocas anteriores. Este mundo brilhante e popular, composto por novos ricos e mulheres formosas, por grandes atores e jograis, chama-se *Ukiyo*, isto é, o Mundo que Flutua e que passa como as nuvens de um dia de verão. A gravura em madeira — Ukiyoe: imagens do mundo fugitivo — inicia-se por esta época. Arte gêmea do Ukiyoe, nasce a novela picaresca e pornográfica: *Ukiyo-Soshi*. As obras licenciosas — chamadas com elíptica astúcia de *Livros de Primavera* — tornam-se tão populares quanto a literatura libertina de fins do século XVIII europeu. O teatro *Kabuki*, que combina o drama com o balé, alcança o seu zênite e o grande poeta Chikamatzu escreve para o teatro de marionetes obras que maravilham os seus contemporâneos e que ainda ferem a imaginação de homens como Yeats e Claudel. A poesia japonesa, graças sobretudo a Matsúo Bashô, alcança uma liberdade e um frescor ignorados até então. E, deste modo, converte-se em réplica do tumulto mundano. Diante desse mundo vertiginoso e colorido, o haiku de Bashô é um círculo de silêncio e recolhimento: manancial, poço de água escura e secreta.

Bashô não rompe com a tradição, mas segue-a de uma maneira inesperada; ou, como ele mesmo diz: "Não sigo o caminho dos antigos: busco o que eles buscaram". Bashô aspira a expressar, com meios novos, o mesmo sentimento concentrado da grande poesia clássica. Assim, transforma as formas populares de sua época (o *haiku no renga*) em veículos da mais alta poesia. Isto requer uma breve explicação. A poesia japonesa não conhece a rima nem a versificação com acentos e seu recurso principal, como na francesa, é a medida silábica. Esta limitação não é pobreza, pois é rica em onomatopéias, aliterações e jogos de palavras que são também combinações insólitas de som e significado. Todo poema japones é composto por versos de sete e cinco sílabas; a forma clássica consiste em um poema curto — *waka* ou *tanka* — de trinta e uma sílabas, divididos em duas estrofes: a primeira de três versos (cinco, sete e cinco sílabas) e a segunda de dois (ambos de sete sílabas). A própria estrutura do poema permitiu, desde o princípio, que dois poetas participassem na criação de um poema: um escrevia as três primeiras linhas e o outro as duas últimas. Escrever poesia converteu-se assim num jogo poético semelhante ao "cadáver delicado" * dos surrealistas; e em breve, ao invés de um só poema, começaram-se a escrever séries inteiras, ligadas tenuemente pelo tema da estação. Estas séries de poemas em cadeia chamaram-se *renga*. O gênero leve, cômico ou epigramático, chamou-se *renga haikai* e o poema inicial, *hokku*. Bashô praticou com os discípulos e amigos — dando-lhes um novo sentido — a arte do haikai ou cadeia de poemas, adiantando-se assim à profecia de Lautréamont e a uma tentativa do surrealismo: a criação poética coletiva.

Quem quer que tenha praticado o jogo do "cadáver delicado" ou das "cartas russas" ou algum outro que exija a participação de um grupo de pessoas na elaboração de uma frase ou de um poema, poderá advertir-se dos riscos: as fronteiras entre a comunhão poética e o simples passatempo mundano são muito frágeis. Mas se, graças à intervenção desse magnetismo ou poesia objetiva que obriga a rimar uma coisa com outra, logra-se realmente a comunicação poética e estabelece-se uma corrente de simpatia criadora entre os participantes, os resultados são surpreendentes: o inesperado brota como um peixe ou como um jato d'água. O mais estranho é que esta súbita irrupção parece natural e, mais do que tudo, fatal, necessária. Liberdade e necessidade coincidem em um ponto de interseção incandescente. Os poemas escritos por Bashô e seus amigos são memoráveis e a complicação das regras a que deviam submeter-se contribui apenas para sublinhar

---

(*) O autor se refere a um dos jogos praticados em equipe pelos poetas surrealistas franceses. O jogo dos *cadavres exquis* consistia numa série de associações inesperadas entre categorias gramaticais diversas, com palavras escritas pelos participantes em papéis dobrados e passados adiante até completar um circuito completo. O nome do jogo deriva de uma dessas frases formadas ao acaso e que se tornou o exemplo clássico: "Le cadavre exquis boira le vin nouveau". Cf. Maurice Nadeau, *Histoire du Surréalisme*, Paris, 1954. (A informação não consta da nova edição da obra em 1967). (N. do T.)

e naturalidade e a felicidade dos achados. Cito, em pobre tradução, um fragmento de um desses poemas coletivos [1]:

> El aguacero invernal
> incapaz de esconder a la luna,
> la deja escaparse de su puño
> TOKOKU
>
> Mientras camiño sobre el hielo
> piso relámpagos: la luz de mi linterna.
> JUGO*
>
> Al alba los cazadores
> atan a sus flechas
> blancas hojas de helechos.
> YASUI
>
> Abriendo de par en par
> la puerta norte del Palacio: la Primavera!
> BASHÔ
>
> Entre los rastrillos
> y el estiércol de los caballos
> humea, cálido, el aire.
> KAKEI**

O poema inicia-se com a chuva, o inverno e a noite. A imagem da caminhada noturna sobre o gelo convoca a da aurora fria. Logo, como na realidade, há um salto e irrompe, sem aviso prévio, a primavera. O realismo da última estrofe modera o excessivo lirismo da anterior.

O poema solto, desprendido do renga haikai, começou a chamar-se haiku, palavra composta de haikai e hokku. Um haiku é um poema de dezessete sílabas e três versos: cinco, sete e cinco sílabas [2]. Bashô não inventou estas formas; tampouco alterou-as: simplesmente transformou seu sentido. Quando começou a escrever, a poesia tinha se convertido em passatempo: poema queria dizer poesia cômica, epigrama ou jogo de salão. Bashô recolhe esta

---

(1) Utilizo para a minha tradução a versão inglesa de Donald Keene (*Japanese Literature: An Introduction for Western Readers*, Londres, 1953).

(*) São mantidas as traduções de O. Paz, das quais se dá uma versão literal em português:

> O aguaceiro invernal
> incapaz de esconder a lua
> deixa-a escapar-se de seu punho.
>
> Enquanto caminho sobre o gelo
> piso relâmpagos: a luz de minha lanterna.

(**) Versão literal portuguesa:
Na aurora, os caçadores / atam às suas flechas / brancas folhas de feto.
Abrindo de para em par / a porta norte do palácio: a Primavera!
Entre os rastelos / e o estêrco dos cavalos / fumega, cálido, o ar.

(2) O haiku constitui-se como uma forma propriamente autônoma lá pelos princípios do século XIX.

nova linguagem coloquial, livre e desimpedida, e com ela procura o mesmo que os antigos: o instante poético. O haiku transforma-se e converte-se na anotação rápida — verdadeira recriação — de um momento privilegiado: exclamação poética, caligrafia, pintura e meditação, tudo junto. O haiku de Bashô é exercício espiritual. Discípulo do monge Buccho — e ele mesmo meio ermitão, alternando a poesia com a meditação — não será talvez impertinente deter-se na significação do budismo Zen em sua obra e em sua vida.

Tanto em sua primeira forma (Hinayana) como na última (Mahayana), o budismo sustenta que a única maneira de deter a roda sem fim do nascer e do morrer e, por conseguinte, da dor, é acabar com a origem do mal. Filosofia mais do que religião, o budismo postula como primeira condição da vida reta o desaparecimento da ignorância acerca de nossa verdadeira natureza. Só se nos dermos conta da irrealidade do mundo fenomenal poderemos abraçar a reta via e escapar do ciclo das reencarnações, alimentado pelo fogo do desejo e do erro. O eu revela-se ilusório: é uma entidade sem realidade própria, composta por agregados ou fatores mentais. O conhecimento consiste antes de tudo em perceber a irrealidade do eu, causa principal do desejo e de nosso apego ao mundo. Assim, a meditação não é outra coisa senão a gradual destruição do eu e das ilusões que engendra; ela nos desperta do sonho ou mentira que somos e vivemos. Este despertar é a iluminação (*Sambodhi* em sânscrito e *Satori* em japonês). A iluminação nos leva à liberação definitiva (*Nirvana*). Apesar das boas obras, a compaixão e outras virtudes formarem parte da ética budista, o essencial consiste nos exercícios de meditação e contemplação. O estado satori implica não tanto um saber a verdade como um estar nela e, nos casos supremos, um ser a verdade. Algumas seitas buscam a iluminação por meio do estudo dos livros canônicos (*Sutras*); outras pela via da devoção (certas correntes da tendência Mahayana); outras ainda pela magia ritual e sexual (*Tantrismo*); algumas pela oração e também pela repetição da fórmula *Namu Amida Butsu* (Glória ao Buda Amida). Todos estes caminhos e práticas enlaçam-se na via central: a meditação. A doutrina Zen — e isto a opõe às demais tendências budistas — afirma que as fórmulas, os livros canônicos, os ensinamentos dos grandes teólogos e mesmo a própria palavra de Buda são desnecessários. Zen predica a iluminação súbita. Os demais budistas acreditam que o Nirvana só pode ser alcançado depois de passar-se por muitas reencarnações; o próprio Gautama logrou a iluminação quando já era um homem maduro e depois de ter passado por milhares de existências prévias, recolhidas pela legenda budista com grande poesia (*Jatakas*). Zen afirma que o estado satori é aqui e agora, um instante que é todos os instantes, momento de revelação em que o universo inteiro — e com ele a corrente de temporalidade que o sustenta — se desmorona. Este instante nega o tempo e nos coloca diante da verdade.

Pela sua própria natureza o momento de iluminação é indizível. Como o taoísmo, a quem sem dúvida deve muito, Zen é uma "doutrina sem palavras". Para provocar dentro do discípulo o estado propício à iluminação, os mestres recorrem aos paradoxos, ao absurdo, ao contra-senso e, em suma, a todas aquelas formas que tendem a destruir nossa lógica e a perspectiva normal e limitada das coisas. Mas a destruição da lógica não tem por objeto remeter-nos ao caos e ao absurdo e sim, através da experiência do sem--sentido, descobrir um novo sentido. Só que este sentido é incomunicável através das palavras. Apenas o humor, a poesia ou a imagem podem nos fazer vislumbrar em que consiste a nova visão. O caráter incomunicável da experiência Zen revela-se por esta anedota: um mestre cai em um precipício mas consegue prender-se com os dentes ao ramo de uma árvore; neste instante chega um de seus discípulos e lhe pergunta: Em que consiste Zen, mestre? Evidentemente, não há resposta possível: enunciar a doutrina implica em abandonar o estado satori e voltar a cair no mundo dos contrários relativos, no "isto" e no "aquilo". Pois bem, Zen não é nem "isto" nem "aquilo", mas sim "isto e aquilo". Assim, para empregar a conhecida frase de Chuangsé "o verdadeiro sábio prega a doutrina sem palavras". A atitude Zen diante dos problemas filosóficos pode exemplificar-se também com um diálogo que há tempos foi-me referido pelo doutor Erich Fromm. Parece que o professor Suzuki — o grande expositor de Zen — visitou há alguns anos atrás a Martin Heidegger. O filósofo alemão demonstrou interesse em saber qual era a posição do budismo Zen diante do problema do Ser. Suzuki respondeu que não podia dar nenhuma explicação categórica mas que lhe contaria uma anedota que talvez respondesse à sua interrogação: um discípulo acerca-se de um mestre e, antes de falar-lhe, faz uma reverência. Em lugar de responder à saudação, o mestre golpeia-o com o seu bordão. "Mas, por que me castigas, se ainda não falei nada?" Ao que o monge responde: "Não era necessário esperar que o fizesses". Para Zen não só as respostas ficam sobrando, como também as perguntas... E não obstante, há uma indubitável e estranha analogia entre o budismo Zen e as meditações de Heidegger sobre o tempo e o nada.

Desde o período *Muromachi* (1333-1600) a cultura japonesa impregna-se de Zen. Para os samurais, Zen era o outro prato da balança. Em um extremo, o estilo de vida *bushido*, isto é, o estilo do guerreiro vertido para o exterior; no outro, a Cerimônia do Chá, a decoração floral, o teatro Nô e, ao mesmo tempo base e cume de toda esta vida estética, cara ao interior, a meditação Zen. Segundo Issotei Nishikawa esta vertente estética chama-se *furyu*, ou seja, "diversão elegante" [3]. As palavras "diversão" e "elegante" têm aqui um sentido peculiar e não denotam distração mundana e luxuosa, mas sim recolhimento, solidão, intimidade e renúncia. O símbolo de furyu seria a decoração floral (*ikebana*), cujo arquétipo não é o adorno simétrico ocidental, nem a suntuosidade ou a riqueza de colorido, mas a pobreza, a simplicidade e a irregularidade. Os objetos imperfeitos e frágeis — uma pedra arredondada, um ramo torcido, uma paisagem não muito interessante por si mesma mas possuidora de uma certa beleza secreta — possuem uma qualidade furyu. Bushido e furyu foram os dois pólos da vida japonesa. Economia vital e psíquica que nos deixa entrever o verdadeiro sentido de muitas atitudes que de outra maneira nos pareceriam contraditórias.

Graças ao budismo Zen a religiosidade japonesa se aprofunda e tem consciência de si mesma. Acentua-se o lado interior das coisas: o refinamento é simplicidade; a simplicidade, comunhão com a natureza. As almas se depuram e se temperam. O culto ao mundo natural, presente desde a época mais remota, transforma-se em uma espécie de mística. O oitavo Shogun Ashikaga (Yoshimasa) introduz a Cerimônia do Chá, regida pelos mesmos princípios: simplicidade, serenidade, desinteresse. Em uma palavra: quietismo. Mas nada mais distante do quietismo furibundo e contraído dos místicos ocidentais, desgarrados pela oposição irreconciliável entre este mundo e o outro, entre o criador e a criatura, que o dos adeptos de Zen. A ausência da noção de um Deus criador, por um lado, e da idéia cristã de uma natureza caída, por outro, explicam a diferença das atitudes. Buda disse que todos, até as árvores e as ervas, alcançariam algum dia o Nirvana. O estado búdico é um transcender a natureza, mas também um retornar à mesma. O culto ao irregular e à harmonia assimétrica brota desta idéia da natureza como arquétipo de todo o existente. Os jardineiros japoneses não pretendem submeter a paisagem a uma harmonia racional, como ocorre com a arte francesa de Le Nôtre, e sim ao contrário: fazem do jardim um microcosmo da imensidade natural.

A atitude Zen influiu em todas as artes, desde a pintura e a poesia ao teatro e à música. Zen é alusivo e

(3) *Floral art of Japan*, Tóquio, 1936.

elusivo. Chikamatzu nos legou uma excelente definição desta estética: "A arte vive nas delgadas fronteiras que separam o real do irreal". E em outro lugar, expressa: "O poeta não diz: isso é triste, mas faz com que o objeto seja triste, sem necessidade de acentuá-lo". O artista mostra; o propagandista e o moralista demonstram. Também as reflexões críticas de Zeami — o grande autor do teatro Nô — estavam impregnadas do espírito Zen. Em uma passagem nos fala de que existem três espécies de atuação teatral: uma é para os olhos, outra para os ouvidos e a última para o espírito. Na primeira sobressaem a dança, os trajes e os gestos dos atores; na segunda, a música, a palavra e o ritmo da ação; na terceira, apela-se para o espírito: "um mestre da arte não moverá o coração de seu auditório a não ser quando tiver eliminado tudo: dança, canto, gesticulações e as próprias palavras. Então, a emoção brota da quietude. Isto se chama: a dança congelada". E acrescenta: "Este estilo místico, embora se chame: Nô que fala ao entendimento, também poderia chamar-se: Nô sem entendimento" A consciência dissolveu-se na quietude. Zeami mostra a transição dos estados de ânimo do espectador, verdadeira escala do êxtase, deste modo: "O livro da crítica diz: esquece o espetáculo e contempla o Nô; esquece o Nô e contempla o ator; esquece o ator e contempla a idéia; esquece a idéia e compreenderás o Nô" [4]. A arte é uma forma de conhecimento. E este conhecer, com todas as nossas potências e sentidos, sim, mas também sem eles, suspensos em um arroubo imóvel e vertiginoso, culmina em um instante de comunhão: já não há nada que contemplar porque nós mesmos já nos fundimos com aquilo que contemplamos. Só que a contemplação que Zeami nos propõe possui um caráter distinto do êxtase ocidental; a diferença é capital porque para a estética do Nô a arte não convoca a uma presença e sim, mais propriamente, a uma ausência. O cume do instante contemplativo é um estado paradoxal: é um não ser no qual, de alguma maneira, dá-se o pleno ser. Plenitude do vazio.

Um sucessor de Bashô, o poeta Oshima Ryota (1718--1787), alude a esta suspensão do ânimo em um poema admirável: *

> No hablan palabra
> el anfitrión, el huésped
> y el crisantemo.

(4) Citado por Arthur Waley em *The Nô plays of Japan*, Londres, 1950.
(*) Versão literal (deste poema e do seguinte);
Não dizem palavra / o anfitrião, o hóspede / e o crisântemo
Chovisco: palestra / da capa de palha / e da sombrinha.
Ah, se me viro/ este passante já / é apenas bruma.

Yosa Buson (1716-1783), pintor, calígrafo e poeta, um dos quatro mestres de haiku (os outros são Bashô, Issa e Shiki), exprime a mesma intuição embora com uma ironia ausente no poema de Ryota e que é uma das grandes contribuições do haikai:

> Llovizna: plática
> de la capa de paja
> y la sombrilla.

Ao que responde Misoaka Shiki (1867-1902),

> Ah, si me vuelvo
> ese pasante ya
> no es sino bruma.

Do ponto de vista formal o haiku divide-se em duas partes: uma da condição geral e da ubiquação temporal ou espacial do poema (outono ou primavera, meio-dia ou entardecer, uma árvore ou um rochedo, a lua, um rouxinol); a outra, relampagueante, deve conter um elemento ativo. Uma é descritiva e quase enunciativa; a outra, inesperada. A percepção poética surge do choque entre ambas. A própria índole do haiku é favorável a um humor seco, nada sentimental, e aos jogos de palavras, onomatopéias e aliterações, recursos constantes de Bashô, Buson e Issa. Arte não intelectual, sempre concreta e antiliterária, o haiku é uma palavra cápsula carregada de poesia, capaz de fazer saltar a realidade aparente [5]. Um poema de Bashô — que resistiu a todas as traduções e que dou aqui em uma inepta versão — talvez ilumine o que quero dizer *:

> Un viejo estanque:
> salta una rana ¡zas!
> chapaleteo.

Aqui nos defrontamos com uma quase prosaica enunciação de fatos: o tanque, o salto da rã, o esguicho da água. Nada menos "poético": palavras comuns e um feito insignificante. Bashô nos deu simples apontamentos, como se nos mostrasse com o dedo duas ou três realidades desconexas que, de algum modo, têm um "sentido" que nos cabe descobrir. O leitor deve recriar o poema. Na primeira

(5) Sobre o haiku, sua técnica e suas fontes espirituais, leia-se a obra que R. H. Blyth dedicou a êsse tema, em quatro volumes: *Haiku*, Hokuseido, 1951.

(*) Versão literal (deste poema e do seguinte):
Um velho tanque: / salta uma rã — zás! / esquichadelas.
Trégua de vidro: / o som da cigarra / perfura pedras.

linha encontramos o elemento passivo: o velho tanque e seu silêncio. Na segunda, a surpresa do salto da rã que rompe a quietude. Do encontro desses dois elementos deve brotar a iluminação poética. E esta iluminação consiste em retornar ao silêncio do qual o poema partiu, só que agora carregado de significação. À maneira da água que se expande em círculos concêntricos, nossa consciência deve expandir-se em ondas sucessivas de associações. O pequeno haiku é um mundo de ressonâncias, ecos e correspondências:

> Tregua de vidrio:
> el son de la cigarra
> taladra rocas.

A paisagem não pode ser mais nítida. Meio-dia em um lugar deserto: o sol e os rochedos. A única coisa viva no ar seco é o canto das cigarras. Paira um grande silêncio. Tudo cala e nos põe diante de algo que não podemos nomear: a natureza se nos apresenta como algo concreto e ao mesmo tempo inapreensível, que rechaça toda compreensão. O canto das cigarras funde-se ao calar das rochas. E nós também nos quedamos paralisados e, literalmente, petrificados. O haiku é satori.

> El mar ya oscuro:
> los gritos de los patos
> apenas blancos *.

Aqui predomina a imagem visual: o branco brilha debilmente sobre o dorso obscuro do mar. Mas não é a plumagem dos patos nem a crista das ondas e sim os gritos dos pássaros que, estranhamente, é branco para o poeta. Em geral, Bashô prefere alusões mais sutis e contrastes mais velados:

> Este camino
> nadie ya lo recorre,
> salvo el crepúsculo.

A melancolia não exclui uma boa, humilde e sã alegria ante o fato surpreendente de estar vivo e ser homem:

> Bajo las abiertas campánulas
> comemos nuestra comida,
> nosotros que sólo somos hombres.

(*) Versões literais:
O mar já escuro: / os gritos dos patos / unicamente brancos.
Este caminho / já ninguém o percorre, / salvo o crepúsculo.
Sob as abertas campânulas / comemos nossa comida, / nós que somos apenas homens.

164

Um poema de Issa contém o mesmo sentimento, mas tingido de uma espécie de simpatia cósmica:

> Lunå montañesa:
> también iluminas
> al ladrón de flores.

O haiku não só é poesia escrita — ou, mais exatamente, desenhada — como é também poesia vivida, experiência poética recriada. Com enorme delicadeza, Bashô não nos diz tudo: limita-se a entregar-nos alguns elementos, os suficientes para acender a chispa. É um convite à viagem, mas a uma viagem que devemos fazer com nossas próprias pernas; como ele mesmo diz: "Não se deve viajar no dorso alheio. Pensa no que te serve como se fosse outra perna tua mais débil". E em outra passagem acrescenta: "Não durmas duas vezes no mesmo local; deseja sempre uma esteira que ainda não tenhas esquentado".

Os diários são um gênero muito antigo e popular na literatura japonesa. Zeami escreveu um — *O livro da Ilha de Ouro* — no qual introduziu pensamentos soltos, poemas e descrições. Bashô escreveu cinco diários de viagem, verdadeiros cadernos de esboços, impressões e apontamentos. Estes diários são exemplos perfeitos de um gênero em voga na época de Bashô e do qual ele foi um dos grandes mestres: o *haibun*, texto em prosa que rodeia, como se fossem ilhotas, um conjunto de haiku. Poemas e passagens em prosa se completam e reciprocamente se iluminam. O melhor desses cinco diários de viagem é, segundo a opinião geral, *Oku-no-Hosomichi*. Nesse breve caderno composto de velozes desenhos verbais e súbitas alusões — signos de inteligência que o autor troca com o leitor — a poesia mistura-se à reflexão, o humor à melancolia, a anedota à contemplação. É difícil ler um livro — e ainda mais quando quase todo o seu aroma perdeu-se na tradução — que não nos ofereça qualquer cabo condutor e que se desdobra ante os nossos olhos como uma sucessão de paisagens. Talvez se deva lê-lo como se contempla o campo: sem prestar muita atenção ao princípio, percorrendo com uma olhada distraída a colina, as árvores, o céu e seu recanto de nuvens, os rochedos... De súbito nos detemos diante de uma pedra qualquer da qual não conseguimos afastar o olhar e então conversamos, por um instante sem medida, com as coisas que nos rodeiam. Neste livro de Bashô nada se passa, exceto o sol, a chuva, as nuvens, algumas cortesãs, uma menina, outros viajantes. Nada se passa, exceto a vida e a morte:

(*) Versão literal:
Lua das montanhas: / também iluminas / o ladrão de flores.

> Es primavera:
> la colina sin nombre
> entre la niebla.

A idéia da viagem — uma viagem das nuvens desta existência até às nuvens da outra — está presente em toda a obra de Bashô. Viajante fantasma, um dia antes de morrer escreve este poema:

> Caído en el viaje:
> mis sueños en el llano
> dan vueltas y vueltas.

Em uma forma voluntariamente anti-heróica a poesia de Bashô nos chama para uma aventura deveras importante: a de nos perdermos no cotidiano para encontrar o maravilhoso. Viagem imóvel, ao fim da qual nos encontramos com nós mesmos: o maravilhoso é nossa verdade humana. Em três versos o poeta insinua o sentido desse encontro:

> Un relámpago
> y el grito de la garza,
> hondo en lo oscuro.

O grito do pássaro funde-se ao relâmpago e ambos desaparecem na noite. Um símbolo da morte? A poesia de Bashô não é simbólica: a noite é a noite e mais nada. Ao mesmo tempo, é algo mais, porém é um algo que, rebelde à definição, recusa-se a ser nomeado. Se o poeta o nomeasse, se evaporaria. Não é a face oculta da realidade, ao contrário, é a sua face de todos os dias... e é aquilo que não está em face alguma. O haiku é uma crítica da realidade: em toda realidade há algo mais do que chamamos *realidade;* simultaneamente, é uma crítica da linguagem:

> Admirable
> aquel que ante el relámpago
> no dice: la vida huye...

Crítica do lugar-comum mas também crítica à nossa pretensão de identificar o significar e o dizer. A linguagem tende a dar sentido a tudo o que dizemos e uma das missões do poeta é fazer a crítica do sentido. Se dizemos que a vida é curta como o relâmpago não só repetimos um lugar-comum como atentamos contra a originalidade da vida, contra aquilo que efetivamente a torna única. A verdade

(*) Versões literais:
É primavera: / a colina sem nome / entre a névoa.
Desfalecido na viagem / meus sonhos no chão / dão voltas e voltas.
Um relâmpago / e o grito da garça, / fundo na escuridão.
Admirável / aquele que ante o relâmpago / não diz: a vida foge...

original da vida é a sua vivacidade e esta vivacidade é conseqüência de ser vida mortal, finita: a vida está tecida de morte. Mas ao dizê-lo convertemos em dois conceitos, vida e morte, a vivaz e fúnebre unidade vida-morte. Há uma linguagem que diga, sem dizê-lo, essa unidade? Sim, o haiku: uma palavra que é a crítica da realidade, uma linguagem que é a burla oblíqua da significação. O haiku de Bashô nos abre a porta de satori: o sentido e a falta de sentido, vida e morte, coexistem. Não é tanto a anulação dos contrários nem sua fusão como uma *suspensão do ânimo*. Instante da exclamação ou do sorriso: a poesia já não se distingue da vida, a realidade reabsorve a significação. A vida não é nem longa nem curta, mas é como o relâmpago de Bashô. Esse relâmpago não nos avisa de nossa mortalidade; a própria intensidade de sua luz, semelhante à intensidade verbal do poema, nos diz que o homem não é unicamente o escravo do tempo e da morte mas que, dentro de si, leva *outro tempo*. E a visão instantânea desse outro tempo chama-se poesia: crítica da linguagem e da realidade, crítica do tempo. A subversão do sentido produz uma reversão do tempo: o instante do haiku é incomensurável. A poesia de Bashô, esse homem frugal e pobre que escreveu já entrado em anos e que vagabundou por todo o Japão dormindo em ermidas e pousadas populares; esse reconcentrado que contemplava longamente uma árvore e um corvo sobre a árvore, o brilho da luz sobre uma pedra; esse poeta que após remendar as roupas puídas lia os clássicos chineses; esse silencioso que conversava nos caminhos com os lavradores e as prostitutas, os monges e as crianças, é algo mais do que uma obra literária: é um convite para viver verdadeiramente a vida e a poesia. Duas realidades unidas, inseparáveis e que, não obstante, jamais se fundem por inteiro: o grito do pássaro e a luz do relâmpago.

México, 1954.

A TRADIÇÃO DO HAIKU

Em 1955 um amigo japonês, Eikichi Hayashiya, diante da minha admiração por alguns dos poetas de sua língua, propôs-me que, apesar de minha ignorância do idioma, empreendêssemos juntos a tradução de *Oku no Hosomichi*. Em princípios de 1956 entregamos nossa versão à seção editorial da Universidade Nacional do México e em abril do ano seguinte apareceu nosso pequeno livro. Foi recebido com a costumeira indiferença apesar de que, para avivar um pouco a curiosidade dos críticos, tivéssemos sublinhado na *Advertência* que nossa tradução do famoso diário era a primeira que se fazia numa língua do Ocidente. Agora, treze anos depois, repetimos o gesto: a aposta. Não para ganhar comentários críticos, Bashô não os necessita, e sim leitores. Esclareço: são os leitores, somos nós — atarefados, excitados, desconjuntados — que ganhamos com a sua leitura: sua poesia é um verdadeiro *calmante*, embora a sua seja uma calma que não se parece nem com o letargo da droga nem com a modorra da digestão. Calma alerta e que nos torna leves: *Oku no Hosomichi* é um diário de viagem que é também uma lição de desprendimento. O provérbio europeu é falso: viajar não é "morrer um pouco" e sim exercitar-se na arte de despedir-se para assim, já leves, aprender a chegar, aprender a receber. Desprendimentos: aprendizagens.

Entre 1957 e 1970 apareceram muitas traduções da pequena obra de Bashô. Quatro chegaram a meus olhos, três em inglês e uma em francês. Cada uma delas, na verdade, oferece uma versão diferente do título: *The narrow road to the deep North* [1]; *Back roads to far towns* [2]; *La sente étroite du bout-du-monde* [3]; e *The narrow road through the provinces* [4]. Tal diversidade de versões me põe na obrigação de justificar a nossa: *Sendas de Oku*. Em três das traduções que citei aparece o adjetivo *estreito*; nós o suprimimos por antipatia à redundância: todas as sendas são estreitas. As versões para o inglês dão uma idéia mais propriamente realista da viagem de Bashô e de seu ponto de destino: norte remoto, povoados longínquos, províncias; a tradução francesa, embora mais literal, inclina-se para o simbólico: fim do mundo. Preferimos a via intermediária e pensamos que a palavra *Oku*, por ser estranha ao leitor de nossa língua, poderia talvez refletir um pouco a indeterminação do original. O título japonês evoca não só uma excursão aos confins do país, a distante região do norte, por caminhos difíceis e pouco freqüentados, como também uma peregrinação espiritual. Desde as primeiras linhas Bashô apresenta-se como um poeta anacoreta e meio monge; tanto ele como seu companheiro de viagem, Sora, percorrem os caminhos vestidos com os hábitos dos peregrinos budistas; sua viagem é quase uma iniciação e Sora, antes de pôr-se em marcha, raspa a cabeça como os bonzos. Peregrinação religiosa e viagem aos lugares célebres — paisagens, templos, castelos, ruínas, curiosidades históricas e naturais — a expedição de Bashô e de Sora é também um exercício poético: cada um deles escreve um diário semeado de poemas e em muitos dos lugares que visitam os poetas locais os recebem e com eles compõem esses poemas coletivos chamados *haikai no renga*.

(1) Introdução, tradução e notas de Nobuyuki Yuasa. Contém traduções de outros quatro relatos de viagem de Bashô. Londres, 1966.
(2) Tradução e notas de Cid Corman e Kamaike Susum, New York, 1968.
(3) Tradução e notas de René Sieffert, número 6 de *L'Ephémère*, Paris, 1968.
(4) Introdução, tradução e notas de Earl Miner. Faz parte do livro *Japanese Poetic Diaries*, California University Press, 1966.

A quantidade de traduções de *Oku no Hosomichi* é mais um exemplo do afeiçoamento dos ocidentais pelo Oriente. Na história das paixões do Ocidente pelas outras civilizações há dois momentos de fascínio diante do Japão, se esquecemos o *engouement* dos jesuítas no século XVII e o dos filósofos no século XVIII: um se inicia na França em fins do século passado e, após fecundar diversos pintores extraordinários, culmina com o *imagism* dos poetas anglo-americanos; outro começa nos Estados Unidos alguns anos depois da Segunda Guerra Mundial e ainda não terminou. O primeiro período foi, antes de tudo, estético; o encontro entre a sensibilidade ocidental e a arte japonesa produziu várias obras notáveis, tanto na esfera da pintura — e o exemplo maior é o impressionismo — como na da linguagem: Pound, Yeats, Claudel, Eluard. No segundo período a tonalidade tem sido menos estética e mais espiritual ou moral; isto é, não só nos apaixonam as formas artísticas japonesas como também as correntes religiosas, filosóficas ou intelectuais de que são expressão, em particular o budismo. A estética japonesa — melhor dizendo: o leque de visões e estilos que nos oferece essa tradição artística e poética — não cessou de nos intrigar e de nos seduzir, mas nossa perspectiva é diversa daquela das gerações anteriores. Embora todas as artes, da poesia à música e da pintura à arquitetura, tenham se beneficiado com esta nova maneira de se aproximar da cultura japonesa, creio que o que todos buscamos nela é outro estilo de vida, outra visão do mundo e, também, do transmundo.

A diversidade e mesmo a oposição entre o ponto de vista contemporâneo e o do primeiro quarto do século não impede que uma ponte una esses dois momentos: nem antes nem agora o Japão foi para nós uma escola de doutrinas, sistemas ou filosofias, mas uma sensibilidade. Ao contrário da Índia, não nos ensinou a pensar e sim a sentir. Certo, em tal caso não devemos reduzir a palavra *sentir* ao sentimento ou à sensação; tampouco a segunda acepção do vocábulo (ditame, juízo) convém inteiramente ao que quero exprimir. É algo que está entre o pensamento e a sensação, o sentimento e a idéia. Os japoneses usam a palavra *kokoro*: coração. Mas já em sua época José Juan Tablada advertia que era uma tradução enganosa: "kokoro é mais, é o coração e a mente, a sensação e o pensamento e as próprias entranhas, como se aos japoneses não lhes bastasse sentir só com o coração" [5]. As vacilações que experimentamos ao tentar traduzir esse termo, a forma em que os dois sentidos, o afetivo e o intelectual, nele se fundem sem fundir-se completamente, como se es-

(5) José Juan Tablada: *Hiroshigué*, México, 1914.

tivesse em perpétuo vaivém entre um e outro, constitui precisamente o sentido (os sentidos) de *sentir*.

Em um ensaio recente Donald Keene assinala que esta indeterminação é um traço constante da arte japonesa e ilustra sua afirmação com o conhecido haiku de Bashô:

La rama seca
Un cuervo
Otoño-anochecer.*

O original não diz se sobre o galho seco pousou apenas um corvo ou vários; por outro lado, a palavra anoitecer pode referir-se ao fim de um dia de outono ou a um anoitecer em fins de outono. Ao leitor compete escolher entre as diversas possibilidades que o texto oferece mas, e isto é essencial, sua decisão não pode ser arbitrária. A Capela Sixtina, diz Keene, apresenta-se como algo perfeito e acabado: ao solicitar nossa admiração, mantêm-nos à distância; o jardim de Ryoanji, feito de pedras irregulares sobre um espaço monocromo, convida-nos a refazê-lo e abre-nos a porta da participação. Poemas, quadros: objetos verbais ou visuais que se oferecem simultaneamente à contemplação e à ação imaginativa do leitor ou do espectador.

Já foi dito que na arte japonesa há uma espécie de exageração dos valores estéticos que, com freqüência, degenera nessa enfermidade da imaginação e dos sentidos chamada "bom gosto", um implacável gosto que confina em um extremo com um rigor monótono e noutro extremo com um alambicamento não menos tedioso. O contrário também é certo e os poetas e pintores japoneses poderiam dizer com Yves Bonnefoy: *A imperfeição é o cume*. Essa imperfeição, como já se viu, não é realmente imperfeita: é voluntário inacabamento. Seu verdadeiro nome é consciência da fragilidade e precariedade da existência, consciência daquele que se sabe perdido entre um abismo e outro. A arte japonesa, em seus momentos mais tensos e transparentes, revela-nos esses instantes — porque são apenas um instante — de equilíbrio entre a vida e a morte. Vivacidade: mortalidade.

O poema clássico japonês (*tanka* ou *waka*) é composto de cinco versos divididos em duas estrofes, uma de três linhas e outra de dois: 3/2. A estrutura dual do tanka deu origem ao *renga*, sucessão de tankas escrita geralmente não por um poeta mas por vários: 3/2/3/2/3/2/3/2... Por sua vez o renga adotou, a partir do século XVI, uma modalidade engenhosa, satírica e coloquial. Este gênero

---

(*) Mantemos a tradução original de Octávio Paz, neste e em outros exemplos, dando, quando necessária, uma versão literal. (N. do T.)

se chamou *haikai no renga*. O primeiro poema da seqüência chamava-se *hokku* e quando o renga haikai dividiu-se em unidades soltas — seguindo assim a lei da separação, reunião e separação que parece reger a poesia japonesa — a nova unidade poética chamou-se *haiku*, composto de haikai e hokku. A transformação do renga tradicional, regido por uma estética severa e aristocrática, no renga haikai, popular e humorístico, deve-se antes de tudo aos poetas Arakida Moritake (1473-1549) e Yamazaki Sokán (1465-1553). Um exemplo do estilo rápido e feito de contrastes de Moritake.*.

> Noche de estío:
> el sol alto despierto,
> cierro los párpados.

Outro exemplo da vivacidade engenhosa mas não isenta de afetação do novo estilo é este poeminha de Sokán:

> Luna de estío:
> si le pones un mango,
> un abanico[6]!

O haikai de Sokán e Moritake opõs à tradição cortesã e requintada do renga um saudável horror ao sublime e uma perigosa inclinação pela imagem artificiosa e o jogo de palavras (ou trocadilho). Ademais significou sobretudo o aparecimento na poesia japonesa de um elemento novo: a linguagem da cidade. Não a chamada "linguagem popular" — vaga expressão com que se pretende designar a linguagem do campo, arcaica e tradicional — mas simplesmente a *fala da cidade*: a linguagem da burguesia urbana. Uma revolução poética semelhante, neste sentido, às que ocorreram no Ocidente, primeiro no período romântico e depois em nossos dias. A fala do século, diria eu, para distingui-la das falas sem tempo do camponês, do clérigo e do aristocrata. Irrupção do elemento histórico e portanto *crítico* na linguagem poética.

(*) Versões literais dos poemas:
Noite de estio: / o sol alto desperto, / fecho as pálpebras.
Lua de estio: / se lhe pões um cabo, / um leque!
(6) Antônio Machado glosou este poema em *Nuevas Canciones* (1925):

> A una japonesa
> le dijo Sokán:
> con la luna blanca
> te abanicarás,
> com la luna blanca
> a orillas del mar.

Apesar de que uma de suas virtudes fosse a reticência, neste caso Machado não resistiu à tendência muito hispânica e hispano-americana da explicação e da reiteração. Em sua paráfrase desapareceu a sugestão, essa parte *não expressa* do poema e na qual está realmente a poesia.

Matsunaga Teitoku (1571-1653) é outro elo da cadeia que leva a Bashô. Teitoku tentou regressar à linguagem mais convencionalmente poética e intemporal do antigo renga, mas sem abandonar a inclinação de seus antecessores pelo brilhante. Antes exagerou-a até uma insolência briosa:

> Hora del tigre:
> niebla de primavera
> ¡también rayada!

Esta maneira crispada pode produzir poemas menos engenhosos e mais verdadeiros, como este de Nishiyama Soin (1605-1682), fundador da escola *Danrin*:

> Lluvia de mayo:
> es hoja de papel
> el mundo entero.

Sem dúvida Bashô tinha em mente este poema quando disse: "se não fosse Soin ainda estaríamos lambendo os pés do velho Teitoku". A Bashô coube converter esses exercícios de estética artificiosa em experiências espirituais. Ao ler Teitoku sorrimos diante da surpreendente invenção verbal; ao ler Bashô, nosso sorriso é de compreensão e não se deve temer o vocábulo, piedade. Não a piedade cristã e sim esse sentimento de universal simpatia com tudo o que existe, essa fraternidade na impermanência com homens, animais e plantas, que é o melhor que nos foi legado pelo budismo. Para Bashô a poesia é um caminho até uma espécie de beatitude instantânea e que não exclui a ironia nem significa fechar os olhos diante do mundo e dos seus horrores. Em sua maneira indireta e quase oblíqua, Bashô nos coloca diante de visões terríveis; muitas vezes a existência, a humana e a animal, revela-se simultaneamente como uma dor e uma obstinada vontade de perseverar nesta dor [*]:

> Carranca acerba:
> su gaznate hidrópico
> la rata engaña.

Ao expressionismo deste quadro do rato com a garganta ressequida bebendo a água gelada do esgoto, sucedem outras visões — não contraditórias mas em oposição complementária — nas que a contemplação estética resolve-se em

(*) Versão literal:
Canal azedo / sua garganta hidrópica / engana o rato.

visão da unidade dos contrários. Uma experiência que é percepção simultânea da identidade da pluralidade e de sua vacuidade final *:

> Narciso y biombo:
> uno al otro ilumina,
> blanco en lo blanco.

O poeta traça em três linhas a figura da iluminação e, como se fôsse um floco de algodão, sopra sobre a mesma, dissipando-a. A verdadeira iluminação, parece dizer-nos, é a não-iluminação.

Uma réplica em negro, tanto no sentido físico da palavra como no moral, do poema de Bashô, é este de Oshima Ryata (1718-1787):

> Noche anochecida,
> oigo al carbón cayendo,
> polvo, en el carbón.

Recursos de Ryata: contra o negro, o verde; contra a cólera, a árvore:

> Vuelvo irritado
> — mas luego, en el jardín:
> el joven sarce.

Rivaliza com o poema que acabo de citar um haiku de Enamato Kikaku (1661-1707), um dos melhores e mais pessoais discípulos de Bashô. No poema de Kikaku há uma corajosa e quase prazenteira afirmação da pobreza como uma forma de comunhão com o mundo natural:

> Ah, el mendigo!
> El verano lo viste
> de tierra y cielo.

Em um haiku de outro discípulo de Bashô, também excelente poeta: Hattori Ransetsu (1654-1706), até a sombra adquire uma diafaneidade cristalina:

> Contra la noche
> la luna azules pinos
> pinta de luna.

(*) Versões literais:
Narciso e biombo / um ao outro ilumina / branco no branco.
Noite anoitecida, / ouço o carvão caindo, / pó, no carvão
Volto irritado / — mas logo, no jardim: / o jovem salgueiro.
Ah, o mendigo! / O verão veste-o / de terra e céu.
Contra a noite / a lua pinheiros azuis / pinta de lua.

A noite e a lua, luz e sombra que se interpenetram, vitória cíclica do obscuro seguida pelo triunfo do dia *:

> El Año Nuevo:
> clarea y los gorriones
> cuentan sus cuentos.

Uma madrugada dessas despertaram-me mais cedo do que de costume a aurora e os pássaros. Peguei um lápis e sobre um pedaço de papel escrevi o seguinte:

> Clarea y los gorriones
> cuentam sus cuentos:
> es hoy Año Nuevo?)

Entre os sucessores de Basno ná um, Kobayashi Issa (1763-1827), que rompe com a reticência japonesa, mas não para cair na confissão à moda ocidental e sim para descubrir e acentuar uma relação pungente, dolorosa, entre a existência humana e o destino dos animais e plantas. Fraternidade cósmica na dor, comunidade na condenação universal, sejamos homens ou insetos:

> Para el mosquito
> también la noche es larga,
> larga y sola.

O regresso à aldeia natal, como sempre, é uma nova ferida:

> Mi pueblo: todo
> lo que encuentro y toco
> florece en zarza.

Quem não recordou, em certas fisionomias, o animal imundo? Mas poucos com a intensidade e naturalidade de Issa:

> En esa cara
> hay algo, hay algo......qque?
> Ah, sí, la víbora.

Se o horror faz parte do sentimento do mundo de Issa, em sua visão há também simpatia e uma espécie de resignação jubilosa:

> Al Fuji subes
> despacio — pero subes,
> caracolito.

(*) Versões literais:
O Ano Novo: / clareia e os gorriões / contam seus contos.
Para o mosquito / também a noite é longa / longa e solitária.
Minha aldeia: tudo / que encontro e toco / floresce em sarça.
Nesse rosto / há algo, há algo... o quê? / Ah, sim, a víbora.
Sobes o Fuji / devagar — mas sobes, / pequeno caracol.

Miro en tus ojos,
caballito del diablo,
montes lejanos.

* * *

Mundo — rocío,
duras lo que el rocío,
si, pero... pero...

* * *

Maravilloso:
ver entre las rendijas
la Vía Láctea *.

Não me referirei à influência da poesia japonesa nas de língua inglesa e francesa: é uma história muito conhecida e já foi contada várias vezes. A história dessa influência na poesia de nosso idioma, tanto na América quanto na Espanha, é muitíssimo menos conhecida e ainda não existe um bom estudo sobre o tema. Uma deficiência, mais uma, de nossa crítica. Aqui me limitarei a recordar que entre os primeiros que se ocuparam da arte e da literatura japonesas encontram-se, em princípios do século, dois poetas mexicanos. Efrén Rebolledo e José Juan Tablada. Ambos viveram no Japão, o primeiro vários anos e o segundo, em 1910, alguns meses. Tal inclinação nasceu, sem dúvida, por contágio francês: o livro que Tablada consagrou a Hiroshigué — talvez o primeiro estudo em nossa língua sobre esse pintor — foi dedicado à "venerada memória de Edmundo de Gongourt". Apesar de Rebolledo ter conhecido o Japão mais intimamente do que Tablada sua poesia nunca foi mais além da retórica "modernista"; entre a cultura japonesa e sua visão interpôs-se sempre a imagem estereotipada dos poetas franceses de fim do século e seu Japão foi um exotismo parisiense mais do que uma descoberta hispano-americana. Tablada começou como Rebolledo, mas logo descobriu na poesia japonesa certos elementos — economia verbal, humor, linguagem coloquial, amor pela imagem exata e insólita — que o impulsionaram a abandonar o modernismo e a buscar uma nova maneira de exprimir-se.

Em 1918 Tablada publicou *Al sol y bajo la luna*, um livro de poemas com um prólogo em verso por Leopoldo Lugones. Naqueles anos o poeta argentino era considerado, com razão, como o único poeta da língua comparável a Da-

---

(*) Versões literais:
Vejo em teus olhos / cavalinho do cão / montanhas distantes.
Mundo — orvalho, / duras o mesmo que o orvalho / sim, mas... mas...
Maravilhoso: / ver por entre as frinchas / a Via Láctea.

río; sua poesia (agora o sabemos) anunciava e preparava a de vanguarda. O livro do mexicano era ainda modernista e sua relativa novidade residia no aparecimento desses elementos irônicos e coloquiais que os historiadores de nossa literatura viram como constitutivos dessa tendência que chamam, com notória inexatidão, *pós-modernismo*. Essa tendência é uma invenção dos manuais: o *pós-modernismo* é apenas a crítica que, dentro do modernismo e sem ultrapassar o seu horizonte estético, fazem ao modernismo alguns poetas modernistas. É a descendência, via Lugones, do simbolista anti-simbolista Laforgue. Além desta nota crítica, havia outro elemento no livro de Tablada que anunciava sua futura, iminente transformação: o número aumentado de poemas com assunto japonês, entre eles um, muito celebrado em seu tempo, dedicado a Hokusai. No ano seguinte, em 1919, Tablada publicou em Caracas um livro delgado: *Un día...* Era quase um caderno e compunha-se exclusivamente de haiku, os primeiros que se escreveram em nossa língua. Um ano depois aparece *Li-po*, um volume de poemas ideográficos nos quais Tablada segue de perto o Apollinaire de *Calligrammes* (embora também figurem nesta coleção poemas mais pessoais, entre eles o inesquecível e perfeito *Nocturno alterno*). Em 1922, em Nen York: *El jarro de flores*, outro volume de haiku. Por esses anos Vicente Huidobro publica *Ecuatorial, Poemas Árticos* e muitos outros textos poéticos, em espanhol e em francês, que iniciam a grande transformação experimentada poucos anos depois pela poesia de língua castelhana. Na mesma direção de exploração e descoberta situa-se a poesia de Tablada. O mexicano foi o que se chama um "poeta menor", sobretudo se comparado a Huidobro, mas sua obra, em sua estrita e voluntária limitação, foi uma das que ampliaram as fronteiras de nossa poesia. E as ampliaram em dois sentidos: no espaço, para outros mundos e civilizações; no tempo, para o futuro: a vanguarda. Dupla injustiça: o nome de Tablada não figura em quase nenhum dos estudos sobre a vanguarda hispano-americana nem sua obra aparece nas antologias hispano-americanas. É lamentável. Suas pequenas e concentradas composições poéticas, além de ser a primeira transplantação do haiku para o espanhol, foram realmente algo novo em seu tempo. A tal ponto o foram e com tal intensidade que, ainda hoje, muitas delas conservam intactos seus poderes de surpresa e seu frescor. De quantas obras mais pretensiosas pode dizer-se o mesmo?

Tablada chamou sempre a seus poemas *haikai* e não, como é costume agora, *haiku*. No fundo, segundo se verá, não lhe faltava razão. Suas breves composições, ainda que dispostas geralmente em seqüências temáticas, podem considerar-se como poemas soltos e neste sentido são haiku; ao mesmo tempo, por sua construção engenhosa, sua ironia e seu amor pela imagem brilhante, são haikai *:

> Pavo real, largo fulgor:
> por el gallinero demócrata
> pasas como una procesión.

Tablada está quase sempre mais próximo de Teitoku do que de Bashô:

> Insomnio:
> en su pizarra negra
> suma cifras de fósforo.

* * *

> Por nada los gansos
> tocan alarma
> en sus trompetas de barro.

O poeta mexicano conserva a estrutura tripartida do haiku, embora pouquíssimas vezes se ajuste ao seu esquema métrico (17 sílabas: 5/7/5). Mas há um exemplo de perfeita adaptação métrica e de real poesia:

> Trozos de barro:
> por la senda en penumbra
> saltan los sapos.

Uma objetividade quase fotográfica que, por sua própria precisão, libera esse sentimento indefinível que nos produz o recordar de uma caminhada ao entardecer por um caminho molhado. Em seus momentos mais afortunados a objetividade de Tablada confere a tudo o que os seus olhos descobrem um caráter quase religioso de *aparição*:

> Tierno saúz:
> casi oro, casi ámbar,
> casi luz.

À imagem visual justapõe, com rara maestria, a fricção das sílabas e dos fonemas:

> Peces voladores
> al golpe del oro solar
> estala en astillas el vidrio del mar.

(*) Versões literais:
Pavão real, grande fulgor: / pelo galinheiro democrata / passas como uma procissão.
Insônia: / em sua lousa negra / soma cifras de fósforo.
Por nada os gansos / tocam o alarme / em suas trombetas de barro.
Pedaços de barro / pela senda em penumbra / saltam os sapos.
Tenro agnocasto: / quase ouro, quase âmbar, / quase luz.
Peixes voadores / ao golpe do ouro solar / estala em estilhaços o vidro do mar.

Tablada concebe o haiku como a união de duas realidades em algumas poucas palavras, poética tão próxima de Reverdy como de seus mestres japoneses. Citarei agora dois poemas que são duas visões absolutamente modernas, o primeiro pela aliança do cotidiano e do insólito, o segundo pelo humor e pelas associações verbais e visuais entre a lua e os gatos *:

> Juntos en la tarde tranquila
> vuelan notas de Ángelus,
> murciélagos y golondrinas.

* * *

> Bajo mi ventana la luna en los tejados
> y las sombras chinescas
> y la música china de los gatos.

Quase nunca sentimental e decorativo, o poeta mexicano alcança em alguns de seus haiku uma difícil simplicidade que talvez tivesse merecido a aprovação de Bashô. Neles o humor se torna cumplicidade, comunidade de destino com o mundo animal, isto é, com o mundo:

> Hormigas sobre un
> grillo inerte. Recuerdo
> de Gulliver en Liliput.

* * *

> Mientras lo cargan
> sueña el burrito amosquilado
> en paraísos de esmeralda.

* * *

> El pequeño mono me mira
> ¡quisiera decirme
> algo que se le olvida!

A obra de Tablada é breve e desigual: viveu do jornalismo e o jornalismo findou por devorá-lo. Morreu em 1945 e ainda não foi possível publicar-se no México um volume com os seus poemas e alguns textos em prosa (crô-

---

(*) Versões literais:
Juntos na tarde tranqüila / voam notas de Ângelus / morcegos e andorinhas.
Sob a minha janela a lua nos telhados / e as sombras achinesadas / e a música chinesa dos gatos.
Formigas sobre um / grilo inerte. Recordação / de Gulliver em Lilíput.
Enquanto o carregam / sonha o burrinho cheio de moscas / com paraísos de esmeralda.
O pequeno mono me olha / quereria dizer-me / algo que não se lembra!

nicas e críticas de arte) que valham a pena serem resgatados. Seu último livro de poemas, *La feria,* apareceu em 1928. Deve haver poemas não recolhidos em volume. Coube-me descobrir um, em francês: "La croix de Sud": é a segunda parte de *Offrandes,* uma cantata composta por Edgar Varèse em 1922; para a primeira parte Varèse utilizou um poema de Huidobro, também em francês... Até pouco tempo, além de se julgar sua poesia insignificante, tinha-se Tablada por um semiletrado ingênuo e vítima de um orientalismo descabelado. A costumeira, inapelável condenação em nome da cultura clássica e do humanismo greco-romano e cristão. Uma cultura em decomposição e um humanismo que ignora que o homem é os homens e a cultura as culturas. Certo, as idéias filosóficas e religiosas de Tablada eram uma curiosa mistura de budismo real e de ocultismo irreal, mas que dizer então de Yeats e Pessoa? Não é possível duvidar de sua familiaridade com a cultura japonesa ainda que, é claro, a sua não tenha sido a familiaridade do erudito ou do *scholar*. Seu conhecimento da escrita japonesa deve ter sido rudimentar, o que não impede que seus livros e artigos revelem um conhecimento nada comum da linguagem, dos costumes, das idéias e das tradições desse país. Escrever um livro sobre Hiroshigué em 1914 (em espanhol!) era algo talvez raro, mas não excepcional; mas sim o foi que nesse livro Tablada falasse também, com discrição e gosto, do teatro Nô e de Bashô, de Chikamatsu e de Takizawa Bakin. Outro dado de interesse: grande aficcionado das artes plásticas, conseguiu reunir em sua casa de Coyoacán mais de mil estampas de artistas japoneses, uma coleção que dispersou ao abandonar o país, em 1915. Dito tudo isto, repito: Tablada não é memorável pela sua erudição, mas pela sua poesia.

Quais foram os modelos que inspiraram a sua adaptação do haiku para o espanhol? Se lhe damos crédito, sua tentativa foi independente das que por esses anos se faziam na França e em língua inglesa. Como o seu testemunho pode ser tachado de parcial, mais vale ater-se aos dados da cronologia: as experiências francesas foram anteriores às dos "imaginistas" anglo-americanos e às de Tablada; assim, é possível que Tablada tenha seguido o exemplo da França embora, é preciso dizê-lo, os haiku do mexicano me pareçam mais vivos e originais do que os dos poetas franceses. Ou seja: houve estímulo, não influência nem imitação. No que se refere ao *imagism* de Pound, Hulme e seus amigos ingleses e norte-americanos: Tablada conhecia bem o inglês, mas não creio que por esses anos lhe interessasse muito a poesia inglesa. Ao contrário disso, por sua correspondência com López Velarde sabemos que seguia muito de perto o que ocorria em Paris. Foi um dos pri-

meiros hispano-americanos que falou de Apollinaire e seus
caligramas o entusiasmaram. Nada mais natural: via neles
o que ele mesmo se propunha fazer, a união da vanguarda
com a poesia e a caligrafia do oriente. Em suma, Tablada
recolhe e exprime as tendências da época, mas seria falso
falar de imitação ou mesmo de influência. As fontes de
seu haiku não foram os escritos por poetas franceses e anglo-americanos e sim os próprios textos japoneses. Em primeiro lugar, as traduções para o inglês e para o francês;
em seguida, a leitura mais ou menos direta dos originais
com a ajuda de amigos e conselheiros japoneses.

A influência de Tablada foi instantânea e se estendeu
a toda a língua. Imitaram-no muitíssimo e, como sempre
ocorre, a maioria dessas imitações foi parar nas enormes
varreduras da literatura não lida. Mas houve algo mais
e melhor do que as imitações descoloridas e os exageros ca-
ricaturescos: os poetas jovens descobriram no haiku de
Tablada o humor e a imagem, dois elementos centrais da
poesia moderna. Descobriram também que algo fôra esquecido pelos poetas de nosso idioma: a economia verbal
e a objetividade, a correspondência entre o que as palavras dizem e o que os olhos contemplam. A prática do haiku foi (é) uma escola de concentração. Na obra juvenil
de muitos poetas hispano-americanos dessa época, entre
1920 e 1925, é visível o exemplo de Tablada. No México
a lição foi recolhida pelos melhores: Pellicer, Villaurrutia,
Gorostiza. Anos depois o poeta equatoriano Jorge Carrera Andrade redescobriu por sua conta o haiku e publicou
um precioso livrinho: *Microgramas* (Tóquio, 1940). Na
Espanha o fenômeno é um pouco mais tardio do que na
América: há um momento japonês em Juan Ramón Jiménez e outro em António Machado; ambos foram pouco estudados. O mesmo sucede com a poesia juvenil de García
Lorca. Nos três poetas há uma curiosa aliança de dois elementos díspares: o haiku e a copla popular. Díspares pelo
espírito, não pela métrica: tanto a *seguidilla* como o *tanka*
e o haiku são compostos por versos de cinco e sete sílabas.
A diferença é que o tanka é um poema de cinco linhas, o
haiku de três e a *seguidilla* de quatro (7/5/7/5). Não
obstante, na segunda estrofe de uma combinação menos
freqüente, a *seguidilla* composta, surge uma duplicação do
haiku: 7/5/7/5: : 5/7/5. A analogia métrica não faz
outra coisa, aliás, do que sublinhar as diferenças profun-
das entre estas duas formas: na seguidilha a poesia se alia
à dança, é canto e bailado, enquanto que no haiku resolve-se em silenciosa contemplação, seja pictórica como em
Buson, seja espiritual como em Bashô. Nenhum dos três
poetas espanhóis — Jiménez, Machado e García Lorca —
inspiraram-se no haiku por sua semelhança métrica com a

seguidilha, embora esta semelhança sem dúvida deva tê-los impressionado, e sim porque viram nessa forma japonesa um modelo de concentração verbal, uma construção de extraordinária simplicidade feita de umas quantas linhas e uma pluralidade de reflexos e alusões. Teriam lido os poemas de Tablada? Parece impossível que os ignorassem. Um indício: Enrique Díez-Canedo, o primeiro a assinalar a influência do haiku nas *Nuevas Canciones* de António Machado, conhecia e admirava a poesia de Tablada. É revelador, por outro lado, que o haiku tenha sido para Tablada, ao inverso do que se deu com os poetas espanhóis, uma ruptura da tradição e não uma ocasião para regressar à mesma. Atitudes contraditórias (complementárias) da poesia espanhola e da hispano-americana.

Depois da Segunda Guerra Mundial os hispano-americanos voltam a se interessar pela literatura japonesa. Citarei, entre muitos outros exemplos, nossa tradução de *Oku no Hosomichi* e o número consagrado pela revista *Sur* às letras modernas do Japão. Já assinalei que a atitude contemporânea difere da de há cinqüenta anos atrás: não só é menos estética como também é menos etnocêntrica. O Japão deixou de ser uma curiosidade artística e cultural: é (foi?) outra visão do mundo, distinta da nossa mas não melhor nem pior; não um espelho e sim uma janela que nos mostra outra imagem do homem, outra possibilidade de ser. Dentro dessa perspectiva o realmente significativo não é talvez a tradução de textos clássicos e modernos e sim a reunião, em abril de 1969, em Paris, de quatro poetas com o objetivo de compor um renga, o primeiro no Ocidente. Os quatro poetas foram o italiano Edoardo Sanguineti, o francês Jacques Roubaud, o inglês Charles Tomlinson e o mexicano Octavio Paz. Um poema coletivo escrito em quatro línguas, mas fundado em uma tradição poética comum. Nossa tentativa foi, a seu modo, uma verdadeira tradução: não de um texto, mas de um *método para compor textos*. Não são difíceis de adivinhar as razões que nos moveram a empreender essa experiência: a prática do renga coincide com as preocupações maiores de muitos poetas contemporâneos, tais como a aspiração de uma poesia coletiva, a decadência da noção de autor e a correlativa preeminência da linguagem em relação ao escritor (as línguas são mais inteligentes do que os homens que as falam), a introdução deliberada do acaso concebido como um homólogo da antiga inspiração, a indistinção entre tradução e obra original... O haiku foi uma crítica da explicação e da reiteração, essas enfermidades da poesia; o renga é uma crítica do autor e da propriedade privada intelectual, essas enfermidades da sociedade.

Sendas de Oku aparece agora em uma versão revista. Ao corrigir as traduções dos poemas procurei ajustar-me à métrica dos originais. Em todos os casos prescindo da rima: a poesia japonesa não a utiliza, embora exceda em paronomásias, aliterações e outros jogos verbais. Também são novas as versões dos poemas que cito em *A poesia de Bashô*. Por último: acrescentei 23 notas às 70 de Eikichi Hayashiya que a primeira edição trazia. Na verdade, esta edição é *outro* livro... Depois destes esclarecimentos deveria cortar este prólogo sinuoso e prolixo, mas parecer-me-ia trair Bashô não acrescentar algo mais: sua simplicidade é enganosa, lê-lo é uma operação que consiste em ver através de suas palavras. O poeta Mukai Kyorai (1651?-1704), um dos seus discípulos, explica melhor do que eu o significado da transparência verbal de Bashô. Um dia Kyorai mostrou este haiku a seu mestre:

> Cima de la peña:
> allí también hay otro
> huésped de la luna.

Em que pensava quando o escreveu? perguntou-lhe Bashô. Respondeu Kyorai: Uma noite, enquanto caminhava na colina sob a lua de verão, tratando de compor um poema, descobri no alto de um rochedo outro poeta provavelmente também pensando em um poema. Bashô moveu a cabeça: Teria sido muito mais interessante se as linhas: "ali também há outro/hóspede da lua" se referissem não a outro, mas a ti mesmo. O tema desse poema deveria ser você, leitor.

Cambridge, 22 de março de 1970

STÉPHANE MALLARMÉ: *O soneto em ix.*

Comentário

1) *Ao Poema*

Conhecem-se duas versões deste soneto. A primeira é de 1868 e ostenta um título que Sor Juana teria invejado: *Soneto alegórico de si mesmo*. A segunda, definitiva, apareceu em *Poésies*, em 1887, sem título. As diferenças entre uma versão e outra são notáveis e o seu exame requereria um estudo separado. Contento-me aqui em assinalar que essas mudanças não revelam uma modificação essencial da poética de Mallarmé, mas só uma exigência maior e uma concentração verbal mais rigorosa.

Desde a sua publicação este soneto assombrou, irritou, intrigou e maravilhou. À parte as dificuldades sintáticas e de interpretação, o vocabulário apresenta vários enigmas.

O mais árduo: o significado de *ptyx*. Em uma carta datada de 13 de maio de 1868, dirigida a Eugène Lefébure, o poeta confia a seu amigo: "escrevi um soneto e tenho apenas três rimas em *ix;* procure averiguar o sentido real do vocábulo ptyx: parece-me que não existe em nenhum idioma, o que não deixa de alegrar-me pois ficaria encantado de tê-lo criado pela magia da rima". A senhora Émilie Noulet, acho, elucidou o mistério: "se nos remontamos à origem grega da palavra, ficamos conscientes de que a idéia de dobra é fundamental... ptyx significa uma concha, um desses caracóis que ao aproximarmos do ouvido nos dão a sensação de escutar o rumor do mar" (*Oeuvre poétique de Mallarmé*, Paris, 1940). A maioria dos críticos coincide com a interpretação da escritora belga. Outro escolho: *nixe*. É um germanismo: o poeta alude aos espíritos aquáticos da mitologia germânica. As nixes correspondem às ninfas e náiades dos mitos latinos.

Parte da celebridade do soneto deve-se às rimas. Mallarmé não segue o esquema tradicional (ABBA:ABBA e CDE:CDE) e sim utiliza-se de rimas cruzadas (ABAB:ABAB,/CCD no primeiro tercêto e CDC no segundo). Nos quartetos as rimas são em *ix* e em *ore;* nos tercetos, em *ixe* e em *or*. Extrema economia e dificuldade não menos extrema. Esta simplicidade estrita provoca uma música surda e ritual — cabalística, dizia o poeta.

Outra particularidade: a composição está formada unicamente por duas frases, uma que compreende os quartetos e a outra os tercetos. A estrutura sintática dual subdivide-se, por sua vez, na estrutura retórica tradicional: dois quartetos e dois tercetos. Mallarmé restitui o soneto ao seu esquema estrófico essencial: uma oitava e um sexteto. Ou seja: regressa ao dualismo neoplatônico que, em sua origem, inspirou a esta forma poética. Pois bem, desde a sua introdução na França, e o mesmo aconteceu em Espanha e Portugal, o soneto adotou, regra geral, a divisão sintática quadripartida que os poetas italianos, sobre-

(1) O soneto inglês elisabetano é uma feliz anomalia: três quartetos e uma parelha. Uma circunstância notável, que não sei se os nossos críticos examinaram em toda a sua devida amplitude: ao transplantar o soneto da Itália os poetas franceses e ingleses converteram-no no veículo dos metros tradicionais de seus idiomas respectivos: o alexandrino e o pentâmetro jâmbico; em compensação, na Espanha o hendecassílabo tomou o lugar dos metros tradicionais. Se a adoção espanhola do soneto tivesse sido semelhante à francesa, Garcilaso e Boscán teriam escrito os seus sonetos em versos de arte maior, ou em hendecassílabos anapésticos. Assim não sucedeu e o hendecassílabo acabou com o verso de arte maior. De certo modo, ao popularizar o soneto em alexandrinos os modernistas retificaram, em favor da tradição, a revolução de Garcilaso. Mas não puderam ou não quiseram ressuscitar o verso de arte maior, o que é uma pena. Este verso, com a oscilação métrica de seus hemistíquios, que podem ser de cinco e de sete sílabas, e que possuem grande variedade de acentuações, está mais próximo do ritmo natural da fala espanhola. O verso de arte maior espera um Darío que se treva a manejá-lo: pode ser solene e simples, reflexivo e humorístico, próximo da prosa — e do canto.

tudo Petrarca, tinham-lhe dado: quatro frases, uma em cada um dos quartetos e tercetos[1]. Embora, como é claro, não se tratasse de uma regra inflexível e expressa e sim de uma tendência implícita, os poetas franceses do século XIX seguiram-na quase sempre, de Nerval aos parnasianos, sem excluir Rimbaud e Verlaine[2]. A maioria dos sonetos estão compostos, tanto em francês como em italiano, espanhol e português, por quatro frases: o primeiro quarteto é uma exposição, o segundo a sua negação ou alteração, o primeiro terceto a crise e o último o desenlace. O soneto é uma proposição ou, melhor dizendo, quatro proposições encadeadas por uma lógica não menos rigorosa que a que liga os membros de um silogismo. Sem alterar esta estrutura lógico-poética, Mallarmé atenua a oposição entre quarteto e quarteto e entre terceto e terceto. As relações entre as quatro partes de um soneto tradicional poderiam representar-se assim (a e a^1 designam os quartetos, b e b^1 os tercetos):

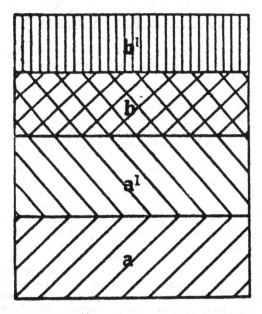

A representação gráfica do "soneto em ix" seria:

(2) Uma rápida folheada das *Fleurs du Mal* revelou-me estas exceções: *Sed non satiata, Les ténèbres, La lune offensée, Le couvercle*... Poucas, numa obra abundante de sonetos. Em Rimbaud encontro: *Voyelles*, que se compõe de uma só frase.

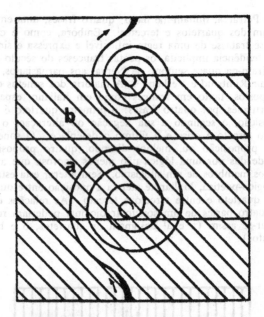

A primeira frase se enrola como uma espiral que se enrosca até anular-se; a segunda se desenrosca até confundir-se com o universo — e dissipar-se[3].

Em fins de 1868, Henri Cazalis (Jean Labor) pede a Mallarmé uma colaboração para o livro *Sonetos e águas-fortes*, preparado pelo editor Lemerre. O poeta envia-lhe a primeira versão do soneto e uma carta que contém preciosas indicações: "é um soneto inverso, quero dizer: o sentido, se tem algum (resignar-me-ia facilmente a que não o tivesse, graças à dose de poesia que, parece-me, contém), é evocado pelo espelhismo das próprias palavras... É pouco plástico mas, pelo menos, é muito *branco e preto*, como pedes; creio que poderia prestar-se a uma água-forte cheia de Sonho e Vazio. Por exemplo, uma janela noturna, as duas persianas fechadas; um quarto com ninguém dentro dele, apesar do ar estável sugerido pelas persianas fechadas e, em uma noite tecida de ausência e interrogação, sem móveis, salvo o esboço plausível de vagos consolos, a moldura, belicosa e agonizante, de um espelho suspenso ao fundo, com o reflexo, estelar e incompreensível, da Ursa Maior, que une ao céu somente esta habitação abandonada do mundo". A descrição de 1868 coincide ponto por ponto com a versão definitiva de 1887. Procu-

---

(3) Seria curioso representar as duas frases do soneto por meio do "branching diagram" empregado por Noam Chomsky em seus estudos de gramática gerativa.

188

rarei agora, servindo-me destas indicações e das observações de Gardner Davies (*Mallarmé et le drame solaire*, Paris, 1959), descrever o soneto como o lugar, deserto, onde se representa um drama, um rito.

O personagem do primeiro quarteto é a Angústia. Na primeira versão era a Noite. A angústia é uma metáfora da noite e, particularmente, da meia-noite: fim de um dia e começo de outro. Hora angustiosa porque nela a unidade do tempo e sua continuidade parecem romper-se: sairá o sol outra vez, ressuscitará das cinzas de seu "sonho vesperal" ou a hora assinala o começo de uma obscuridade sem limites e sem tempo? Apesar das sucessivas certezas que lhe foram dadas pela magia, pela religião e pela ciência, o homem se repete esta pergunta desde a sua aparição sobre a terra. A angústia levanta os braços e sustém entre as mãos, como esses porta-círios da antigüidade, todos os sonhos do crepúsculo, que são sonhos de consumação e de ressurreição. A Fênix (o sol) queimou-os e nenhuma urna guarda essas cinzas. Negro total — impessoal e cósmico. Único reflexo: o ônix das unhas da angústia, como uma oferenda. Em uma nota à sua tradução do tratado de mitologia de George Cox (*Les dieux antiques*), Mallarmé diz: "a mudança das estações, o nascimento da natureza na primavera, sua plenitude estival, sua morte no outono e seu desaparecimento durante o inverno (fases que correspondem à aurora, ao meio-dia, ao crepúsculo e à noite), é o grande e perpétuo tema da Mitologia, a dupla evolução solar, cotidiana e anual... *a tragédia da natureza*". Assim, o primeiro quarteto apresenta-nos um aspecto, o final, dessa tragédia — em sua fase cotidiana. A hora é meia-noite, homólogo, no ciclo diário, do solstício de inverno no anual. A meia-noite, por sua vez, é a angústia: a consciência indecisa, assaltada pelo horror do inesperado e rodeada de sombras. Essa consciência é impessoal: não é o poeta o que interroga mas o próprio universo que, ao tocar o ponto extremo de seu desamparo, transformou-se em indagação e espera. A angústia não é psicológica: é uma fase do rito solar. Por meio de sucessivas reduções analógicas, Mallarmé encerra em quatro versos os aspectos noturnos e negativos do drama da natureza: solstício de inverno = meia-noite = angústia.

No segundo quarteto passa-se do mundo natural ao humano. Na sala às escuras, dupla ausência: a do Mestre (o dono da casa, mas também o poeta, o iniciado e o penitente) e a desse objeto enigmático, embora cotidiano, com que o próprio Nada se honra: o ptyx, a concha marinha. O Mestre foi colher pranto no Estige e esse ato possui um triplo sentido: alude a um fato diário, como quando dizemos: fulano não está em casa; é uma descida ao reino subterrâneo, uma iniciação que requer a morte simbólica do neófito e sua ressurreição; e, finalmente, é uma purgação do eu, uma *epoché*: a consciência retira-se de si mesma, esvazia-se e torna-se transparência impessoal. Realismo, mito e experiência intelectual. A tragédia é cósmica e cotidiana, ocorre no céu e no quarto de um burguês. O Mestre não é o autor do drama: sua consciência é o teatro e ele, embora a sua vida esteja em jogo, é mais um reflexo do que um espectador. A mesma analogia que liga a meia-noite à angústia, une o Mestre ao quarto vazio. O Mestre é uma metáfora do Nada: sua consciência de si ou, mais exatamente, seu saber que é somente ausência de si. Transformações analógicas: o quarto = o Mestre (sua consciência vazia) = o Nada. Outro tanto ocorre com o instrumento do poeta: é um *bibelot* oco e sonoro — e é o único objeto com que o Nada se enaltece. O caracol é uma estrutura que se dobra sobre si mesma. Segundo Jean-Pierre Richard (*L'Univers imaginaire de Mallarmé*, Paris, 1961), a dobra é uma forma vital da reflexão: pensar, refletir, "é dobrar-se". Mas a dobra também é carnal: o sexo da mulher se dobra e se esconde sob uma penugem escura. Símbolo reflexivo e erótico, o caracol é também uma moradia, uma casa — tema tão freqüente entre os poetas japoneses como o do simbolismo carnal entre os do Ocidente. E há ainda um sentido, que engloba a todos: o caracol encerra o mar e é assim um emblema da vida universal, de seu morrer e renascer perpétuos. Ao mesmo tempo, o caracol contém apenas ar, é nada. Esta dualidade, semelhante à do Mestre: o poeta e senhor que não está em casa, converte-o simultaneamente em um caco e em um objeto ritual. O caracol, em sua imensa pequenez, resume todas as outras imagens, metáfora das metáforas: solstício de inverno = meia-noite = angústia (universal) = quarto vazio = Mestre = Nada = caracol (caco). Mas a série é reversível, se ao movimento de dobrar-se sucede o de desdobrar-se: caracol (objeto ritual) = Música = Herói (poeta) = Teatro (diálogo, comunidade) = consciência universal = meio-dia = = solstício de verão. O caracol é o ponto de interseção de todas as linhas de força e o lugar de sua metamorfose. Ele próprio é metamorfose.

A conclusão dos quartetos é negativa: obscuridade, ausência. Não obstante, na moldura dourada do espelho uma luz, (um ouro), agoniza. E os espasmos dessa agonia reproduzem os movimentos alterados e violentos de uma cena mitológica pintada ou gravada na moldura do espelho: um grupo de unicórnios em cio ataca uma *nixe* com labaredas e coices de fogo. Nova analogia, agora entre os estertores da morte e a violência erótica e incendiária. O "talvez" do segundo verso denota que a obscuridade do quarto não permite afirmar-se com certeza se a moldura representa esta cena ou se se trata de uma alucinação. O primeiro terceto repete ao nível da fantasia individual — o advérbio de dúvida indica obliquamente que talvez se trate de uma sensação visual — e ao da imaginação mítica (os unicórnios e a nixe) — o tema dos dois primeiros quartetos: o crime da noite, a morte do sol. A relação do primeiro terceto com o primeiro quarteto é muito estreita: o fio de luz da moldura e o ônix das unhas da angústia, a morte pelo fogo dos sonhos vesperais e da ninfa. O sol, o herói solar e viril, em um caso incendeia-se a si mesmo — é a fênix; no outro, convertido em unicórnio, incendeia o objeto desejado: a ninfa. Três representações do que Mallarmé chamava "a tragédia da natureza": a primeira é cósmica, a morte do sol; a segunda é espiritual, o desaparecimento da consciência de si; a terceira é erótica, a violação e a morte da ninfa.

O primeiro verso do segundo terceto consuma a ação do primeiro; a ninfa funde-se no espelho. Nos versos finais opera-se a transformação: as asas negras do espelho fecham-se sobre o corpo da morta e então, como o soar repentino de um gongo que rompe o silêncio, aparecem as sete luminárias da constelação como um septeto. Astronomia e música: transfiguração. O espelho desempenha nos tercetos a mesma função dupla do caracol nos quartetos. É um ornamento do quarto e é o lugar mágico da metamorfose. Reflete-nos e, ao internar-nos em sua enganosa superfície, dissolve-nos. Instrumento de reflexão, o espelho nos oferece uma prova de nossa realidade só para, um instante depois e apenas com um reflexo, desmenti-la; diz que somos imagens: nada. Ao mesmo tempo, é o teatro da metamorfose: negro na sombra, de súbito resplandece e reflete o cintilar das sete estrelas. O espelho projeta no espaço essas luminárias como o caracol lança ao ar as notas da música do mar. Adorno suspenso em uma parede e instrumento de magos e feiticeiros, símbolo da perdição do homem e origem da especulação, o espelho recebe e sepulta o solstício de inverno, a meia-noite, o quarto abandonado, a ninfa morta — a todos esses signos que denotam a consciência vazia — para, por uma espécie de reversão instantânea, transformá-los em cintilações da Ursa Maior. O espelho fecha o soneto e abre-o em seguida, já transformado, ao infinito: nele se afoga a consciência pessoal e nele renasce como consciência pura, acorde com a realidade essencial do mundo.

Talvez seja útil mostrar, em dois quadros, o duplo movimento de dobrar-se e desdobrar-se das duas frases que compõem o soneto e às quais poderíamos chamar de frase-

-caracol e frase-espelho. A primeira, descrevendo só o movimento interior, de concentração — a série descendente de analogias; na segunda, aparecem as duas fases da rotação:

Primeira frase		Segunda frase	
Meia-noite ↓	(Meio-dia ↑	Luz agonizante ↓	Signos fixos brilhantes
Angústia ↓	(Consciência solar) ↑	Rixa erótica (discórdia) ↓	↑ Música (acorde)
Quarto vazio ↓	(Teatro) ↑	Espelho (túmulo, esquecimento)	↑ Espelho
Mestre ↓	(Poeta) ↑		→ (cintilante, página).
Caracol- -bibelot	(Caracol- → -ritual)		

As duas séries de analogias fundem-se em uma única, que as engloba: caracol → espelho. Este último recebe e sepulta os símbolos negativos que se ocultam no caracol para, quase instantaneamente, projetá-los como luz e música. Esses símbolos podem reduzir-se a uma antiga parelha mística e poética: água e fogo, primeiro em oposição e depois fundidos. No primeiro quarteto o fogo é destruidor: a Fênix queima os sonhos vesperais e resolve-se em sombra e cinza; no segundo quarteto, a água, perdidos todos os seus poderes vivificantes, é o rio cinzento dos mortos. No primeiro têrcêto, o fogo reaparece, de novo como destruição: os unicórnios atacam com labaredas a uma ninfa (criatura aquática). Aqui, à diferença do que ocorre nos quartetos, fogo e água se fundem, mas o seu enlace é polêmico. No segundo tercêto, mal desaparece a ninfa na água do espelho, inscrevem-se, sobre esse túmulo líquido, signos musicais e luminosos, as cintilações da Ursa Maior. Como o caracol e o espelho, água e fogo são símbolos duais: criação e destruição. A relação entre a primeira frase e a segunda pode reduzir-se a um esquema tripartido: fogo solar que queima os sonhos vesperais = unicórnios que atacam a ninfa com labaredas; água do rio dos mortos = água estancada do espelho; (termo ausente: caracol que encerra a música do mar) = septeto estelar. Ou de outro modo: fogo solar (cinza) → água (Estige) → fogo contra água (unicórnios e ninfa) → água (túmulo da ninfa) → fogo estelar na água do espelho.

A descrição anterior omite algo essencial: não assistimos ao rito cíclico da ressurreição do sol mas a uma transmutação de ordem diferente, embora de sentido análogo.

A constelação não é o sol mas o seu duplo ideal: sua transfiguração em um conjunto de signos, sua idéia. O sol é um astro em movimento e as sete estrelas *fixam-se* no espelho em sombras. O drama da natureza não se resolve na repetição cíclica e natural, mas em um ato único e irrepetível. Se o ato não destrói o acaso — o sol poderia não surgir — absorve-o e projeta-o em uma forma imóvel, essas sete estrelas que são ideograma da poesia e da música. O ato de transfiguração, na consciência vazia do poeta, é semelhante ao ato que o sol realiza ao aparecer e desaparecer no horizonte mas, embora ambos sejam formas gêmeas do acaso, sua significação é diversa e até contrária: um é cíclico e fatal, o outro é único e, de certo modo, livre. No drama natural a realidade realiza-se em um processo que a desfaz e refaz; no ato poético, a realidade realiza-se como idéia: deixa de ser processo e converte-se em signo. Assim, aos dois momentos naturais do dobrar e desdobrar-se, sucede-se outro, final e provisoriamente definitivo: a aparição dessas estrelas que se tornam escritura. O espelho convertido em página. O momento final é provisório porque a idéia, transformada em signo, deve agora submeter-se à prova da leitura e realizar-se, como o sol, na memória e no esquecimento de um leitor. Regresso à sucessão... Em sua carta a Cazalis, Mallarmé dizia: "soneto nulo e que se reflete a si mesmo em cada uma de suas partes". Soneto-caracol, soneto-espelho: o último verso, luminoso, abre-se à noite — a música resolve-se em silêncio. Soneto em rotação e alegórico de si mesmo.

Resta-me apenas mostrar a posição do "soneto em ix" dentro da obra de Mallarmé. Gardner Davies sublinha que é uma das expressões mais perfeitas e acabadas do tema da noite e da ressurreição solar. Ao mesmo tempo, diz o crítico, é uma prefiguração — eu diria: um modelo em miniatura — de suas três obras mais ambiciosas e complexas: *Hérodiade, Igitur* e *Un coup de dés*. Embora Mallarmé tenha terminado apenas a última, podemos vislumbrar a relação que as une ao soneto graças aos fragmentos que deixou das duas primeiras e, pelo que conhecemos, de seus textos em prosa e sua correspondência, da forma final que sonhava dar a esses projetos. Em *Hérodiade* São João "realiza na morte o anonimato que o poeta exige de si mesmo; sua cabeça cortada corresponde à imagem, em *Igitur*, de um personagem cujo pensamento não tem consciência de si mesmo". É evidente a analogia com a Fênix, o quarto vazio, a ninfa e o espelho do soneto. A supressão do eu e da consciência pessoal — tema de *Igitur* e de *Un coup de dés* — aparece no soneto em forma alegórica. A negação de si mesmo é a condição prévia à criação da obra e à ressurreição à verdadeira vida, que não é a imortalidade do eu no mais além mas o ato pelo qual o infinito absorve o acaso e fixa-o numa constelação: uma figura, uma configuração em rotação. Em uma carta de 1867 Mallarmé confia a Cazalis: "Acabo de passar um ano aterrador: meu pensamento se pensou e chegou a uma concepção pura... Agora sou impessoal e não mais o Stéphane que conheceste". Em outra carta ao mesmo correspondente diz que chegou a *sentir* o nada da filosofia indiana, "sem conhecer o budismo". Mas Mallarmé não é niilista — como tampouco o são, aliás, os budistas — e acrescenta: "depois de ter encontrado a vacuidade, encontrei a beleza..." Nagarjuna diria: a vacuidade não é o contrário da realidade fenomenal, mas sim a sua realidade última. Não a renúncia ao mundo, mas a renúncia como um método de liberação pessoal e de recriação do mundo. A morte do sol, a decapitação de São João, a noite de Igitur em seu castelo abandonado, o naufrágio de *Un coup de dés* e o súbito aparecimento da Ursa Maior que surge no Setentrião como a conseqüência, a refutação e a rima dos dados lançados no oceano: tudo isso se dobra no "soneto em ix", como em um caracol e, como em um espelho, se desdobra, cintila e fixa-se — como em uma página.

2) *A tradução*

A minha tradução é em verso branco. Seria impossível conservar em espanhol as rimas em *ix*. (Gostaria, mais adiante, de atrever-me a fazer outra versão, e, nesse caso, mais livre, talvez, mas com rimas de dificuldade e sonoridade análogas.) Em compensação procurei seguir o ritmo do alexandrino de Mallarmé e, assim, moderei até onde pude a tendência para o rotundo e o escultórico de nosso verso de quatorze sílabas. Embora o modelo mais imediato e afim de uma tradução desta índole seja a versificação modernista — *enjambement*, apoio rítmico em sílabas com acento fraco, erosão dos limites entre hemistíquio e hemistíquio — quase que de uma maneira instintiva, no que diz respeito à sintaxe, acolhi o exemplo de nossos poetas barrocos.

Segundo verso do primeiro quarteto: apesar de termos *canéfora*, *semáforo* e outras da mesma origem, nem o dicionário da Academia, nem o de Casares, nem o de Corominas, registra a palavra *lampadóforo*. Não é de estranhar: no da Academia tampouco aparece *lampadario*, termo usado pelos modernistas hispano-americanos (José Juan Tablada: *Ónix*).

Quarto verso do primeiro quarteto: a lição de Góngora ampara a construção desta linha. *En una de fregar cayó caldera* grasnarão, outra vez, os criticastros do aguapé mexicano, de bico verde-negro e mais sujo de bílis do que de lôdo.

Primeiro verso do segundo quarteto: o exemplo de Mallarmé justifica a sua sintaxe pouco ortodoxa; *credencia* também é uma palavra antiquada e em desuso em francês; *ptyx* é concha, caracol, para a maioria dos críticos que estudaram o soneto. Um esclarecimento: depois de "cinéraire amphore" não existe nenhum sinal de pontuação; portanto, "sur les crédences" é o complemento de lugar de ânfora e o sentido é: "que não recolhe (nenhuma) ânfora cinerária (entre as que repousam) sobre as credências, no salão vazio: nenhum ptyx". Como "nulle ptyx" está aposto a ânfora e como , além disso, é seu homólogo, atrevi-me a marcar com dois pontos a separação entre os dois quartetos, alterando levemente o sentido e sem romper totalmente a unidade da frase. Em minha versão, que é provisória e que poderia ser melhorada, as (inexistentes) ânforas não estão sobre as credênciais: a que (não) está é a não menos inexistente concha. *Au salon vide* é mais amplo do que o meu "salón sin nadie", que alude unicamente a pessoas e não a coisas.

Segundo verso do segundo quarteto: *Aboli bibelot* é insuperável e, talvez, inigualável. Como traduzir *bibelot*? O dicionário revela-se, neste ponto, inútil: *Chuchería* (bagatela), *cacharro* (caco de louça quebrada), *zarandajas* (trastes) e outras palavrinhas. O galicismo *bibelot* é corrente mas só que, além de ser recurso fácil, pronunciamos muito forte o *t*. *Espiral espirada* é defensável, até certo ponto, porque a concha tem forma de espiral e por ser instrumento de sopro: aspiração e expiração, aparição e desaparição, emblema do mar, da música e do ir e vir da vida humana.

Segundo verso do primeiro tercêto: a idéia de rixa (luxuriosa) só aparece subentendida na versão definitiva. Na primeira versão figura expressamente: *un or/ Néfaste incite pour son beau cadre une rixe...* Talvez fosse mais fácil e exato traduzir *décor* por *decorado* (decoração); decidi-me por *fábula* porque Mallarmé evoca um episódio da mitologia nórdica — reminiscência talvez, dizem Camille Soula e outros críticos, de uma leitura juvenil de Heine. O tercêto é particularmente vago porque, na versão definitiva, Mallarmé mal esclarece (com a palavra *décor*) que o ouro agonizante é o da moldura dourada do espelho que, talvez, representa — ou os seus ornamentos fingem — o combate entre alguns unicórnios e uma nixe. A versão de 1868 dizia (traduzo em prosa e literalmente) "... um ouro nefasto incita por sua bela moldura o combate de um deus que pensa raptar uma nixe no obscurecimento do espelho..."

Terceiro verso do primeiro tercêto: *nixe* é ninfa; *ruant du feu* pode ser: golpeando, dando grandes golpes flamejantes ou escoiceando, dando coices de fogo (o unicórnio é um fantástico solípede) ou, mais provavelmente, lançando labaredas com grande ímpeto. Davies observa: "aqui o verbo *ruer* tem indubitavelmente o sentido de flechar (*darder*)". A mim, parece-me que os unicórnios não disparam, mas sim que chifram, que alanceiam. Não sei se a minha interpretação será justa. Em todo caso, creio que conservei a idéia de lançar fogo e a correlativa de assalto erótico.

Segundo verso do segundo tercêto: preferi *nulidades* a *olvido*, embora a segunda tradução seja literal, a fim de reparar em parte a omissão de *nulle* na primeira linha do segundo quarteto. Mallarmé amava essa família de palavras.

Esta tentativa de tradução confirmou-me algo que já havia observado de passagem, em um texto de alguns anos atrás (recolhido em *Corriente Alterna*): a semelhança entre Góngora e Mallarmé é enganosa. Ambos são difíceis, enigmáticos e luminosos, mas suas claridades, embora sejam ofuscantes as duas, são diferentes. O forte de Góngora é o meio-dia: a *Fábula de Polifemo y Galatea;* o de Mallarmé, apesar de *L'après-midi d'un faune*, é a meia-noite: *Igitur, Un coup de dés, Hommages et Tombeaux*. Os dois são pintores: o primeiro evoca a Caravaggio e a Rubens; o segundo, a Monet e a Redon. Em Góngora a palavra é arquitetura e escultura; em Mallarmé, música e caligrafia. O ponto de convergência é a dança, coletiva em Góngora: os *corros* (danças de roda) e os bailes das *Soledades,* solitária em Mallarmé: *Hérodiade*. A analogia é a religião de Mallarmé: sua visão do mundo, seu método de conhecimento e sua doutrina de redenção.

Para Góngora a analogia — quero dizer, a metáfora — é uma estética; um método de transfiguração da realidade, não um caminho para a verdade. Góngora salva o mundo através da imagem: converte-o em aparência resplandecente e que não oculta nada. Seu mundo não tem nem fundo nem peso. A realidade perde a gravidade, alivia-se da culpa do pecado original — e a antiga ferida se fecha: tudo é superfície. Góngora, o poeta, não é cristão. Mallarmé tampouco, mas a sua poesia não salva nem as aparências nem a realidade que as sustenta: sua obra é uma negação, uma crítica da realidade. Disse: *A destruição foi a minha Beatriz*. Em um caso, transfiguração do mundo;

no outro, transposição: a operação crítica não aniquila o mundo mas o reduz a alguns signos transparentes.

A estética de Góngora é a do desenganado; a de Mallarmé é uma resposta à adversidade da história presente e convocação de um tempo por vir que fará do hino um teatro. Seu individualismo é uma defesa, não uma negação dos outros: a essência do homem é coral. O andaluz e o francês viveram em tempos adversos. O primeiro opõe a uma sociedade decadente o espectro inaudito de uma máquina verbal que não emite outro significado além de sua perfeição: ser é parecer. O sentido não se dissolve no ser; desvanece-se na aparência. Abolição da história: tudo é presente, tudo está presente. Malarmé, ao contrário, crê na história, embora a viva como falta e ausência: "não há Presente, não — um presente não existe..." Não obstante, espera que o poeta prepare em seu recolhimento "o edifício de alto vidro enxugado por um vôo da Justiça" (*L' action restreinte*)*. Mas talvez a verdadeira diferença entre eles não esteja em suas diversas atitudes diante da história e do presente(ambos foram anacrônicos em seu tempo e por isso são nossos mestres) e sim no seguinte: Góngora nos ensina a ver, Mallarmé nos ensina que a visão é uma experiência espiritual. Para Góngora o poema é uma metáfora do mundo; para Mallarmé o mundo é uma metáfora da palavra — da idéia. Essa idéia que, em *Un coup de dés*, revela-se no fim como um talvez. Uma revista francesa contemporânea chama-se, segundo parece em homenagem a Mallarmé, *Tel Quel*. Não, a expressão convém mais ao espanhol. Góngora: Tal Qual; e Mallarmé: Talvez.

Delhi, 6 de maio de 1968

(*) No texto original de Mallarmé, consta: (...) *à preparer l'édifice de haut verre essuyé d'un vol de la Justice*. Octávio Paz traduz: "recogimiento, prepare el edificio alto de vidrio que ha de enjugar el vuelo de la Justicia". (N. do T.)

Stéphane Mallarmé: o soneto em ix

> Ses purs ongles très haut dédiant leur onyx,
> L'Angoisse, ce minuit, soutient, lampadophore,
> Maint rêve vespéral brulé par le Phénix
> Que ne recueille pas de cinéraire amphore
>
> Sur les crédences, au salon vide: nul ptyx,
> Aboli bibelot d'inanité sonore,
> (Car le Maitre est allé puiser des pleurs au Styx
> Avec ce seul objet dont le Néant s'honore.)
>
> Mais proche la croisée au nord vacante, un or
> Agonise selon peut-être le décor
> Des licornes ruant du feu contre une nixe,
>
> Elle, défunte nue en le miroir, encor
> Que, dans l'oubli fermé par le cadre, se fixe
> De scintillations sitôt le septuor.

Tradução de Octavio Paz

                              A Tomás Segovia

El de sus puras uñas ónix, alto en ofrenda,
La Angustia, es medianoche, levanta, lampadóforo,
Mucho vesperal sueño quemado por el Fénix
Que ninguna recoge ánfora cineraria:

Salón sin nadie ni en las credencias conca alguna,
Espiral espirada de inanidad sonora,
(El Maestro se ha ido, llanto en la Estigia capta
Con ese solo objeto nobleza de la Nada.)

Mas cerca la ventana vacante al norte, un oro
Agoniza según tal vez rijosa fábula
De ninfa alanceada por llamas de unicornios

Y ella apenas difunta desnuda en el espejo
Que ya en las nulidades que claüsura el marco
Del centellar se fija súbito el septimino.

Delhi, a 4 de mayo de 1968.

Tradução de Augusto de Campos *

Puras unhas no alto ar dedicando seus ônix,
A Angústia, sol nadir, sustém, lampadifária,
Tais sonhos vesperais queimados pela Fênix
Que não recolhe, ao fim, de ânfora cinerária

Sobre aras, no salão vazio: nenhum ptyx,
Falido bibelô de inanição sonora
(Que o Mestre foi haurir outros prantos no Styx
Com esse único ser de que o Nada se honora).

Mas junto à gelosia, ao norte vaga, um ouro
Agoniza talvez segundo o adorno, faísca
De licornes, coices de fogo ante o tesouro,

Ela, defunta nua num espelho embora,
Que no olvido cabal do retângulo fixa
De outras cintilações o séptuor sem demora.

(*) N. dos O.: Incluímos aqui, para ilustração dos problemas da tradução em português, a versão do soneto em ix por Augusto de Campos, constante de seu livro de recriações mallarméanas *Mallarmargem* (Rio de Janeiro: Editora Noa Noa, 1970).

O DESCONHECIDO DE SI MESMO — FERNANDO PESSOA

Os poetas não têm biografia. Sua obra é sua biografia. Pessoa, que duvidou sempre da realidade deste mundo, aprovaria sem vacilar que fôssemos diretamente a seus poemas, esquecendo os incidentes e os acidentes de sua existência terrestre. Nada em sua vida é surpreendente — nada, exceto seus poemas. Não creio que seu "caso", resignemo-nos a empregar esta antipática palavra, os explique; creio que, à luz de seus poemas, seu "caso" deixa de sê-lo. Seu segredo, ademais, está escrito em seu nome: *Pessoa* quer dizer persona (pessoa) em português e origina-se de *persona,* máscara dos atores romanos. Máscara, personagem de ficção, nenhum: Pessoa. Sua história poderia reduzir-se ao transito entre a irrealidade de sua vida cotidiana e a realidade de suas ficções. Estas ficções são os poetas Alberto Caeiro, Álvaro de Campos, Ricardo Reis e sobretudo o próprio Fernando Pessoa. Assim, não será inútil recordar os fatos mais salientes de sua vida, com a condição de saber-se que se trata de rastros de uma sombra. O verdadeiro Pessoa é outro.

Nasce em Lisboa, em 1888. Criança, fica órfão de pai. Sua mãe volta a casar-se; em 1896 transfere-se, com os filhos, para Durban, África do Sul, para onde o seu segundo esposo tinha sido enviado como cônsul de Portugal. Educação inglesa. Poeta bilíngüe, a influência saxônica será constante em seu pensamento e em sua obra. Em 1905, quando está a ponto de ingressar na Universidade do Cabo, deve regressar a Portugal. Em 1907 abandona a Faculdade de Letras de Lisboa e instala uma tipografia. Fracasso, palavra que se repetirá com freqüência em sua vida. Trabalha depois como "correspondente estrangeiro", isto é, como redator ambulante de cartas comerciais em inglês e francês, emprego modesto que lhe dará o alimento durante toda a sua vida. É verdade que certa ocasião se lhe entreabrem, com discrição, as portas da carreira universitária; com o orgulho dos tímidos, recusa a oferta. Escrevi *discrição* e *orgulho;* talvez devesse escrever *inapetência* e *realismo*: em 1932 aspira ao lugar de arquivista em uma biblioteca e rechaçam-no. Mas não há rebelião em sua vida: apenas uma modéstia que se assemelha ao desdém.

Depois de seu regresso da África não volta a sair de Lisboa. Primeiro vive em uma velha casa, com uma tia solteirona e uma avó louca; depois com outra tia; uma temporada com sua mãe, outra vez viúva, o resto, em domicílios incertos. Vê os amigos na rua e no café. Bebedor solitário em tabernas e hospedarias do bairro velho. Outros detalhes? Em 1916 projeta estabelecer-se como astrólogo. O ocultismo tem seus riscos e em certa ocasião Pessoa se vê envolvido em uma trama, urdida pela polícia contra o mago e "satanista" inglês E. A. Crowley-Aleister, de passagem por Lisboa em busca de adeptos para a sua ordem místico-erótica. Em 1920 enamora-se, ou julga que sim, de uma empregada do comércio; a relação não dura muito: "meu destino", diz na carta de ruptura, "pertence a outra Lei, cuja existência sequer V. suspeita..." Não se conhecem outros amores. Há uma corrente de homossexualismo doloroso na *Ode Marítima* e na *Saudação a Whitman*, grandes composições que fazem pensar nas que, quinze anos mais tarde, escreveria o García Lorca de *Poeta en Nueva York*. Mas Álvaro de Campos, profissional da provocação, não é todo Pessoa. Há outros poetas em Pessoa. Casto, todas as suas paixões são imaginárias; melhor dizendo, seu grande vício é a imaginação. Por isso não se move de sua cadeira. E há outro Pessoa, que não pertence nem à vida de todos os dias nem à literatura: o discípulo, o iniciado. Sobre este Pessoa nada se pode nem se deve dizer. Revelação, equívoco, auto-engano? Tudo junto, talvez. Como o mestre de um de seus sonetos herméticos, Pessoa *conhece e cala*.

Anglômano, míope, cortês, fugidio, vestido de escuro, reticente e familiar, cosmopolita que prega o nacionalismo, *investigador solene de coisas fúteis*, humorista que nunca sorri e gela-nos o sangue, inventor de outros poetas e destruidor de si mesmo, autor de paradoxos claros como a água e como ela vertiginosos: *fingir é conhecer-se*, misterioso que não cultiva o mistério, misterioso como a lua do meio-dia, taciturno fantasma do meio-dia português, quem é Pessoa? Pierre Hourcade, que o conheceu no fim de sua vida, escreve: "Nunca, ao despedir-me, atrevi-me a voltar o rosto; tinha medo de vê-lo desvanecer-se, dissolvido no ar". Esqueço algo? Morreu em 1935, em Lisboa, de uma cólica hepática. Deixou duas *plaquettes* de poemas em inglês, um delgado livro de versos portugueses e um baú cheio de manuscritos. Ainda não foram publicadas todas as suas obras.

Sua vida pública, temos que chamá-la de algum modo, transcorre na penumbra. Literatura de subúrbios, zona mal iluminada em que se movem — conspiradores ou lunáticos? — as sombras indecisas de Álvaro de Campos, Ricardo Reis e Fernando Pessoa. Durante um instante, os bruscos refletores do escândalo e da polêmica os iluminam. Depois, de novo a obscuridade. O quase-anonimato e a quase--celebridade. Ninguém ignora o nome de Fernando Pessoa mas poucos sabem quem é e o que faz. Reputações portuguesas, espanholas e hispano-americanas: "Seu nome não me é estranho, o senhor é jornalista ou diretor de cinema?" Imagino que a Pessoa não lhe desagradava o equívoco. Antes o cultivava. Temporadas de agitação literária seguidas por períodos de abulia. Se suas aparições são isoladas e espasmódicas, lances bruscos para aterrorizar os gatos pingados da literatura oficial, seu trabalho solitário é constante. Como todos os grandes preguiçosos passa a vida fazendo listas de obras que nunca escreverá; e como freqüentemente ocorre com os abúlicos, quando são apaixonados e imaginativos, para não explodir, para não tornar-se louco, quase às furtadelas, à margem de seus grandes projetos, todos os dias escreve um poema, um artigo, uma reflexão. Dispersão e tensão. Tudo marcado por um mesmo sinal: esses textos foram escritos por necessidade. E isto, a fatalidade, é o que distingue um escritor autêntico de outro que simplesmente tem talento.

Escreve em inglês seus primeiros poemas, entre 1905 e 1908. Naquela época lia Milton, Shelley, Keats, Poe. Mais tarde descobre Baudelaire e freqüenta vários "subpoetas portugueses". Sem que o sinta volta à sua língua materna, embora jamais deixe de escrever em inglês. Até 1912 a influência da poesia simbolista e do "saudosismo" é preponderante. Nesse ano publica suas primeiras coisas, na revista *A Águia*, órgão do "renascimento português". Sua colaboração consistiu em uma série de artigos sobre a poesia portuguesa. É muito de Pessoa isto de iniciar sua vida de escritor como crítico literário. Não menos significativo é o título de um de seus textos: *Na Floresta do Alheamento*. O tema da alienação e da busca de si, no bosque encantado ou na cidade abstrata, é algo mais que um tema: é a substância de sua obra. Nesses anos se busca; não tardará em inventar-se.

Em 1913 conhece dois jovens que serão seus companheiros mais certos na breve aventura futurista: o pintor Almada Negreiros e o poeta Mário de Sá-Carneiro. Outras amizades: Armando Côrtes-Rodrigues, Luis de Montalvor, José Pacheco. Presos ainda ao encanto da poesia "decadente", aqueles rapazes tentam inutilmente renovar a corrente simbolista. Pessoa inventa o "paulismo". E de súbito, através de Sá-Carneiro que vive em Paris e com quem mantém uma correspondência febril, a revelação da grande insurreição moderna: Marinetti. A fecundidade do futurismo é inegável, embora o seu resplendor se tenha obscurecido depois pelas abdicações de seu fundador. A repercussão do movimento foi instantânea talvez porque, mais do que uma revolução, era um motim. Foi a primeira faísca, a faísca que faz pólvora voar. O fogo correu de um extremo a outro, de Moscou a Lisboa. Três grandes poetas: Apollinaire, Maiakóvski e Pessoa. O ano seguinte, 1914, seria para o português o ano do descobrimento ou, mais exatamente, o ano do nascimento: aparecem Alberto Caeiro e seus discípulos, o futurista Álvaro de Campos e o neo-clássico Ricardo Reis.

A irrupção dos heterônimos, acontecimento interior, prepara o ato público: a explosão de *Orpheu*. Em abril de 1915 sai o primeiro número da revista; em julho, o segundo e último. Pouco? Mais propriamente, demasiado. O grupo não era homogêneo. O próprio nome, *Orpheu*, ostenta a marca simbolista. Mesmo em Sá-Carneiro, apesar de sua violência, os críticos portugueses advertem a persistência do "decadentismo". Em Pessoa a divisão é nítida: Álvaro de Campos é um futurista integral, mas Fernando

Pessoa continua sendo um poeta "paulista". O público recebeu a revista com indignação. Os textos de Sá-Carneiro e de Campos provocaram a fúria habitual dos jornalistas. Aos insultos sucederam-se os chistes, aos chistes o silêncio. Cumpriu-se o ciclo. Restou algo? No primeiro número apareceu a *Ode triunfal;* no segundo, a *Ode Marítima.* O primeiro é um poema que, a despeito de seus tiques e afetações, possui já o tom direto de *Tabacaria,* a visão do pouco peso do homem diante do peso bruto da vida social. O segundo é algo mais do que os fogos de artifício da poesia futurista: um grande espírito delira em voz alta e seu grito nunca é animal nem sobre-humano. O poeta não é um "pequeno Deus" mas um ser caído. Os dois poemas evocam mais a Whitmăn do que a Marinetti, um Whitman ensimesmado e negador. Isso não é tudo. A contradição é o sistema, a forma de sua coerência vital: ao mesmo tempo que as duas odes, escreve *O Guardador de Rebanhos,* livro póstumo de Alberto Caeiro, os poemas latinizantes de Reis e *Epithalamium* e *Antinous,* "dois poemas ingleses meus, muito indecentes, e portanto impublicáveis em Inglaterra".

A aventura de *Orpheu* interrompe-se bruscamente. Alguns, ante os ataques dos jornalistas e assustados talvez pelas intemperanças de Álvaro de Campos, evitam comprometer-se. Sá-Carneiro, sempre instável, regressa a Paris. Um ano depois se suicida. Nova tentativa em 1917: o único número de *Portugal futurista,* dirigida por Almada Negreiros, no qual aparece o *Ultimatum* de Álvaro de Campos. Hoje é difícil ler com interesse aquele jorro de diatribes, embora algumas guardem ainda sua saudável virulência: "D'Annunzio, don Juan em Patmos; Shaw, tumor frio do ibsenismo; Kipling, imperialista da sucata..." O episódio de *Orpheu* termina na dispersão do grupo e na morte de um de seus guias. Há que esperar quinze anos e uma nova geração. Nada disso é insólito. O assombroso é o aparecimento do grupo, à frente de seu tempo e de sua sociedade. Que se escrevia na Espanha e na América espanhola por esses anos?

O período seguinte é de relativa obscuridade. Pessoa publica dois cadernos de poesia inglesa, *35 Sonnets* e *Antinous,* que o *Times* de Londres e o *Glasgow Herald* comentam com muita cortesia e pouco entusiasmo. Em 1922 aparece a primeira colaboração de Pessoa em *Contemporânea,* uma nova revista literária: *O Banqueiro Anarquista.* Também são desses anos suas veleidades políticas: elogios do nacionalismo e do regime autoritário. A realidade o desengana e obriga-o a desmentir-se: em duas ocasiões enfreta o poder público, a Igreja e a moral social. A primeira para defender Antônio Boto, autor de *Canções*, poemas de amor uranista. A segunda contra a "Liga de ação dos estudantes", que perseguia o pensamento livre com o pretexto de acabar com a chamada "literatura de Sodoma". César é sempre moralista. Álvaro de Campos distribui uma folha: *Aviso por causa da moral;* Pessoa publica um manifesto; e o agredido Raul Leal escreve o folheto: *Uma lição de moral aos estudantes de Lisboa e o desmascaramento da Igreja Católica.* O centro de gravidade deslocou-se da arte livre para a liberdade da arte. A índole de nossa sociedade é tal que o criador está condenado à heterodoxia e à oposição. O artista lúcido não se esquiva a esse risco moral.

Em 1924, uma nova revista: *Atena.* Dura apenas cinco números. Nunca as continuações foram boas. Na realidade *Atena* é uma ponte entre *Orpheu* e os jovens de *Presença* (1927). Cada geração escolhe, ao aparecer, sua tradição. O novo grupo descobre Pessoa: por fim encontrou interlocutores. Demasiado tarde, como sempre. Pouco tempo depois, um ano antes de sua morte, ocorre o grotesco incidente do certame poético da Secretaria de Propaganda Nacional. O tema, é claro, era um canto às glórias da nação e do Império. Pessoa envia *Mensagem,* poemas que são uma interpretação "ocultista" e simbólica da história portuguesa. O livro deve ter deixado os funcionários encarregados do concurso perplexos. Deram-lhe um prêmio de "segunda categoria". Foi a sua última experiência literária.

Tudo começa no dia 8 de março de 1914. Mas é melhor transcrever um fragmento de uma carta de Pessoa a um dos moços de *Presença*, Adolfo Casais Monteiro: "Aí por 1912, salvo erro (que nunca pode ser grande), veio-me a idéia de escrever uns poemas de índole pagã. Esbocei umas coisas em verso irregular (não no estilo Álvaro de Campos, mas num estilo de meia regularidade), e abandonei o caso. Esboçara-se-me, contudo, numa penumbra mal urdida, um vago retrato da pessoa que estava a fazer aquilo. (Tinha nascido, sem que eu o soubesse, o Ricardo Reis.) § Ano e meio, ou dois anos depois, lembrei-me um dia de fazer uma partida ao Sá-Carneiro — de inventar um poeta bucólico, de espécie complicada, e apresentar-lho, já não me lembro como, em qualquer espécie de realidade. Levei uns dias a elaborar o poeta mas nada consegui. Num dia em que finalmente desistira — foi em 8 de março de 1914 — acerquei-me de uma comoda alta, e, tomando um papel, comecei a escrever, de pé, como escrevo sempre que posso. E escrevi trinta e tantos poemas a fio, numa espécie de êxtase cuja natureza não conseguirei definir. Foi o dia triunfal da minha vida, e nunca poderei ter outro assim. Abri com um título, *O Guardador de Rebanhos*. E o que se seguiu foi o aparecimento de alguém em mim, a quem dei desde logo o nome de Alberto Caeiro. Desculpe-me o absurdo da frase: aparecera em mim o meu mestre. Foi essa a sensação imediata que tive. E tudo assim que, escritos que foram esses trinta e tantos poemas, imediatamente peguei noutro papel e escrevi, a fio, também, os seis poemas que constituem a *Chuva Oblíqua*, de Fernando Pessoa. Imediatamente e totalmente... Foi o regresso de Fernando Pessoa Alberto Caeiro a Fernando Pessoa ele só. Ou, melhor, foi a reação de Fernando Pessoa contra a sua inexistência como Alberto Caeiro. § Aparecido Alberto Caeiro, tratei logo de lhe descobrir — instintiva e subconscientemente — uns discípulos. Arranquei do seu falso paganismo o Ricardo Reis latente, descobri-lhe o nome, e ajustei-o a si mesmo, porque nessa altura já o *via*. E, de repente, e em derivação oposta a de Ricardo Reis, surgiu-me impetuosamente um novo indivíduo. Num jato, e à máquina de escrever, sem interrupção nem emenda, surgiu a *Ode Triunfal*, de Álvaro de Campos — a Ode com esse nome e o homem com o nome que tem" *. Não sei o que se poderia acrescentar a esta confissão.

A psicologia nos oferece várias explicações. O próprio Pessoa, que se interessou por seu caso, propõe duas ou três. Uma cruamente patológica, ao dizer-se "mais propriamente, um histero-neurastênico. (...) Isto explica, *tant bien que mal*, a origem orgânica do meu heteronimismo". Eu não diria "bem ou mal", e sim, pouco. O defeito destas hipóteses não consiste no fato de que sejam falsas: são incompletas. Um neurótico é um possuído; o que domina os seus transtornos, é um enfermo? O neurótico sofre as suas obsessões; o criador é o seu dono e transforma-as. Pessoa conta que desde criança vivia entre personagens imaginários ("Não sei, bem entendido, se realmente não existiram, ou se sou eu que não existo. Nestas coisas, como em todas, não devemos ser dogmáticos"). Os heterônimos estão rodeados de uma massa fluida de semi-seres: o barão de Teive; Jean Seul, periodista satírico francês; Bernardo Soares, fantasma do fantasmal Vicente Guedes; Pacheco, cópia medíocre de Campos... Nem todos são escritores: há um Mr. Cross, infatigável participante nos concursos de charadas e palavras cruzadas das revistas

---

(*) Preferiu-se, nesta citação, como em algumas outras que se seguem, a reprodução literal do texto original português do poeta, deixando-se de lado a tradução livre em espanhol de Octávio Paz. O texto foi reproduzido (com simples atualização ortográfica) do volume *Páginas de doutrina estética* de Fernando Pessoa, da Editorial Inquérito, Lisboa, 1946. (N. do T.)

inglesas (meio infalível, julgava Pessoa, de deixar a pobreza), Alexander Search e outros. Tudo isto — como a sua solidão, seu alcoolismo discreto e tantas outras coisas — nos ilumina sobre o seu caráter mas não nos explica seus poemas, que é o único que realmente nos importa.

O mesmo acontece com a hipótese "ocultista", que Pessoa, demasiado analítico, não procura abertamente, mas que não deixa de evocar. Sabe-se que os espíritos que guiam a pena dos médiuns, inclusive se são os espíritos de Eurípides ou de Victor Hugo, revelam uma desconcertante inépcia literária. Outros aventuram que se trata de uma "mistificação". O erro é duplamente grosseiro: nem Pessoa é um mentiroso nem a sua obra é um embuste. Há algo de terrivelmente soez na mente moderna; as pessoas, que toleram toda espécie de mentiras indignas na vida real e toda espécie de realidades indignas, não suportam a existência da fábula. E isso é a obra de Pessoa: uma fábula, uma ficção. Esquecer que Caeiro, Reis e Campos são criações poéticas é esquecer demasiado. Como toda criação, esses poetas nasceram de um jogo. A arte é um jogo — e outras coisas. Mas sem jogo não há arte.

A autenticidade dos heterônimos depende de sua coerência poética, de sua verossimilhança. Foram criações necessárias, pois de outro modo Pessoa não teria consagrado sua vida a vivê-los e criá-los; o que conta agora não é que tenham sido necessários para o seu autor e sim que o são também para nós. Pessoa, seu primeiro leitor, não duvidou de sua realidade. Reis e Campos disseram o que talvez ele nunca diria. Ao contradizê-lo, expressaram-no; ao expressá-lo, obrigaram-no a inventar-se. Escrevemos para ser o que somos ou para ser aquilo que não somos. Em um ou em outro caso, nos buscamos a nós mesmos. E se temos a sorte de encontrar-nos — sinal de criação — descobriremos que somos um desconhecido. Sempre o outro, sempre ele, inseparável, alheio, com teu rosto e o meu, tu sempre comigo e sempre só.

Os heterônimos não são antefaces literárias: "O que Fernando Pessoa escreve pertence a duas categorias de obras, que poderíamos chamar ortônimas e heterônimas. Não se pode dizer que são anônimas ou pseudônimas porque de fato não o são. A obra pseudônima é do autor em sua pessoa, exceto que a firma com outro nome; a heterônima é do autor *fora* de sua pessoa..." Gérald de Nerval é o pseudônimo de Gérald Labrunie: a mesma pessoa e a mesma obra; Caeiro é um heterônimo de Pessoa: impossível confundi-los. Embora mais próximo, o caso de Antonio Machado é também dfierente. Abel Martín e Juan de Mairena não são inteiramente o poeta Antonio Machado.

São máscaras, mas são máscaras transparentes: um texto de Machado não é distinto de um de Mairena. Além disso, Machado não está possuído pelas suas ficções, não são criaturas que o habitam, que o contradizem e o negam. Em troca, Caeiro, Reis e Campos são os heróis de uma novela que Pessoa nunca escreveu. "Sou um poeta dramático", confia em uma carta a João Gaspar Simões. E com tudo isso a relação entre Pessoa e seus heterônimos não é idêntica a do dramaturgo ou do romancista com as suas personagens. Não é um inventor de personagens-poetas e sim um criador de obras-de-poetas. A diferença é capital. Como diz Casais Monteiro: "Inventou as biografias para as obras e não as obras para as biografias". Essas obras — e os poemas de Pessoa (ele-mesmo), escritos frente, por e contra elas — são sua obra poética. Ele mesmo se converte em uma das obras de sua obra. E nem sequer tem o privilégio de ser o crítico dessa *coterie*: Reis e Campos o tratam com certa condescendência; o barão de Teive nem sempre o cumprimenta; Vicente Guedes, o arquivista, parece-se tanto com ele que quando o encontra, em alguma taberna de bairro, sente um pouco de piedade por si mesmo. É o encantador enfeitiçado, tão totalmente possuído por suas fantasmagorias que se sente espiado por elas, talvez desprezado, talvez compadecido. Nossas criações nos julgam.

Alberto Caeiro é meu mestre. Esta afirmação é a pedra de toque de toda a sua obra. E poderia acrescentar-se que a obra de Caeiro é a única afirmação feita por Pessoa. Caeiro é o sol e em torno dele giram Reis, Campos e o próprio Pessoa. Em todos eles há partículas de negação ou de irrealidade: Reis acredita na forma, Campos na sensação, Pessoa nos símbolos. Caeiro não acredita em nada: existe. O sol é a vida plena de si; o sol não olha porque todos os seus raios são olhares convertidos em calor e luz; o sol não tem consciência de si porque nele pensar e ser são uma mesma coisa. Caeiro é tudo o que Pessoa não é e, além disso, tudo o que nenhum poeta moderno pode ser: o homem reconciliado com a natureza. Antes do cristianismo, sim, mas também antes do trabalho e da história. Antes da consciência. Caeiro nega, pelo mero fato de existir, não somente a estética simbolista de Pessoa como todas as estéticas, todos os valores, todas as idéias. Não fica nada? Fica tudo, limpo de todos os fantasmas e teias de aranha da cultura. O mundo existe porque os sentidos me dizem; e ao dizê-lo, dizem-me que eu também existo. Sim, morrerei e morrerá o mundo, mas morrer é viver. A afirmação de Caeiro anula a morte; ao suprimir a consciência, suprime o nada. Não afirma que tudo é, pois isso seria afirmar uma idéia. Afirma que tudo existe. E ainda mais: diz que só é o que existe. O resto são ilusões. Campos se encarrega de por o ponto sobre o i: "Meu mestre Caeiro não era pagão: era o paganismo". Eu diria: uma idéia do paganismo.

Caeiro mal freqüentou as escolas [1]. Ao inteirar-se de que o chamavam de "poeta materialista" quis saber em que consistia essa doutrina. Ao ouvir a explicação de Campos, não ocultou o seu assombro: "Isto é uma coisa de padres sem religião (...) Você diz que eles dizem que o espaço é infinito. Onde é que eles viram isso no espaço?" Ante a estupefação de seu discípulo, Caeiro sustentou que o espaço é finito: "O que não tem limites não existe". O outro replicou: "Considere os números... Onde é que acabam os números? Tomemos qualquer número — 34, por exemplo. Para além dele temos 35, 36, 37, 38, e assim sem poder parar. Não há número grande que não haja um número maior..." Caeiro contemplou-o com piedade: "Mas isso são só números", e continuou, *com uma formidável infância*: "O que é o 34 na Realidade?" Outra anedota: perguntaram-lhe: "Está contente consigo?" E respondeu: "Não: estou contente" *. Caeiro não é um filósofo: é um sábio. Os pensadores têm idéias; para o sábio viver e pensar não são atos separados. Por isso é impossível expor as idéias de Sócrates ou Laotsé. Não deixaram doutrinas e sim um punhado de anedotas, enigmas e poemas. Chuangtsé, mais fiel do que Platão, não pretende comunicar-nos uma filosofia e sim contar-nos umas historietas: a filosofia é inseparável do conto, é o conto. A doutrina do filósofo incita à refutação; a vida do sábio é irrefutável. Nenhum sábio proclamou que a verdade se aprende; o que disseram todos, ou quase todos, é que a única coisa que vale a pena viver-se é a experiência da verdade. A debilidade de Caeiro não reside em suas idéias (esta é, antes, a sua força); consiste na irrealidade da experiência que diz encarnar.

Adão em uma quinta da província portuguesa, sem mulher, sem filhos e sem criador: sem consciência, sem trabalho e sem religião. Uma sensação entre as sensações, um existir entre as existências. A pedra é pedra e Caeiro é Caeiro, neste momento. Depois, cada um será outra

(1) Nasceu em Lisboa, em 1889; morreu na mesma cidade, em 1915. Viveu quase toda a sua vida na quinta de Ribatejo. Obras: *O Guardador de Rebanhos* (1911-1912); *O Pastor Amoroso; Poemas Inconjuntos* (1913-1915).

(*) O diálogo aqui reproduzido, parcialmente, encontra-se nas "Notas para a recordação do meu mestre Caeiro" de Álvaro de Campos. Preferiu-se reproduzir do original em língua portuguesa. Octavio Paz traduz o diálogo para o espanhol, exceto a expressão *com uma formidável infância*, citada em português, com o grifo. As falas aqui reproduzidas foram tiradas do volume *Fernando Pessoa / Obra Poética* da Editora José Aguilar Ltda., Rio de Janeiro, 1960. (N. do T.).

coisa. Ou a mesma coisa. É igual ou é distinto: tudo é igual por ser tudo diferente. Nomear é ser. A palavra com que se nomeia a pedra não é a pedra mas tem a mesma realidade da pedra. Caeiro não se propõe dar nomes aos seres e por isso nunca nos diz se a pedra é um cristal ou um seixo, se a árvore é um pinho ou uma azinheira. Tampouco pretende estabelecer relações entre as coisas; a palavra *como* não figura em seu vocabulário; cada coisa está submersa em sua própria realidade. Se Caeiro fala é porque o homem é um animal de palavras, como o pássaro é um animal alado. O homem fala como o rio corre ou a chuva cai. O poeta inocente não precisa nomear as coisas; suas palavras são árvores, nuvens, aranhas, lagartixas. Não essas aranhas que vejo, mas essas que digo. Caeiro espanta-se com a idéia de que a realidade é inacessível: aí está ela, frente a nós, basta tocá-la. Basta falar.

Não seria difícil demonstrar a Caeiro que a realidade nunca está à mão e que devemos conquistá-la (ainda ao risco de que no ato da conquista ela se nos evapore e se converta em outra coisa: idéia, utensílio). O poeta inocente é um mito, mas é um mito que funda a poesia. O poeta real sabe que as palavras e as coisas não são a mesma coisa e por isso, para estabelecer uma precária unidade entre o homem e o mundo, nomeia as coisas com imagens, ritmos, símbolos e comparações. As palavras não são as coisas: são as pontes que estendemos entre elas e nós. O poeta é a consciência das palavras, isto é, a nostalgia da realidade real das coisas. Certo, as palavras também foram coisas antes de ser nomes de coisas: no mito do poeta inocente, isto é, antes da linguagem. As opacas palavras do poeta real evocam a fala antes da linguagem, a entrevista harmonia do paraíso. Fala inocente: silêncio no qual nada se diz porque tudo está dito, tudo está se dizendo. A linguagem do poeta se alimenta desse silêncio que é fala inocente. Pessoa, poeta real e homem cético, precisava inventar um poeta inocente para justificar a sua própria poesia. Reis, Campos e Pessoa dizem palavras mortais e fechadas, palavras de perdição e dispersão: são o pressentimento ou a nostalgia da unidade. Ouvimo-las contra o fundo de silêncio dessa unidade. Não é um acaso que Caeiro morra jovem, antes que os seus discípulos iniciem suas obras. É o seu fundamento, o silêncio que os sustenta.

O mais natural e simples dos heterônimos é o menos real. Isto se dá por excesso de realidade. O homem, sobretudo o homem moderno, não é de todo real. Não é um ente compacto como a natureza ou as coisas; a consciência de si é sua realidade insubstancial. Caeiro é uma afirmação absoluta do existir e daí que as suas palavras nos pareçam verdades de outro tempo, esse tempo em que tudo era uma mesma coisa. Presente sensível e intocável: apenas o nomeamos, evapora-se! A máscara de inocência que Caeiro nos mostra não é a sabedoria: ser sábio é resignar-se a saber que não somos inocentes. Pessoa, que o sabia, estava mais próximo da sabedoria.

O outro extremo é Álvaro de Campos [2]. Caeiro vive no presente intemporal das crianças e dos animais; o futurista Campos no instante. Para o primeiro, sua aldeia é o centro do mundo; o outro, cosmopolita, não tem centro, desterrado nesse nenhum lado que é todas as partes. Contudo, parecem-se: ambos cultivam o verso livre; ambos maltratam o português; os dois não eludem o prosaísmo. Não acreditam em nada, a não ser no que tocam, são pessimistas, amam a realidade concreta, não amam os seus semelhantes, desprezam as idéias e vivem fora da história, um na plenitude do ser, outro em sua mais extrema privação. Caeiro, o poeta inocente, é o que Pessoa não podia ser; Campos, o *dandy* ocioso, é o que poderia ter sido e não foi. São as impossíveis possibilidades vitais de Pessoa.

O primeiro poema de Campos possui uma originalidade enganosa. A *Ode Triunfal* é, na aparência, um eco brilhante de Whitman e dos futuristas. Mas, mal se compare este poema com os que, por esses anos, escreviam-se na França, Rússia e outros países, percebe-se a diferença [3]. Whitman acreditava realmente no homem e nas máquinas; melhor dizendo, acreditava que o *homem natural* não era incompatível com as máquinas. Seu panteísmo abarcava também a indústria. A maior parte de seus descendentes não incorrem nessas ilusões. Alguns vêem nas máquinas brinquedos maravilhosos. Penso em Valéry Larbaud e em seu Barnabooth, que tem mais do que uma semelhança com Álvaro de Campos [4]. A atitude de Larbaud diante

---

(2) Nasce em Tariva, no dia 15 de outubro de 1890. A data coincide com o seu horóscopo, diz Pessoa. Estudos de liceu; depois, em Glasgow, de engenharia naval. Ascendência judaica. Viagens ao Oriente. Paraísos artificiais e outros. Partidário de uma estética não-aristotélica, que vê realizada em três poetas: Whitman, Caeiro e ele mesmo. Usava monóculo. Irascível impassível.

(3) Em espanhol não houve nada semelhante até a geração de Lorca e Neruda. Havia, isto sim, a prosa do grande Ramón Gómez de la Serna. No México tivemos um tímido começo, só um começo: Tablada. Em 1918, surge realmente a poesia moderna em língua espanhola. Mas o seu iniciador, Vicente Huidobro, é um poeta de tom muito distinto.

(4) Parece-me quase impossível que Pessoa não tenha conhecido o livro de Larbaud. A edição definitiva de Barnabooth é de 1913, ano de intensa correspondência com Sá-Carneiro. Detalhe curioso: Larbaud visitou Lisboa em 1926; Gómez de la Serna, que então vivia nesta cidade, apresentou-o aos escritores jovens, que lhe ofereceram um banquete. Na crônica que consagra a este episódio (*Lettre de Lisbonne*, em *Jaune bleu blanc*) Larbaud refere-se com elogios a Almada Negreiros, mas não cita Pessoa. Conheceram-se?

da máquina é epicurista; a dos futuristas, visionária. Encaram-na como o agente destruidor do falso humanismo e, é claro, do *homem natural*. Não se propõem humanizar a máquina e sim construir uma nova espécie humana semelhante a ela. Uma exceção seria Maiakóvski e mesmo assim... A *Ode Triunfal* não é nem epicurista, nem romântica, nem triunfal: é um canto de raiva e derrota. E nisto radica a sua originalidade.

Uma fábrica é uma "paisagem tropical", povoada de bestas gigantescas e lascivas. Fornicação infinita de rodas, êmbolos e roldanas. À medida que o ritmo mecânico se duplica o paraíso de ferro e eletricidade se transforma em sala de tortura. As máquinas são órgãos sexuais de destruição: Campos gostaria de ser triturado por essas hélices furiosas. Essa estranha visão é menos fantástica do que parece e não é apenas uma obsessão de Campos. As máquinas são reprodução, simplificação e multiplicação dos processos vitais. Seduzem-nos e horripilam-nos porque nos dão a sensação simultânea da inteligência e da inconsciência: tudo o que fazem fazem-no bem, mas não sabem o que fazem. Não será esta uma imagem do homem moderno? Mas as máquinas são apenas uma face da civilização contemporânea. A outra é a promiscuidade social. A *Ode Triunfal* termina em um alarido; transformando em volume, caixa, fardo, roda, Álvaro de Campos perde o uso da palavra: silva, chia, rebate, martela, estala. A palavra de Caeiro evoca a unidade do homem, a pedra e o inseto; a de Campos, o ruído incoerente da história. Panteísmo e pan-maquinismo, dois modos de abolir a consciência.

Tabacaria é o poema da consciência recuperada. Caeiro se pergunta, que sou? Campos, quem sou? Do seu quarto contempla a rua: automóveis, transeuntes, cachorros, tudo real e tudo oco, tudo próximo e tudo distante. Em frente, seguro de si mesmo como um deus, enigmático e sorridente como um deus, esfregando as mãos como Deus Pai após a sua horrível criação, aparece e desaparece o Dono da Tabacaria. Chega à sua caverna-templo-barraca, Esteves, o despreocupado, *sem metafísica,* que fala e come, tem emoções e opiniões políticas e guarda os dias de festa. Da sua janela, da sua consciência, Campos contempla os dois coitados e, ao vê-los, vê-se a si mesmo. Onde está a realidade: em mim ou em Esteves? O Dono da Tabacaria sorri e não responde. Poeta futurista, Campos começa por afirmar que a única realidade é a sensação; alguns anos mais tarde pergunta-se se ele mesmo tem alguma realidade.

Ao abolir a consciência de si, Caeiro suprime a história; agora é a história que suprime Campos. Vida marginal: seus irmãos, se tem alguns, são as prostitutas, os vagabundos, o *dandy*, o mendigo, a gentalha de cima ou de baixo. Sua rebelião não tem nada a ver com as idéias de redenção ou de justiça: *Não: tudo menos ter razão! Tudo menos importar-me com a humanidade! Tudo menos ceder ao humanitarismo!* Campos rebela-se também contra a idéia de rebelião. Não é uma virtude moral, um estado de consciência — é a consciência de uma sensação: "Ricardo Reis é pagão por convicção; Antônio Mora por inteligência; eu sou por rebelião, isto é, por temperamento". Sua simpatia pelos malviventes está tingida de desprezo, mas esse desprezo o sente antes de tudo por si mesmo:

Sinto uma simpatia por essa gente toda,
Sobretudo quando não merece simpatia.
Sim, eu sou também vadio e pedinte,
E sou-o também por minha culpa.
Ser vadio e pedinte não é ser vadio e pedinte:
É estar ao lado da escala social,
É não ser adaptável às normas da vida,
Às normas reais ou sentimentais da vida —
Não ser Juiz do Supremo, empregado certo, prostituta,
Não ser pobre a valer, operário explorado,
Não ser doente de uma doença incurável,
Não ser sedento da justiça ou capitão de cavalaria,
Não ser, enfim, aquelas pessoas sociais dos novelistas
Que se fartam de letras porque têm razão para chorar lágrimas
E se revoltam contra a vida social porque têm razão para
[isso supor.

Sua vadiagem e mendicância não dependem de nenhuma circunstância; são irremediáveis e sem redenção. Ser vadio assim é *ser isolado na alma*. E mais adiante, com essa brutalidade que escandalizava a Pessoa (ele-mesmo): *Nem tenho a defesa de poder ter opiniões sociais* (...) *Sou lúcido.* (...) *Nada de estéticas com coração: sou lúcido. Merda! Sou lúcido.*

A consciência do desterro é uma nota constante da poesia moderna; há um século e meio. Gérard de Nerval finge-se príncipe de Aquitânia. Álvaro de Campos escolhe a máscara do vadio. A transição é reveladora. Trovador ou mendigo, que oculta essa máscara? Nada, talvez. O poeta é a consciência de sua irrealidade histórica. Só que se esta consciência se retira da história, a sociedade afunda-se em sua própria opacidade, torna-se Esteves ou o Dono da Tabacaria. Não faltará quem diga que a atitude de Campos não é "positiva". Ante críticas semelhantes, Casais Monteiro respondia: "A obra de Pessoa *realmente* é uma obra negativa. Não serve de modelo, não ensina a governar nem a ser governado. Serve exatamente para o contrário: para indisciplinar os espíritos" *.

Campos não se lança, como Caeiro, a ser tudo e sim a ser todos e estar em todas as partes. A queda na pluralidade se paga com a perda da identidade. Ricardo Reis escolhe a outra possibilidade latente em seu mestre [5]. Reis é um ermitão assim como Campos é um vagabundo. Sua ermida é uma filosofia e uma forma. A filosofia é uma mistura de estoicismo e epicurismo. A forma, o epigrama, a ode e a elegia dos poetas neoclássicos. Só que o neoclassicismo é uma nostalgia, quer dizer, é um romantismo que se ignora e que se disfarça. Enquanto Campos escreve seus longos monólogos, cada vez mais perto da introspecção que do hino, seu amigo Reis pole pequenas odes sobre o prazer, a fuga do tempo, as rosas de Lídia, a liberdade ilusória do homem, a vaidade dos deuses. Educado em um colégio de jesuítas, médico por profissão, monárquico, desterrado no Brasil desde 1919, pagão e cético por convicção, latinista por educação, Reis vive fora do tempo. Parece, mas não é, um homem do passado: escolheu viver em uma *sagesse* intemporal. Cioran assinalava recentemente que nosso século, que inventou tantas coisas, não criou o que mais falta nos faz. Não é estranho, assim, que alguns o procurem na tradição oriental: teoísmo, budismo zen; na realidade essas doutrinas cumprem a mesma função que as filosofias morais do fim do mundo antigo. O estoicismo de Reis é uma maneira de não estar no mundo — sem deixar de estar nele. Suas idéias políticas têm um sentido semelhante: não são um programa e sim uma negação do estado de coisas contemporâneo. Não odeia a Cristo nem o quer; aborrece o cristianismo apesar de que, esteta no final das contas, quando pensa em Jesus admite que "sua sombria forma dolorosa nos trouxe algo que faltava". O verdadeiro deus de Reis é o Fado e todos, homens e mitos, estamos submetidos ao seu império.

A forma de Reis é admirável e monótona, como tudo que é perfeição artificiosa. Nesses pequenos poemas percebe-se, mais do que a familiaridade com os originais latinos e gregos, uma sábia e destilada mistura do neoclassicismo lusitano e da *Antologia grega* traduzida para o inglês. A correção de sua língua inquietava Pessoa: "Caei-

(*) O próprio poeta diz que a sua vida é "indisciplinadora de almas". Cf. *Cartas de Fernando Pessoa a Armando Côrtes Rodrigues*, Editorial Confluência, Lisboa, 1945. (N. do T.)

(5) Nasceu no Porto, em 1887. É o mais mediterrâneo dos heterônimos. Caeiro era ruivo e de olhos azuis; Campos, "entre branco e moreno", alto, fraco e com um ar internacional; Reis, "moreno mate", mais próximo do espanhol e do português meridionais. As *Odes* não são sua única obra. Sabe-se que escreveu um *Debate estético entre Ricardo Reis e Álvaro de Campos*. Suas notas críticas sobre Caeiro e Campos são um modelo de precisão verbal e de incompreensão estética.

215

ro escrevia mal o português, Campos razoavelmente mas com lapsos como dizer "eu próprio" em vez de "eu mesmo", etc., Reis melhor do que eu, mas com um purismo que considero exagerado". O exagero sonâmbulo de Campos converte-se, por um movimento de contradição muito natural, na precisão exagerada de Reis.

Nem a forma nem a filosofia defendem a Reis: defendem a um fantasma. A verdade é que Reis tampouco existe e ele o sabe. Lúcido, com uma lucidez mais penetrante que a exasperada de Campos, contempla-se:

> Não sei de quem recordo meu passado
> Que outrem fui quando o fui, nem me conheço
> Como sentindo com minha alma aquela
> Alma que a sentir lembro.
> De dia a outro nos desamparamos.
> Nada de verdadeiro a nós nos une —
> Somos quem somos, e quem fomos foi
> Coisa vista por dentro.

O labirinto em que Reis se perde é o de si mesmo. A mirada interior do poeta, algo muito distinto da introspecção, aproxima-o de Pessoa. Embora ambos usem metros e formas fixas, não os une o tradicionalismo, porque pertencem a tradições diferentes. Une-os o sentimento do tempo — não como algo que passa diante de nós e sim como algo que se torna nós mesmos. Presos no instante, Caeiro e Campos afirmam de um só golpe o ser e a ausência de ser. Reis e Pessoa perdem-sé nos despenhadeiros de seu pensamento, encontram-se em algum ângulo e ao fundir-se consigo mesmos, abraçam uma sombra. O poema não é a expressão do ser e sim a comemoração desse momento de fusão. Monumento vazio: Pessoa edifica um templo ao desconhecido; Reis, mais sóbrio, escreve um epigrama que é também um epitáfio:

> Negue-me tudo a sorte, menos vê-la
> Que eu, 'stóico sem dureza,
> Na sentença gravada do Destino
> Quero gozar as letras.

Álvaro de Campos citava uma frase de Ricardo Reis: *Odeio a mentira porque é uma inexatidão*. Estas palavras poderiam também aplicar-se a Pessoa, com a condição de não confundir-se mentira com imaginação ou exatidão com rigidez. A poesia de Reis é precisa e simples como um desenho linear; a de Pessoa, exata e complexa como a música. Complexo e vário, move-se em distintas direções: a prosa, a poesia em português e a poesia em inglês (há que esquecer, por insignificantes, os poemas franceses). Os escritos em prosa, ainda não publicados inteiramente, podem dividir-se em duas grandes categorias: os assinados com o seu nome e os de seus pseudônimos, principalmente o barão de Teive, aristocrata em decadência e Bernardo Soares, "empregado de comércio". Em várias passagens Pessoa sublinha que não são heterônimos: "ambos escrevem com um estilo que, bom ou mau, é o meu". Não é indispensável deter-se nos poemas ingleses; seu interesse é literário e psicológico mas não acrescentam muito, parece-me, à poesia inglesa. A obra poética em português, desde 1902 até 1935, compreende *Mensagem*, a poesia lírica e os poemas dramáticos. Estes últimos, a meu juízo, têm um valor à margem. Mas ainda pondo-os de lado, resta uma obra poética extensa.

Primeira diferença: os heterônimos escrevem em uma só direção e em uma só corrente temporal; Pessoa bifurca-se como um delta e cada um de seus braços nos oferece a imagem, as imagens, de um momento. A poesia lírica ramifica-se em *Mensagem*, o *Cancioneiro* (com os inéditos e dispersos) e os poemas herméticos. Como sempre, a classificação não corresponde à realidade. *Cancioneiro* é um livro simbolista e está impregnado de hermetismo, embora o poeta não recorra expressamente às imagens da tradição oculta. *Mensagem* é, sobretudo, um livro de heráldica — e a heráldica é uma parte da alquimia. Enfim, os poetas herméticos são, por sua forma e espírito, simbolistas; não é necessário ser um "iniciado" para penetrar neles nem sua compreensão poética exige conhecimentos especiais. Esses poemas, como o resto de sua obra, pedem antes uma compreensão espiritual, a mais alta e difícil. Saber que Rimbaud se interessou pela cabala e que identificou poesia e alquimia é útil e nos aproxima de sua obra; para penetrá-la realmente, contudo, nos é necessário algo mais e algo menos. Pessoa definia esse algo deste modo: simpatia; intuição; inteligência; compreensão e, o mais difícil, graça. Talvez pareça excessiva esta enumeração. Não vejo como, sem estas cinco condições, possa ler-se deveras Baudelaire, Coleridge ou Yeats. Em todo caso, as dificuldades da poesia de Pessoa são menores do que as de Holderlin, Nerval, Mallarmé... Em todos os poetas da tradição moderna a poesia é um sistema de símbolos e analogias paralelo ao das ciências herméticas. Paralelo mas não idêntico: o poema é uma constelação de signos possuidores de luz própria.

Pessoa concebeu *Mensagem* como um *ritual;* ou seja, como um livro esotérico. Levando-se em conta a perfeição externa, esta é a sua obra mais completa. Mas é um livro fabricado, com o que não quero dizer que seja insincero e sim que nasceu das especulações e não das intuições do poeta. À primeira vista é um hino às glórias de Portugal e uma profecia de um novo império (o Quinto), que não será material e sim espiritual; seus domínios se estenderão mais além do espaço e do tempo históricos (um leitor mexicano recorda imediatamente a "raça cósmica" de Vasconcelos). O livro é uma galeria de personagens históricos e legendários, deslocados de sua realidade tradicional e transformados em alegorias de outra tradição e de outra realidade. Talvez sem plena consciência do que fazia, Pessoa volatiza a história de Portugal e, em seu lugar, apresenta outra, puramente espiritual, que é a sua negação. O caráter esotérico de *Mensagem* nos proíbe lê-lo como um simples poema patriótico, tal como desejariam alguns críticos oficiais. Há que acrescentar que o seu simbolismo não o redime. Para que os símbolos o sejam efetivamente é necessário que deixem de simbolizar, que se tornem sensíveis, criaturas vivas e não emblemas de museu. Como em toda obra na qual intervém mais a vontade do que a inspiração, poucos são os poemas de *Mensagem* que alcançam esse estado de graça que distingue a poesia da bela literatura. Mas esses poucos vivem no mesmo espaço mágico dos melhores poemas do *Cancioneiro*, ao lado de alguns dos sonetos herméticos. É impossível definir em que consiste esse espaço; para mim é o da poesia propriamente dita, território real, tangível e que *outra* luz ilumina. Não importa que sejam poucos. Gottfried Benn dizia: *Ninguém, nem os mais altos poetas de nosso tempo, deixou mais do que oito a dez poesias perfeitas... Para seis poemas, trinta ou cinquenta anos de ascetismo, de sofrimento, de combate!*

O *Cancioneiro*: mundo de poucos seres e muitas sombras. Falta a mulher, o sol central. Sem mulher, o universo sensível se desvanece, não há nem terra firme, nem água, nem encarnação do impalpável. Faltam os prazeres terríveis. Falta a paixão, esse amor que é desejo de um ser único, qualquer que seja. Há um vago sentimento de fraternidade com a natureza: árvores, nuvens, pedras, tudo fugitivo, tudo suspenso em um vazio temporal. Irrealidade das coisas, reflexo de nossa irrealidade. Há negação, cansaço e desconsolo. No *Livro do Desassossego,* do qual só se conhecem fragmentos, Pessoa descreve sua paisagem moral: pertenço a uma geração que nasceu sem fé no cristianismo e que deixou de tê-la em todas as outras crenças; não fomos entusiastas da igualdade social, da beleza ou do progresso; não buscamos em orientes e ocidentes outras formas religiosas ("cada civilização tem uma filiação com a religião que a representa: ao perder a nossa, perdemos todas"); alguns entre nós se dedicaram à conquista do cotidiano; outros, de melhor estirpe, abstiveram-se da coisa pública, nada querendo e nada desejando; outros se entregaram ao culto da confusão e do ruído: julgavam viver quando se ouviam, julgavam amar quando se chocavam contra as exterioridades do amor; e outros, *Raça do Fim, limite espiritual da Hora Morta*, vivemos em negação, descontentamento e desconsolo *. Este retrato não é o de Pessoa mas sim o fundo sobre o qual se destaca sua figura e com o qual às vezes se confunde. Limite espiritual da Hora Morta: o poeta é um homem vazio que, em seu desamparo, cria um mundo para descobrir sua verdadeira identidade. Toda a obra de Pessoa é busca da identidade perdida.

Em um dos seus poemas mais citados diz que *o poeta é um fingidor / (que) finge tão completamente / que chega a fingir que é dor / a dor que deveras sente*. Ao dizer a verdade, mente; ao mentir, ele a diz. Não estamos diante de uma estética, mas diante de um ato de fé. A poesia é a revelação de sua irrealidade:

> Entre o luar e a folhagem
> Entre o sossego e o arvoredo.
> Entre o ser noite e haver aragem
> Passa um segredo.
> Segue-o minha alma na passagem.

Esse que passa, é Pessoa ou é outro? A pergunta se repete ao longo dos anos e dos poemas. Nem sequer sabe se o que escreve é seu. Melhor dizendo, sabe que, embora o seja, não o é: "por que, enganado, julgo que é meu o que é meu?" A busca do eu — perdido e encontrado e tornado a perder — termina no asco: "Náusea, vontade de nada: existir por não morrer".

Apenas dessa perspectiva pode-se perceber a significação cabal dos heterônimos. São uma invenção literária e uma necessidade psicológica, mas são algo mais. De certo modo são o que Pessoa teria podido ou desejado ser; de outro, mais profundo, o que *não* quis ser: uma personalidade. No primeiro movimento, fazem *tabula rasa* do idealismo e das convicções intelectuais de seu autor; no segundo, mostram que a *sagesse* inocente, a praça pública e a ermida filosófica são ilusões. O instante é inabitável como o futuro e o estoicismo é um remédio que mata. E no entanto, a destruição do eu, pois isso é o que são os heterônimos, provoca uma fertilidade secreta. O verdadeiro deserto é o eu e não só porque nos encerra em nós

---

(*) Octavio Paz não cita literalmente o fragmento, mas só as idéias nele contidas. Vide os fragmentos do *Livro do Desassossego* citados na Introdução Geral de Maria Aliete Dores Galhoz in *Fernando Pessoa / Obra Poética*, Editora José Aguilar, 1960. (N. do T.)

mesmos, e assim nos condena a viver com um fantasma, mas porque murcha tudo em que toca. A experiência de Pessoa, talvez sem que ele mesmo se tenha proposto, insere-se na tradição dos grandes poetas da era moderna, desde Nerval e os românticos alemães. O eu é um obstáculo, é *o* obstáculo. Por isso é insuficiente qualquer juízo meramente estético sobre a sua obra. Se é verdade que nem tudo que escreveu tem a mesma qualidade, tudo, ou quase tudo, está marcado pelos rastos de sua busca. Sua obra é um passo para o desconhecido. Uma paixão.

O mundo de Pessoa não é nem este mundo nem o outro. A palavra ausência poderia defini-lo, se por ausência se entende um estado fluido, no qual a presença se desvanece e a ausência é anúncio de que? — momento em que o presente já não está e apenas desponta aquilo que, talvez, será. O deserto urbano cobre-se de signos: as pedras dizem algo, o vento diz, a janela iluminada e a árvore solitária na esquina dizem, tudo está dizendo algo, não é isto que digo e sim outra coisa, sempre outra coisa, a mesma coisa que nunca se diz. A ausência não é só privação e sim pressentimento de uma presença que jamais se mostra inteiramente. Poemas herméticos e canções coincidem: na ausência, na irrealidade que somos, algo está presente. Atônito entre pessoas e coisas, o poeta caminha por uma rua do bairro velho. Entra em um parque e as folhas se movem. Estão a ponto de dizer... Não, não disseram nada. Irrealidade do mundo, na última luz da tarde. Tudo está imóvel, em espera. O poeta já sabe que não tem identidade. Como essas casas, quase douradas, quase reais, como essas árvores suspensas na hora, ele também parte de si mesmo. E não aparece o outro, o duplo, o verdadeiro Pessoa. Nunca aparecerá: não há outro. Aparece, insinua-se, o outro, o que não tem nome, o que não se diz e que nossas pobres palavras invocam. É a poesia? Não: a poesia é o que fica e nos consola, a consciência da ausência. E de novo, quase imperceptível, um rumor de algo: Pessoa ou a iminência do desconhecido.

Paris, 1961

ANDRÉ BRETON OU A BUSCA DO INÍCIO

Escrever sobre André Breton com uma linguagem que não seja a da paixão é impossível. Além do mais, seria indigno. Para ele os poderes da palavra não eram distintos dos da paixão e esta em sua forma mais alta e tensa, não era outra coisa que a linguagem em estado de pureza selvagem: poesia. Breton: a linguagem da paixão, a paixão da linguagem. Toda a sua busca, tanto ou mais que a exploração de territórios psíquicos desconhecidos, foi a reconquista de um reino perdido: a palavra do princípio, o homem anterior aos homens e às civilizações. O surrealismo foi sua ordem de cavalaria e sua ação inteira foi uma *Quête du Graal*. A surpreendente evolução do vocábulo *querer* exprime muito bem a índole de sua busca; querer vem de *quaerere* (buscar, inquirir), mas em espanhol logo mudou de sentido para significar vontade apaixonada, desejo. Querer: busca passional, amorosa. Busca não para o futuro nem o passado e sim para esse centro de convergência que é, simultaneamente, a origem e o fim dos tempos: o dia antes do começo e depois do fim. Seu escândalo diante da "infame idéia cristã do pecado" é algo mais do que uma repulsa dos valores tradicionais do Ocidente: é uma afirmação da inocência original do homem. Isto o distingue de quase todos os seus contemporâneos e dos que vieram depois. Para Bataille e erotismo, a morte e o pecado são signos intercambiáveis que em suas combinações repetem, com aterradora monotonia, o mesmo significado: a ninharia do homem, sua irremediável abjeção. Também para Sartre o homem é filho de uma maldição, seja ontológica ou histórica, chame-se angústia ou trabalho assalariado. Ambos são filhos rebeldes do cristianismo. A estirpe de Breton é outra. Por sua vida e sua obra não foi tanto um herdeiro de Sade e Freud como de Rousseau e Eckhart. Não foi um filósofo e sim um grande poeta e, mais ainda, no antigo sentido da expressão, um homem de honor. Sua intransigência ante a idéia de pecado foi um ponto de honra: parecia-lhe efetivamente que era uma *mancha*, algo que lesava não o ser, mas a dignidade humana. A crença no pecado era incompatível com a sua noção de homem. Esta convicção, que o opôs com violência a muitas filosofias modernas e a todas as religiões, no fundo também era religiosa: foi um ato de fé. O mais estranho — deveria dizer: o admirável — é que essa fé jamais o abandonou. Denunciou fraquezas, desfalecimentos, traições, mas nunca pensou que nossa culpabilidade fosse congênita. Foi um homem de partido sem o menor traço de maniqueísmo. Para Breton pecar e nascer não foram sinônimos.

O homem, mesmo envilecido pelo neocapitalismo e o pseudo-socialismo de nossos dias, é um ser maravilhoso porque, às vezes, *fala*. A linguagem é a marca, o sinal — não de sua queda e sim de sua essencial irresponsabilidade. Pela palavra podemos ter acesso ao reino perdido e recuperar os antigos poderes. Esses poderes não são nossos. O inspirado, o homem que fala de verdade, não diz nada que seja seu: por sua boca fala a linguagem. O sonho é propício à explosão da palavra por ser um estado afetivo: sua passividade é atividade do desejo. O sonho é passional. Aqui também sua oposição ao cristianismo foi de índole religiosa: a linguagem, para dizer-se a si mesma, aniquila a consciência. A poesia não salva o eu do poeta: dissolve-o na realidade mais vasta e poderosa da fala. O exercício da poesia exige o abandono, a renúncia ao eu. É pena que o budismo não o tenha interessado: essa tradição também destrói a ilusão do eu, embora não em benefício da linguagem e sim do silêncio. (Devo acrescentar que esse silêncio é palavra calada, silêncio que não cessa de emitir significados desde há mais de dois mil anos.) Recordo o budismo porque. creio que a "escrita automática" é algo assim como um equivalente moderno da meditação budista; não penso que seja um método para escrever poemas e tampouco uma receita retórica: é um exercício psíquico, uma convocação e uma invocação destinadas a abrir as eclusas da corrente verbal. O automatismo poético, segundo sublinhou várias vezes o próprio Breton, limita-se com o ascetismo: implica um estado de difícil passividade que, por sua vez, exige a abolição de toda crítica e autocrítica. É uma crítica radical da crítica, sob interdito a consciência. A seu modo, é uma via purgativa, um método de negação tendente a provocar o aparecimento da verdadeira realidade: a linguagem primordial.

O fundamento da "escrita automática" é a crença na identidade entre falar e pensar. O homem não fala porque pensa, mas sim pensa porque fala; melhor dizendo, falar não é distinto de pensar: falar é pensar. Breton justifica sua idéia com esta observação: "nous ne disposons spontanément pour nous exprimer que d'une *seule* structure verbale excluant de la manière la plus catégorique toute autre structure apparemment chargée du même sens". A primeira objeção que se poderia opor a esta fórmula cortante é o fato de que tanto na fala diária como na prosa escrita nos encontramos com frases que podem ser ditas com outras palavras ou com as mesmas, mas dispostas em uma ordem diversa. Breton responderia, com razão, que entre uma e outra versão não só se modifica a estrutura sintática como a própria idéia se modifica, mesmo que seja de uma maneira imperceptível. Toda mudança na estrutura verbal produz uma mudança de significado. Em um sentido rigoroso, o que chamamos sinônimos não são senão traduções ou equivalências no interior de uma língua; e o que chamamos tradução é translação ou interpretação. Palavras como *nirvana, dharma, tao* ou *jen* são realmente intraduzíveis; o mesmo ocorre com *física, natureza, democracia, revolução* e outros termos do Ocidente que não têm exato equivalente em línguas alheias à nossa tradição. À medida que a relação entre a estrutura verbal e o significado é mais íntima — matemáticas e poesia, para não falar de linguagens não articuladas como a música e a pintura — a tradução é cada vez mais difícil. Em um e outro extremo da linguagem — a exclamação e a equação — é impossível separar o signo de suas duas metades: significante e significado são a mesma coisa. Breton se opõe assim, talvez sem sabê-lo, a Saussure: a linguagem não é unicamente uma convenção arbitrária entre som e sentido, algo que os próprios lingüistas começam hoje a reconhecer.

As idéias de Breton sobre a linguagem eram de ordem mágica. Não só nunca distinguiu entre magia e poesia, como pensou sempre que esta última era efetivamente uma força, uma substância ou energia capaz de mudar a realidade. Ao mesmo tempo essas idéias possuíam uma precisão e uma penetração que me atrevo a chamar de científicas. Por um lado via a linguagem como uma corrente autônoma e dotada de poder próprio, uma espécie de magnetismo universal; por outro concebida essa substância erótica como um sistema de signos regidos pela dupla lei da afinidade e da oposição, da semelhança e da alteridade. Esta visão não está muito distanciada da dos lingüistas modernos: as palavras e seus elementos constitutivos são campos de energia, como os átomos e suas partículas. A atração entre sílabas e palavras não é distinta da dos astros e dos corpos. A antiga noção de analogia reaparece: a natureza é linguagem e esta, por sua vez, é um duplo daquela. Recuperar a linguagem natural é voltar à natureza, antes da queda e da história: a poesia é o testemunho da inocência original. O *Contrato social* se converte, para Breton, no acordo verbal, poético, entre o homem e a natureza, a palavra e o pensamento. A partir dessa perspectiva pode-se entender melhor essa afirmação tantas vezes repetida: o surrealismo é um movimento de liberação total, não uma escola poética. Via de reconquista da linguagem inocente e renovação do pacto primordial, a poesia é a escritura de fundação do homem. O surrealismo é revolucionário porque é uma volta ao princípio do princípio.

Os primeiros poemas de Breton trazem marcas de uma leitura apaixonada de Mallarmé. Nem nos momentos de maior violência e liberdade verbais abandonou esse gosto pela palavra, ao mesmo tempo precisa e preciosa. Palavra tornassol, linguagem de reverberações. Foi um poeta "maneirista", no bom sentido do termo; dentro da tradição européia está na linha que descende de Góngora, Marino, Donne — poetas que não sei se leu e que, temo, sua moral poética reprovava. Esplendor verbal e violência intelectual e passional. Aliança estranha, mas não infreqüente, entre profecia e esteticismo, que converte seus melhores poemas em objetos de beleza e, ao mesmo tempo, em testamentos espirituais. Tal é, talvez, a razão de seu culto a Lautréamont, o poeta que encontrou a *forma* da explosão psíquica. Daí também, embora a julgasse inevitável e saudável como "necessidade revolucionária", sua não oculta repugnância pela brutalidade simplista de Dada. Suas reservas diante de outros poetas eram de índole distinta. Sua admiração por Apollinaire contém um grão de reticência porque para Breton a poesia era criação de realidades pela palavra e não mera invenção verbal. Amava a novidade e a surpresa na arte, mas o termo *invenção* não era de seu gosto; ao invés disso, em muitos de seus textos brilha com luz inequívoca o substantivo *revelação*. Dizer é a atividade mais alta: revelar o escondido, despertar a palavra enterrada, suscitar o aparecimento de nosso duplo, criar a esse outro que somos e que nunca deixamos de ser de todo.

Revelação é ressurreição, exposição, iniciação. É palavra que evoca o rito e a cerimônia. Exceto como meio de provocação, para injuriar o público ou excitar à rebelião, Breton detestou os espetáculos ao ar livre: a festa deveria celebrar-se nas catacumbas. Cada uma das exposições surrealistas girou em torno de um eixo contraditório: escândalo e segredo, consagração e profanação. Consagração e conspiração são termos consangüíneos: a revelação é também rebelião. O *outro,* nosso duplo, nega a ilusória coerência e segurança de nossa consciência, esse pilar de nuvem que sustenta nossas arrogantes construções filosóficas e religiosas. Os *outros,* proletários e escravos coloniais, mitos primitivos e utopias revolucionárias, ameaçam com não menor violência as crenças e instituições do Ocidente. A uns e outros, a Fourier e ao papua da Nova Guiné, Breton estende a mão. Rebelião e revelação, linguagem e paixão, são manifestações de uma realidade única. O verdadeiro nome dessa realidade também é duplo: inocência e maravilha. O homem é criador de maravilhas, é poeta, porque é um ser inocente. As crianças, as mulheres, os enamorados, os inspirados e mesmo os loucos são a encarnação do maravilhoso. Tudo que fazem é insólito e não o sabem. Não sabem o que fazem: são irresponsáveis, inocentes. Ímãs, pára-raios, cabos de alta tensão: suas palavras e seus atos são insensatos e, não obstante, possuem sentido. São os signos dispersos de uma linguagem em perpétuo movimento e que desdobra diante de nossos olhos um leque de significados contraditórios — resolvido, por fim, em um sentido único e último. Através deles e neles o universo nos fala e fala consigo mesmo.

Repeti algumas de suas palavras: revelação e rebelião, inocência e maravilha, paixão e linguagem. Há outra: magnetismo. Breton foi um dos centros de gravidade de nossa época. Não só acreditava que somos regidos pelas leis de atração e repulsão como a sua própria pessoa era uma encarnação dessas forças. Todos que tratamos com ele sentimos o movimento dual da vertigem: o fascínio e o impulso centrífugo. Confesso que durante muito tempo me preocupou a idéia de fazer ou dizer algo que pudesse provocar a sua reprovação. Creio que muitos de seus amigos experimentaram algo semelhante. Ainda há alguns anos atrás Buñuel convidou-me a ver, em caráter privado, uma de suas películas. Ao terminar a exibição, perguntou-me: Breton achará que está dentro da tradição surrealista? Cito Buñuel não só por ser um grande artista mas porque é um homem de uma inteireza de caráter e uma liberdade de espírito de fato excepcionais. Estes sentimentos, compartilhados por todos os que o freqüentaram, não têm nada a ver com o temor nem com o respeito ao superior (embora eu acredite que, se há homens superiores, Breton foi um deles). Nunca o vi como um chefe e menos ainda como um Papa, para empregar a ignóbil expressão popularizada por alguns indivíduos torpes. Apesar de minha amizade por sua pessoa, minhas atividades dentro do grupo surrealista foram tangenciais. Contudo, seu afeto e sua generosidade sempre me confundiram, desde o princípio de nossa relação até o fim de seus dias. Nunca soube a razão de sua indulgência: talvez por eu ser do México, uma terra que sempre amou? Mais além destas considerações de ordem privada, direi que em muitas ocasiões escrevo como se sustentasse um diálogo silencioso com Breton: réplica, resposta, coincidência, divergência, homenagem, tudo junto. Agora mesmo experimento esta sensação.

Em minha adolescência, em um período de isolamento e exaltação, li por casualidade umas páginas que, depois o soube, formam o capítulo V de *L'amour fou*. Nelas relata sua subida ao pico de Teide, em Tenerife. Esse texto, lido quase ao mesmo tempo que *The marriage of heaven and hell*, abriu-me as portas da poesia moderna. Foi uma "arte de amar", não à maneira trivial de Ovídio, mas como uma iniciação a algo que depois a vida e o Oriente me corroboraram: a analogia ou, melhor dizendo, a identidade entre a pessoa amada e a natureza. A água é feminina ou a mulher é ondulação, rio noturno, praia da aurora tatuada pelo vento? Se somos uma metáfora do universo, a parelha é a metáfora por excelência, o ponto de encontro de todas as forças e a semente de todas as formas. A parelha é, ainda uma vez, tempo reconquistado, tempo antes do tempo. Contra vento e maré, procurei ser fiel a essa revelação; a palavra *amor* guarda intactos todos os seus poderes sobre mim. Ou como ele disse: "On n'en sera plus jamais quitte avec ces frondaisons de l'âge d'or". Em todos os seus escritos, desde os primeiros até os últimos, aparece esta obstinada crença em uma idade paradisíaca, unida à visão da parelha primordial. A mulher é ponte, lugar de reconciliação entre o mundo natural e o humano. É linguagem concreta, revelação encarnada: "la femme n'est plus qu'un calice débordant de voyelles".

Anos mais tarde conheci Benjamin Péret, Leonora Carrington, Wolfgang Paalen, Remedios Varo e outros surrealistas que tinham procurado refúgio no México durante a segunda Guerra Mundial. Veio a paz e voltei a ver Benjamin em Paris. Ele me levou ao café da Place Blanche. Durante uma longa temporada vi Breton com freqência. Embora o contato assíduo nem sempre seja benéfico para o intercâmbio de idéias e sentimentos, mais de uma vez senti essa corrente que une realmente os interlocutores, inclusive se os seus pontos de vista não são idênticos. Não esquecerei nunca, entre todas essas conversações, uma que sustentamos no verão de 1964, pouco antes que eu regressasse à índia. Não a recordo por ser a última e sim pela atmosfera que a cercou. Não é o momento de contar esse episódio. (Algum dia, prometi a mim mesmo, o contarei.) Para mim foi um *encontro,* no sentido que Breton dava a essa palavra: predestinação e, também, eleição. Naquela noite, caminhando só nós dois pelo bairro de Les Halles, a conversação desviou-se para um tema que o preocupava: o futuro do movimento surrealista. Recordo que lhe disse, mais ou menos, que para mim o surrealismo era a enfermidade sagrada de nosso mundo, como a lepra na Idade Média ou os "iluminados" espanhóis do século XVI; negação necessária do Ocidente, viveria tanto quanto vivesse a civilização moderna, independentemente dos sistemas políticos e das ideologias que predominem no futuro. Minha exaltação impressionou-o, mas ponderou: a negação vive em função da afirmação e esta daquela; duvido muito que o mundo que agora começa possa definir-se como afirmação ou negação: entramos em uma zona neutra e a rebelião surrealista deverá expressar-se em formas que não sejam nem a negação nem a afirmação. Estamos mais além da reprovação ou aprovação... Não é arriscado supor-se que esta idéia inspirou a última exposição do grupo: a separação absoluta. Não foi a primeira vez que Breton pediu a "ocultação" do surrealismo, mas poucas vezes o declarou com tal decisão. Talvez pensasse que o movimento só recuperaria sua fecundidade se se mostrasse capaz de converter-se em uma força subterrânea. Retorno às catacumbas? Não sei. Pergunto-me se em uma sociedade como a nossa, na qual se desvaneceram as antigas contradições — não em benefício do princípio de identidade e sim por uma espécie de anulação e desvalorização universais — ainda tem sentido o que Mallarmé chamava de "ação restrita": publicar é ainda uma forma de ação ou é uma maneira de dissolvê-la no anonimato da publicidade?

Diz-se com freqüência que a ambigüidade do surrealismo consiste em ser um movimento de poetas e pintores que, não obstante, recusa-se a ser julgado com critérios estéticos. Não ocorre o mesmo com todas as tendências artísticas do passado e com todas as obras dos grandes poetas e pintores? A "arte" é uma invenção da estética que, por sua vez, é uma invenção dos filósofos. Nietzsche enterrou as duas e dançou sobre o seu túmulo: o que chamamos de arte é jogo. A vontade surrealista de apagar as fronteiras entre a arte e a vida não é nova; são novos os termos em que se expressou e é novo o significado de sua ação. Nem "vida artística" nem "arte vital": regressar à origem da palavra, ao momento em que falar é sinônimo de criar. Ignoro qual será o futuro do grupo surrealista; estou certo de que a corrente que vai do romantismo alemão e Blake ao surrealismo não desaparecerá. Viverá à margem, será a *outra* voz.

O surrealismo, dizem os críticos, já não é a vanguarda. À parte de que tenho antipatia por esse termo militar, não creio que a novidade, o estar na crista do acontecimento, seja a característica essencial do surrealismo. Nem sequer Dada teve esse culto frenético pelo novo que postularam, por exemplo, os futuristas. Nem Dada nem o surrealismo adoraram as máquinas. O surrealismo profanou-as: máquinas improdutivas, "élevages de poussière", relógios amolecidos. A máquina como método de crítica — do maquinismo e dos homens, do progresso e de suas bufonerias. Duchamp é o princípio ou o fim da pintura? Com sua obra e ainda mais com sua atitude negadora da obra, Duchamp fecha um período da arte do Ocidente (o da pintura propriamente dita) e abre outro que já não é "artístico": a dissolução da arte na vida, da linguagem no círculo sem saída do jogo de palavras, da razão em seu antídoto filosófico — o riso. Duchamp dissolve a modernidade com o mesmo gesto com que nega a tradição. No caso de Breton, além disso, há a visão do tempo, não como sucessão e sim como presença constante, embora invisível, de um presente inocente. O futuro lhe parecia fascinante por ser o território do inesperado: não o que será segundo a razão, mas o que poderia ser segundo a imaginação. A destruição do mundo atual permitiria o aparecimento do verdadeiro tempo, não histórico e sim natural, não regido pelo progresso, mas pelo desejo. Tal foi, se não me equivoco, a sua idéia de uma sociedade comunista-libertária. Nunca pensou que houvesse uma contradição essencial entre os mitos e as utopias, a poesia e os programas revolucionários. Lia Fourier como podemos ler os Vedas ou o Popol Vuh, e os poemas esquimós lhe pareciam profecias revolucionárias. O passado mais antigo e o futuro mais remoto se uniam com naturalidade em seu espírito. Do mesmo modo, seu materialismo não foi um "cientismo" vulgar nem seu irracionalismo era ódio à razão.

A decisão de abraçar os termos opostos — Sade e Rousseau, Novalis e Roussel, Juliette e Heloísa, Marx e Chateaubriand — aparece constantemente em seus escritos e em seus atos. Nada mais distanciado dessa atitude que a tolerância acomodatícia do ceticismo. No mundo do pensamento odiava o ecletismo e no do erotismo a promiscuidade. O melhor de sua obra, tanto na prosa como na poesia, são as páginas inspiradas pela idéia de eleição e a correlativa de fidelidade a essa eleição, seja na arte ou na política, na amizade ou no amor. Esta idéia foi o eixo de sua vida e o centro de sua concepção do amor único: resplendor da paixão talhado pela liberdade, diamante inalterável. Nosso tempo libertou o amor dos cárceres do século passado só para convertê-lo em um passatempo anônimo, mais um objeto de consumo em uma sociedade de atarefados consumidores. A visão de Breton é a negação de quase tudo que passa hoje por amor e mesmo por erotismo (outra palavra manuseada como uma moeda ínfima). É difícil entender de todo sua adesão sem reservas à obra de Sade. Certo, comovia-o e exaltava-o o caráter absoluto de sua negação, mas, como conciliá-la com a crença no amor, centro da idade de ouro? Sade denuncia o amor: é uma hipocrisia ou, pior ainda, uma ilusão. Seu sistema é delirante, não incoerente: sua negação não é menos total que a afirmação de Santo Agostinho. Ambos repudiam com idêntica violência todo maniqueísmo; para o santo cristão o mal não tem realidade ontológica; para Sade o que carece de realidade é o que chamamos de bem: sua versão do *Contrato social* são os estatutos da *Sociedade dos Amigos do Crime*.

Bataille tentou transformar o monólogo de Sade em um diálogo e opôs ao erotismo absoluto um interlocutor não menos absoluto: a divindade cristã. O resultado foi o silêncio e o riso: a "ateologia". O impensável e o inominável. Breton se propôs a reintroduzir o amor no erotismo ou, mais exatamente, consagrar o erotismo pelo amor. Repetindo: uma oposição a todas as religiões implica uma vontade de consagração. E mais ainda: uma vontade de reconciliação. Ao comentar uma passagem da *Nouvelle Justine* — o episódio em que um dos personagens mistura o seu esperma à lava do Etna — Breton observa que o ato é uma homenagem de amor à natureza, "une façon, des plus folles, des plus indiscutables de l'aimer". Certo, sua admiração por Sade era quase sem limites e sempre pensou que "tant qu'on ne sera pas quitte avec l'idée de la transcendance d'un bien quelconque... la représentation exaltée du mal inné gardera la plus grande valeur révolutionnaire". Com esta ressalva, no diálogo entre Sade e Rousseau inclina-se irresistivelmente para o lado deste último, o amigo do homem primitivo, o amante da natureza. O amor não é uma ilusão: é a mediação entre o homem e a natureza, o lugar em que se cruzam o magnetismo terrestre e o do espírito.

Cada uma das facetas de sua obra reflete as outras. Esse reflexo não é o passivo do espelho: não é uma repetição, mas uma réplica. Face de luzes contrárias, diálogo de resplendores. Magnetismo, revelação, sede de inocência e, também, desdém. Altivo? Sim, no sentido nobre do termo: ave altaneira, pássaro das alturas. Todas as palavras desta família lhe convêm. Foi um arrebatado, um exaltado, sua poesia nos exalta e, sobretudo, disse que o corpo da mulher e do homem eram nossos únicos altares. E a morte? Todo homem nasce e morre várias vezes. Não é a primeira vez que Breton morre. Ele o soube melhor do que ninguém: cada um de seus livros centrais é a história de uma ressurreição. Sei que agora é diferente e não voltaremos a vê-lo. Esta morte não é uma ilusão. Contudo, Breton viveu certos instantes, viu certas evidências que são a negação do tempo e do que chamamos perspectiva normal da vida. Chamo poéticos a esses instantes embora sejam experiências comuns a todos os homens: a única diferença é que o poeta os recorda e trata de reencarná-los em palavras, sons, cores. Aquele que viveu esses instantes e é capaz de inclinar-se sobre sua significação, sabe que o eu não se salva porque não existe. Sabe também que, como o mesmo Breton sublinhou várias vezes, as fronteiras entre sonho e vigília, vida e morte, tempo e presente sem tempo, são fluidas e indecisas. Não sabemos o que seja realmente morrer, exceto que é o fim do eu — o fim do cárcere. Breton rompeu várias vezes esse cárcere, dilatou ou negou o tempo e, por um instante sem medida, coincidiu com o *outro* tempo. Esta experiência, núcleo de sua vida e de seu pensamento, é invulnerável e intocável: está mais além do tempo, mais além da morte — mais além de nós. Sabê-lo me reconcilia com sua morte de agora e com todo morrer.

E. E. CUMMINGS: RECORDAÇÃO

Há cerca de dez anos traduzi, para mim e alguns amigos, seis poemas de cummings. Pouco depois Jaime García Terrés publicou-os na *Revista de la Universidad* *. Embora não ignore a imperfeição destas vesões, sua releitura me impele a escrever umas linhas em memórias do poeta anglo-americano. Li-o pela primeira vez em Berkeley, em 1944. Deslumbrou-me; mais tarde, sem que cessasse o meu assombro inicial, reconheci em suas obras essa rara aliança entre invenção verbal e fatalidade passional que distingue o poema da fabricação literária. Nenhuma das chamadas "extravagâncias" de cummings — tipografia, pontuação, jogos de palavras, sintaxe em que os substantivos, os adjetivos e mesmo os pronomes tendem a converter-se em

(*) As traduções referidas neste trabalho constam do livro *Puertas al Campo*, México, 1966. (N. do T.)

verbos — é arbitrária. É um jogo que, como todos os jogos, obedece a uma lógica estrita. O maravilhoso do jogo é que, como a poesia, coloca em movimento a necessidade para produzir o acaso ou algo que se lhe assemelha: o inesperado. Nada menos gratuito do que uma composição de cummings; nada mais surpreendente. Jogo e paixão. Porque cummings, o grande inovador, é um poeta do amor e por isso também o é da indignação. Suas sátiras e diatribes contra a civilização e a moral de seu país não são menos apaixonadas — nem menos agudas — que seus poemas de amor. Desde seu primeiro livro até o último, a sua é uma poesia jovem, que muito poucas vezes os jovens escrevem. Dizem que se repetiu. Talvez seja certo. Seria preciso acrescentar que, se não há evolução em sua obra, tampouco há decadência. Desde os seus primeiros poemas alcançou uma perfeição que não haveria outro remédio senão chamar de incandescente, se não fosse ao mesmo tempo a personificação do viço e do frescor. Primavera de chamas.

Os poemas de cummings são filhos do cálculo a serviço da paixão. Observou-se já que, tanto na vida quanto na arte, a paixão exige para satisfazer-se um máximo de artifício e não se contenta jamais com a realidade se não a transmuta antes em símbolo? O erotismo tende à cerimônia; o amor é emblemático; a curiosidade se exalta diante dos enigmas, simultaneamente jogo infantil e rito de trânsito entre os antigos. Adivinhações, erotismo, amor: sistema de correspondências, linguagens nas quais não só os objetos, as cores e os sons, mas os corpos e as almas são símbolos. Vivemos em um mundo de signos. Todas as imagens de cummings podem reduzir-se às combinações desses dois signos: tu e eu. O resto dos pronomes são obstáculos ou estímulos, muros ou portas. Entre eu e tu a relação é a conjunção copulativa ou adversativa. O mundo é a analogia da parelha primordial e suas mudanças refletem as do tu e do eu em suas uniões e separações. Esse tu e eu, genérico mas não impessoal, é o personagem único de uma grande parte da poesia de cummings. É a parelha de jovens enamorados, sós na sociedade dos mais velhos, mas em constante comunicação com o mundo das árvores, das nuvens, da chuva. O mundo é seu talismã e eles são os talismãs do mundo. Entre o mundo e os pronomes interpõem-se as instituições, as barbas dos velhos, as toucas das velhas, as bombas dos generais, os bancos, os programas dos redentores do gênero humano. Há um ponto de convergência entre os enamorados e o mundo: o poema. Ali as árvores se abraçam, a chuva se despe, a moça reverdece, o amor é um raio, a cama uma barca. O poema é um emblema da linguagem da natureza e dos corpos O coração do emblema é o verbo: a palavra em movimento, o motor e o espírito da frase. Conjugação dos corpos, copulação dos astros: a linguagem resolve todas as oposições na ação metafórica do verbo. A sintaxe é uma analogia do mundo e da parelha. O universo de cummings pode parecer limitado; se penetramos até o seu centro, é infinito.

Em 1956 Donald Allen levou-me à casa dele. Vivia em uma ruazinha de Greenwich Village. O homem conquistou-me por sua cordialidade e simplicidade, como o poeta me seduzira por sua acesa perfeição. Sua casa era pequeníssima e ascética. Nas paredes havia alguns pequenos quadros pintados por ele nada notáveis, embora cummings não gostasse que esquecessem que ele era também pintor. Não era muito alto. Delgado, os olhos claros e vivos, os dentes intactos, a voz grave e rica em inflexões, a cabeça raspada. Algo de *clown*, saltimbanco, mago — e aquele ar esportivo que tinham os anglo-americanos de sua geração. Vestia com simplicidade. A única nota desotante: uma gravata de seda encarnada, que me mostrou com alegria. Era seu aniversário e sua mulher a tinha presenteado pela manhã. Ela era esbelta, tez pálida, cabelo negro, boca grande e essa solidez aérea que algumas ianques têm, filhas de Ártemis: uma mulher formosa e um esqueleto formoso. Tomamos chá e passamos a tarde conversando. cummings contou-me que em sua juventude percorrera a Espanha, em companhia de John dos Passos. Entusiasmaram-no, mais do que as cidades e os monumentos, as aldeias e a gente do povo. Apesar de não falar nossa língua nem conhecer nossa literatura, disse-me que o tinham impressionado alguns dos escritores espanhóis da época. Dos Passos sustentava com eles longas conversações em espanhol e

> eu enquanto isso os examinava: alternativamente me aterravam e me faziam rir. Não me importava não entender o que diziam: bastavam-me a sua presença física, seus trejeitos e o som de sua voz...

O brilho dos olhos, a negrura das barbas, o arrebatado ou o comedimento dos gestos, dos silêncios, das interjeições: Unamuno, Valle-Inclán, Juan Ramón Jiménez, Pío Baroja, Gómez de la Serna? Não saberia dizê-lo e creio que ele tampouco se recordava com exatidão. Mas sua simpatia era genuína. Aqueles homens lhe pareceram uma paisagem espiritual:

> Eram feitos da mesma substância do solo e do ar da Espanha. Algo que comprovei muito menos em Paris e em Londres. E, naturalmente, em meu país. Aqui

a degenerescência do animal humano é maior: veja o que fizeram com Pound.

Odiava o espírito de sistema e daí sua antipatia pelos comunistas. Não era menos hostil aos monopólios econômicos e partidos políticos de sua pátria. Tampouco o agradavam as universidades e os poetas-professores. (Desdém que compartilhava com William Carlos Williams, outro rebelde solitário, menos furioso e talvez mais recôndito do que cummings.) Por aqueles dias Washington e a sua burocracia o exasperavam:

> Quando soltarão Pound? Se Ezra é um criminoso de guerra, também o foram Roosevelt e Truman; se está louco, não está mais do que nossos deputados e senadores. Pelo menos não é um retardado mental como o homem que nos governa...[1]

Em sua rebeldia contra os valores da Nova Inglaterra, sua terra natal, não era difícil advertir um eco do individualismo de seus antepassados puritanos. Estamos condenados a rebelar-nos contra os nossos pais e, assim, a imitá-los. Despedimo-nos já bem tarde.

Vi-o em outras ocasiões, cada vez que passava por New York. Enviou-me alguns de seus livros e durante algum tempo nos escrevemos. Ocorreu-me que alguma de suas peças poderia ser representada no México. A idéia o entusiasmou, mas por esses dias nosso pequeno grupo teatral (Poesia em Voz Alta) dissolveu-se. A última vez que o vi, um ano antes de sua morte, mostrou-me umas fotos tiradas por sua mulher: as habitações de uma aldeia de cavernícolas em uma montanha de não sei que país: "Não se parecem com os arranha-céus de New York?" Riu-se a valer. "E meus compatriotas tão contentes com o seu progresso... Não inventamos nada..." Disse-lhe que os arranha-céus e aquelas grutas se pareciam na fotografia, não na realidade. Não me acreditou: "mas se é a mesma coisa, a mesma coisa..." Contei-lhe que vivia em Paris. Moveu a cabeça: *Gostaria de voltar... embora não tanto. Preferiria a Grécia, onde vive minha filha. Também tenho vontade de ir ao México. Seu país é um país de verdade...* Quis interrompê-lo: "Não, já sei o que vai dizer-me. É melhor que não progrida..." Respondi: "Ao contrário, o México deu um grande salto". Encolheu os ombros: "Contanto que não lhes de na veneta imitar-nos... Os poetas jovens dos Estados Unidos? Não creio nas drogas como sistema de iluminação poética. A poesia se faz com a cabeça fria e o coração (ou qualquer outro órgão) aceso.

(1) Eisenhower.

Ademais, repetem o que fizemos há vinte e cinco anos atrás. Não foram mais além do que Pound, William Carlos Williams ou do que eu mesmo escrevi..." Voltamos a tomar chá. Chegou sua mulher. Falou-se da Europa e de se era mais barata a vida em uma ilha grega ou em uma aldeia do México. Acenderam-se as luzes na ruazinha. Não recordo mais nada.

Estive em contato com alguns poetas e artistas anglo-americanos. Nenhum me deu esta sensação de extrema simplicidade e refinamento, humor e paixão, graça e ousadia — exceto o músico John Cage. Mas Cage é mais inteligente e complicado: um ianque que fosse também Erik Satie e um sábio oriental. O dadaísmo e Bashô. O humor de cummings se parecia com o box (jogo que já foi de cavalheiros em certa época); o de Cage é menos direto e mais corrosivo. Não sei o que pensar de sua música (pensa-se a música?); em compensação, sei que é um dos poucos poetas, apesar de não escrever poemas, que existem hoje nos Estados Unidos. Cage, cummings...

Estranho país: deu alguns dos maiores poetas do século XIX e do XX e todos eles, com exceção de Whitman, escolheram o desterro interior ou exterior: Poe e Emily Dickinson, Pound e Eliot, cummings e William Carlos Williams. Dir-se-á que o mesmo ocorreu em todos os países do Ocidente: é um fenômeno característico da época moderna. É verdade — só que os anglo-americanos são mais modernos... cummings, o enamorado e o circense — também o engenheiro e o jardineiro das palavras — foi profundamente anglo-americano, inclusive (e sobretudo) em sua rebeldia. Em geral, pensamos nos Estados Unidos como a terra das coisas grandes: edifícios, prosperidade, cataclismos, máquinas. Há uma tendência anglo-americana para o superlativo que, embora seja a expressão de sua imensa energia, às vezes é um simples gesto grandiloqüente. Nem os melhores escapam à tentação de ser campeões de pêso-pesado: Whitman, Pound, Faulkner, Melville (e agora os pintores: Pollock). Há também as exceções. Uma foi Emily Dickinson. Outra cummings. Sua violência, seu erotismo e mesmo seu sentimentalismo tendem a uma medida: O que melhor escreveu foram pequenas composições que recordam, por um lado, os líricos elizabetanos e, por outro, certos poetas franceses: Apollinaire e, mais ainda, Max Jacob. Não é uma influência; é uma semelhança. O surpreendente em cummings não era a paixão e sim a forma nítida em que se vertia. Todos os seus ardis — quase sempre felizes — eram outros tantos diques e filtros destinados a canalizar e purificar a matéria verbal. O resultado foi um canto de uma diafaneidade incomparável. cummings caminhou.

>...through dooms of love
> through sames of am trough haves of give
> singing each morning out of each night.

Delhi, 1965.

O CINE FILOSÓFICO DE BUÑUEL

Há alguns anos atrás escrevi umas páginas sobre Luís Buñuel. Reproduzo-as: "Embora todas as artes, sem excluir as mais abstratas, tenham por fim último e geral a expressão e recriação do homem e seus conflitos, cada uma delas possui meios e instrumentos particulares de encantamento e assim constitui um domínio próprio. Uma coisa é a música, outra é a poesia, outra o cinema. Mas às vezes um artista consegue ultrapassar os limites de sua arte; defrontamos então com uma obra que encontra os seus equivalentes mais além de seu mundo. Alguns dos filmes de Luís Buñuel — *A Idade de Ouro, Los Olvidados* — sem deixar de ser cinema nos aproximam de outras comarcas do espírito: certas gravuras de Goya, algum poema de Quevedo ou Peret, uma passagem de Sade, um esperpento de Valle--Inclán, uma página de Gómez de la Serna... Estes filmes podem ser apreciados e julgados como cinema e também como algo pertencente ao universo mais amplo e livre dessas obras, preciosas entre todas, que têm por objeto tanto revelar-nos a realidade humana como mostrar-nos uma via para ultrapassá-la. Apesar dos obstáculos que o mundo atual opõe a semelhantes empresas, a tentativa de Buñuel se desenvolve sob o duplo arco da beleza e da rebeldia.

"Em *Nazarín*, com um estilo que foge a toda complacência e que rechaça todo lirismo suspeitoso, Buñuel nos conta a história de um cura quixotesco, cuja concepção de cristianismo não tarda em opô-la à Igreja, à sociedade e à polícia. Nazarin pertence, como muitos personagens de Pérez Galdós, à grande tradição dos loucos espanhóis. Sua loucura consiste em levar a sério o Cristianismo e em tentar viver conforme os seus Evangelhos. É um louco que se nega a admitir que a realidade seja o que chamamos realidade e não uma atroz caricatura da verdadeira realidade. Como Don Quixote, que via Dulcinéia em uma lavradora, Nazarín adivinha nos traços monstruosos da prostituta Andra e do corcunda Ujo a imagem desvalida dos homens caídos; e no delírio erótico de uma histérica, Beatriz, percebe o rosto desfigurado do amor divino. No desenrolar da película — em que abundam, agora com furor mais concentrado e por isso mesmo mais explosivo, cenas do melhor e do mais terrível Buñuel — assistimos à *curación* do louco, isto é, sua tortura. Todos o rechaçam: os poderosos e satisfeitos porque o consideram um ser incômodo e no fim de contas perigoso; as vítimas e os perseguidos porque necessitam outro e mais efetivo gênero de consolo. O equívoco, e não só os poderes constituídos, o persegue. Se pede esmola, é um ser improdutivo; se procura trabalho, rompe a solidariedade dos assalariados. Mesmo os sentimentos das mulheres que o seguem, reencarnações de Maria Madalena, resultam por fim ambíguos. No cárcere, ao qual o levaram as suas boas obras, recebe a última revelação: tanto a sua "bondade" como a "maldade" de um dos seus companheiros de castigo, assassino e ladrão de igrejas, são igualmente inúteis em um mundo que venera como valor supremo a eficácia.

"Fiel à tradição do louco espanhol, de Cervantes a Galdós, o filme de Buñuel nos conta a história de uma desilusão. Para Don Quixote a ilusão era o espírito cavaleiresco; para Nazarín, o Cristianismo. Mas há algo mais. À medida que a imagem de Cristo empalidece na consciência de Nazarín, começa a surgir outra: a do homem. Buñuel nos faz assistir, através de uma série de episódios exemplares, no bom sentido da palavra, a um duplo processo: o desvanecimento da ilusão da divindade e a descoberta da realidade do homem. O sobrenatural cede lugar ao maravilhoso: a natureza humana e seus poderes. Esta revelação se encarna em dois momentos inesquecíveis: quando Nazarín oferece os *consolos do mais além* à moribunda enamorada e esta responde, agarrada à imagem de seu amante, com uma frase realmente estremecedora: *o céu não, juan sim;* e no final, quando Nazarín rechaça a esmola de uma pobre mulher para, após um momento de dúvida, aceitá-la — não como dádiva agora, mas como signo de fraternidade. O solitário Nazarín deixou de estar só: perdeu a Deus, mas encontrou os homens."

Este pequeno texto apareceu em um folheto de apresentação de *Nazarín* no Festival Cinematográfico de Cannes. Termia-se, não sem razão, que surgisse algum equívoco sobre o sentido do filme, que não só é uma crítica da realidade social como da religião cristã. O risco da confusão, comum a todas as obras de arte, era maior neste caso pelo caráter da novela que inspirou a Buñuel. O tema de Pérez Galdós é a velha oposição entre o Cristianismo evangélico e suas deformações eclesiásticas e históricas. O herói do livro é um cura rebelde e iluminado, um verdadeiro protestante: abandona a Igreja mas fica com Deus. O filme de Buñuel pretende mostrar o contrário: o desaparecimento da figura de Cristo na consciência de um crente sincero e puro. Na cena da jovem agonizante, que é uma transposição do *Diálogo entre um sacerdote e um moribundo* de Sade, a mulher afirma o valor precioso e irrecuperável do amor terrestre: se existe céu, está aqui e agora, no instante do abraço carnal, não em um mais além sem horas e sem corpos. Na cena da prisão, o bandido sacrílego surge como um homem não menos absurdo que o cura iluminado. Os crimes do primeiro são tão ilusórios como a santidade do segundo: se não há Deus, tampouco há sacrilégio nem salvação.

Nazarín não é o melhor flime de Buñuel mas é típico da dualidade que rege sua obra. Por um lado, ferocidade e lirismo, mundo do sonho e do sangue, que evoca imediatamente a outros dois grandes espanhóis: Quevedo e Goya. Por outro lado, a concentração de um estilo nada barroco que o leva a uma espécie de sobriedade exasperada. A linha reta, não o arabesco surrealista. Rigor racional: cada um dos seus filmes, desde *A Idade de Ouro* até *Viridiana*, se desenvolve como uma *demonstração*. A imaginação mais violenta e livre a serviço de um silogismo cortante como um punhal, irrefutável como uma rocha: a lógica de Buñuel é a razão implacável do Marquês de Sade. Este nome esclarece a relação entre Buñuel e o surrealismo: sem esse movimento teria sido de qualquer modo um poeta e um rebelde; graças a ele, afiou suas armas. O surrealismo, que lhe revelou o pensamento de Sade, não foi para Buñuel uma escola de delírio e sim de razão: sua poesia, sem deixar de ser poesia, tornou-se crítica. No recinto fechado da crítica o delírio desdobrou suas asas e dilacerou o peito com as unhas. Surrealismo de praça de touros, mas também surrealismo crítico: a corrida como demonstração filosófica.

Em um texto capital das letras modernas, *Da literatura considerada como uma tauromaquia*, Michel Leiris assinala que o seu fascínio diante do toureio depende da fusão entre risco e estilo: o destro* — nunca foi mais exata a palavra — deve enfrentar a investida sem perder a compostura. É verdade: as boas maneiras são imprescindíveis para morrer e matar, ao menos quando se acredita, como eu, que esses dois atos biológicos são também ritos, cerimônias. No toureio o perigo alcança a dignidade da forma e esta a veracidade da morte. O toureiro se encerra em uma forma que se abre para o risco de morrer. É o que em espanhol chamamos *temple* (têmpera): arrojo e afinação musical, dureza e flexibilidade. A corrida, como a fotografia, é uma exposição e o estilo de Buñuel, por dupla eleição estética e filosófica, é o da exposição. Expor é expor-se, arriscar-se. Também é pôr para fora, mostrar e demonstrar: revelar. Os relatos de Buñuel são uma exposição: revelam as realidades humanas ao submetê-las, como se fossem placas fotográficas, à luz da crítica. O toureiro de Buñuel é um discurso filosófico e seus filmes são o equivalente moderno da novela filosófica de Sade. Mas Sade foi um filósofo original e um artista médio: ignorava que a arte, que ama o ritmo e a litania, exclui a repetição e a reiteração. Buñuel é um artista e a censura que se poderia fazer aos seus filmes não é de ordem poética e sim filosófica.

O raciocínio que preside a toda obra de Sade pode reduzir-se a esta idéia: o homem é seus instintos e o verdadeiro nome do que chamamos Deus é medo e desejo mutilado. Nossa moral é uma codificação da agressão e da humilhação; a própria razão não é senão instinto que se sabe instinto e que tem medo de se-lo. Sade não se propôs a demonstrar que Deus não existe: dava isto por assentado. Quis mostrar como seriam as relações humanas em uma sociedade efetivamente atéia. Nisto consiste a sua originalidade e o caráter único de sua tentativa. O arquétipo de uma república de verdadeiros homens livres é a *Sociedade dos Amigos do Crime;* o do verdadeiro filósofo, o asceta libertino que logrou alcançar a impassibilidade e que ig-

---

(*) O *diestro* é o nome comum que se dá ao toureador que vai a pé dentro da arena. Pode ser interpretado também como perito na arte de tourear. (N. do T.)

nora por igual o riso e o pranto. A lógica de Sade é total e circular: destrói a Deus mas não respeita o homem. Seu sistema pode provocar muitas críticas, exceto a da incoerência. Sua negação é universal: se algo afirma é o direito a destruir e a ser destruído. A crítica de Buñuel tem um limite: o homem. Todos os nossos crimes são os crimes de um fantasma: Deus. O tema de Buñuel não é a culpa do homem e sim a de Deus. Esta idéia, presente em todas as suas películas, é mais explícita e direta em *A Idade de Ouro* e *Viridiana,* que são para mim, junto com *Los olvidados,* suas criações mais plenas e perfeitas. Se a obra de Buñuel é uma crítica da ilusão de Deus, vidro deformante que não nos deixa ver o homem tal qual é, como são realmente os homens e que sentido terão as palavras amor e fraternidade numa sociedade *verdadeiramente* atéia?

A resposta de Sade, sem dúvida, não satisfaz a Buñuel. Tampouco acredito que, a esta altura, se satisfaça com as descrições que nos fazem as utopias filosóficas e políticas. À parte o fato de que essas profecias são inverificáveis, pelo menos por agora, é evidente que não correspondem ao que sabemos sobre o homem, sua história e sua natureza. Acreditar em uma sociedade atéia regida pela harmonia natural — sonho que todos tivemos — equivaleria agora a repetir a aposta de Pascal, só que em sentido contrário. Mais do que um paradoxo seria um ato de desespero: conquistaria nossa admiração, não nossa adesão. Ignoro qual seria a resposta que Buñuel poderia dar a estas perguntas. O surrealismo, que negou tantas coisas, era movido por um grande vento de generosidade e de fé. Entre os seus ancestrais encontram-se não somente Sade e Lautréamont como Fourier e Rousseau. E talvez seja este último, pelo menos para André Breton, a verdadeira origem do movimento: exaltação da paixão, confiança sem limites nos poderes naturais do homem. Não sei se Buñuel está mais próximo de Sade ou de Rousseau; é mais provável que ambos disputem em seu interior. Quaisquer que sejam as suas crenças a esse respeito, o certo é que em seus filmes não aparece nem a resposta de Sade nem a de Rousseau. Reticência, timidez ou desdém, seu silêncio é perturbador. Não só por ser o de um dos grandes artistas de nossa época, como também porque é o silêncio de toda a arte desta primeira metade do século. Depois de Sade, que eu saiba, ninguém se atreveu a descrever uma sociedade atéia. Falta algo na obra de nossos contemporâneos: não Deus, mas os homens sem Deus.

OS FILHOS DA MALINCHE

A estranheza que o nosso hermetismo provoca criou a legenda do mexicano, ser insondável. Nossa desconfiança provoca a distância. Se a nossa cortesia atrai, nossa reserva gela. E as inesperadas violências que nos dilaceram, o esplendor convulso ou solene de nossas festas, o culto à morte, findam por desconcertar o estrangeiro. A sensação que causamos não é diferente da que produzem os orientais. Também eles, chineses, indianos ou árabes, são herméticos e indecifráveis. Também eles arrastam atrás de si, em farrapos, um passado ainda vivo. Há um mistério mexicano, como há um mistério amarelo ou negro. O conteúdo concreto dessas representações depende de cada espectador. Mas todos coincidem em fazer a nosso respeito uma imagem ambígua, quando não contraditória: não somos gente de confiança e nossas respostas, assim como nossos silêncios, são imprevisíveis, inesperados. Traição e lealdade, crime e amor, ocultam-se no fundo de nosso olhar. Atraímos e repelimos.

Não é difícil compreender as origens desta atitude. Para o europeu, o México é um país à margem da História universal. E tudo que se encontra distanciado do centro da sociedade aparece como estranho e indecifrável. Os camponeses, remotos, ligeiramente arcaicos em seu modo de vestir-se e falar, parcos, adeptos de expressar-se em forma e fórmulas tradicionais, exercem sempre certa fascinação sobre o homem urbano. Em todos os lugares representam sempre o elemento mais antigo e secreto da sociedade. Para todos, exceto para si mesmos, encarnam o oculto, o escondido, o que só dificilmente se entrega, tesouro enterrado, espiga que amadurece nas entranhas terrestres, velha sabedoria oculta entre as saliências do solo.

A mulher, outro entre os seres que vivem à margem, também é figura enigmática. Para melhor dizê-lo, é o Enigma. À semelhança do homem de raça ou de nacionalidade estranha, atrai e repele. É a imagem da fecundidade, mas também a da morte. Em quase todas as culturas as deusas da criação são também deidades da destruição. Cifra viva da estranheza do universo e de sua radical heterogeneidade, a mulher: oculta a morte ou a vida? Em que pensa? Por acaso pensa? Sente, de fato? É igual a nós? O sadismo se inicia como vingança diante do hermetismo feminino ou como tentativa desesperada para obter uma resposta de um corpo que temos seja insensível. Porque, como diz Luís Cernuda, "o desejo é uma pergunta cuja resposta não existe". Apesar de sua nudez — redonda, cheia — nas formas da mulher há sempre algo que desvelar:

> Eva y Cipris concentran el misterio
> del corazón del mundo.

Para Rubén Darío, como para todos os grandes poetas, a mulher não é apenas um instrumento de conhecimento e sim o próprio conhecimento. O conhecimento que jamais possuiremos, a súmula de nossa definitiva ignorância: o mistério supremo.

Notável é que nossas representações da classe operária não estejam carregadas de sentimentos semelhantes, apesar de que esta também viva distanciada do centro da sociedade — inclusive fisicamente, recolhida em bairros e cidades especiais. Quando um romancista contemporâneo introduz um personagem que simboliza a salvação ou a destruição, a fertilidade ou a morte, não escolhe, como se poderia esperar, um operário, que encerra em sua figura a morte da velha sociedade e o nascimento de outra. D.H. Lawrence, que é um dos críticos mais violentos e profundos do mundo moderno, descreve em quase todas as suas obras as virtudes que fariam do homem fragmentário de nossos dias um homem de verdade, senhor de uma visão total do mundo. Para encarnar essas virtudes cria personagens de raças antigas e não-européias. Ou inventa a figura de Mellors, um guarda-florestal, um filho da terra. É possível que a infância de Lawrence, transcorrida entre as minas de carvão inglesas, explique essa deliberada ausência. Sabe-se que detestava os operários tanto quanto os burgueses. Mas, como explicar que em todos os grandes romanos revolucionários tampouco apareçam os proletários como heróis e sim apenas como tela de fundo? Em todos, o herói é sempre o aventureiro, o intelectual ou o revolucionário profissional. O homem à parte, que renunciou à sua classe, à sua origem ou à sua pátria. Herança do romantismo, sem dúvida, que faz do herói um ser anti-social. Além disso, o operário é demasiado recente. E parece-se com os seus senhores: todos são filhos da máquina.

O operário moderno carece de individualidade. A classe é mais forte do que o indivíduo e a pessoa se dissolve no genérico. Porque essa é a primeira e a mais grave mutilação que o homem sofre ao converter-se em assalariado industrial. O capitalismo despoja-o de sua natureza humana — coisa que não ocorreu com o escravo — já que reduz todo o seu ser à força de trabalho, transformando-o só por este fato em objeto. E como todos os objetos, em mercadorias, em coisa susceptível de compra e venda. O operário perde, bruscamente, e em razão mesmo de seu estado social, toda relação humana e concreta com o mundo: nem são seus os instrumentos que manipula, nem é seu o fruto de seu trabalho. Sequer chega a vê-lo. Na realidade, não é um operário, já que não produz obras ou não tem consciência de que as produz, perdido em aspecto determinado da produção. É um trabalhador, nome abstrato, que não designa uma tarefa determinada, mas uma função. Assim, a sua obra não o distingue dos outros homens, tal como acontece com o médico, o engenheiro ou o carpinteiro. A abstração que o qualifica — o trabalho medido pelo tempo — não o separa, mas liga-o a outras abstrações. Daí sua ausência de mistério, de problematicidade, daí a sua transparência, que não é diversa da de qualquer instrumento.

A complexidade da sociedade contemporânea e a especialização que requer o trabalho estendem a condição abstrata do operário a outros grupos sociais. Vivemos em um mundo de técnicos, diz-se. Apesar das diferenças de salários e de nível de vida, a situação desses técnicos não difere essencialmente da dos operários: também são assalariados e tampouco têm consciência da obra que realizam. O governo dos técnicos, ideal da sociedade contemporânea, seria assim o govêrno dos instrumentos. A função substituiria a finalidade, o meio, ao criador. A sociedade caminharia com eficácia, mas sem destino. E a repetição do mesmo gesto, característica da máquina, conduziria a uma forma desconhecida da imobilidade: a do mecanismo que avança de parte alguma para nenhum lado.

Os regimes totalitários nada fizeram senão estender e generalizar, por meio da força ou da propaganda, esta condição. Todos os homens submetidos ao seu império sofrem-na. Em certo sentido trata-se de uma transposição à esfera social e política dos sistemas econômicos do capitalismo. A produção em massa se consegue através da confecção de peças soltas que a seguir são reunidas em oficinas especiais. A propaganda e a ação política totalitária, assim como o terror e a repressão, obedecem ao mesmo sistema. A propaganda difunde verdades incompletas, em série e em peças soltas. Mais tarde esses fragmentos se organizam e se convertem em teorias políticas, verdades absolutas para as massas. O terror obedece ao mesmo princípio. A perseguição começa contra grupos isolados — raças, classes, dissidentes, suspeitosos — até que gradualmente alcança a todos. Ao iniciar-se, uma parte do povo contempla com indiferença o extermínio de outros grupos sociais ou contribui para a sua perseguição, pois os ódios internos são exasperados. Todos se tornam cúmplices e o sentimento de culpa se estende a toda a sociedade. O terror se generaliza: só existem agora perseguidores e perseguidos. O perseguidor, por outro lado, transforma-se muito fàcilmente em perseguido. Basta um giro da máquina política. E ninguém escapa a esta dialética feroz, nem os próprios dirigentes.

O mundo do terror, como o mundo da produção em série, é um mundo de objetos, de utensílios. (Donde a vaidade da disputa sôbre a validez histórica do terror moderno.) E os utensílios nunca são misteriosos ou enigmáticos, pois o mistério provém da indeterminação do ser ou do objeto que o contém. Um anel misterioso se desprende imediatamente do gênero anel; adquire vida própria, deixa de ser um objeto. Em sua forma jaz, oculta, prestes a saltar, a surpresa. O mistério é uma força ou uma virtude oculta, que não nos obedece e que não sabemos a que hora e como vai manifestar-se. Mas os instrumentos não ocultam nada, e nada nos indagam, nem respondem. São inequívocos e transparentes. São simples prolongações de nossas mãos, não possuem outra vida a não ser a que lhes outorgamos pela vontade. Servem-nos. E logo, gastos, velhos, nós os lançamos sem pensar à lata de lixo, ao cemitério de automóveis, ao campo de concentração. Ou os trocamos, com nossos aliados ou inimigos, por outros objetos.

Todas as nossas faculdades, e também todos os nossos defeitos, opõem-se a esta concepção do trabalho como esforço impessoal, repetido em iguais e vazias porções de tempo: a lentitude e cuidado na tarefa, o amor pela obra e por cada um dos detalhes que a compõem, o bom gosto, já inato, à força de ser uma herança milenar. Se não fabricamos produtos em série, sobressaímos na arte difícil, delicada e inútil de vestir pulgas. O que não quer dizer que o mexicano seja incapaz de converter-se no que se chama de um bom operário.

Tudo é questão de tempo. E nada, exceto uma mudança histórica cada vez mais remota e impensável, impedirá que o mexicano deixe de ser um problema, um ente enigmático, e converta-se em mais uma abstração.

Enquanto não chega este momento, que resolverá, aniquilando-as, todas as nossas contradições, devo assinalar que o extraordinário de nossa situação reside no fato de que não somente somos enigmáticos para os estranhos, como para nós mesmos. Pois bem, nada mais simples do que reduzir todo o complexo grupo de atitudes que nos caracteriza — e em particular a que consiste em sermos um problema para nós mesmos — ao que se poderia chamar de "moral de escravo", não apenas em oposição à "moral de senhor", como também à moral moderna, proletária ou burguesa.

A desconfiança, a dissimulação, a reserva cortês que fecha a passagem para o estrangeiro, a ironia, enfim, todas as oscilações psíquicas com que ao eludir-se ante a contemplação alheia nos eludimos a nós mesmos, são traços de gente dominada, que teme e finge diante do senhor. É revelador que a nossa intimidade jamais aflore de maneira natural, sem o estímulo da festa, do álcool ou da morte. Escravos, servos ou raças submetidas apresentam-se sempre cobertos por uma máscara, sorridente ou austera. E unicamente a sós, nos grandes momentos, atrevem-se a manifestar-se tal como são. Todas as suas relações estão envenenadas pelo medo e pelo receio. Medo ao senhor e receio diante de seus iguais. Cada um observa o outro, porque cada companheiro pode ser também um traidor. Para sair de si mesmo o servo necessita saltar barreiras, esquecer sua condição. Viver a sós, sem testemunhas. Apenas na solidão atreve-se a ser.

A indubitável analogia que se observa entre certas de nossas atitudes e as dos grupos submetidos ao poder de um senhor, uma casta ou um estado estrangeiro, poderia resolver-se nesta afirmação: o caráter dos mexicanos é um produto das circunstâncias sociais imperantes em nosso país; a história do México, que é a história dessas circunstâncias, contém a resposta a todas as perguntas. A situação do povo durante o período colonial seria assim a raiz de nossa atitude fechada e instável. Nossa história como nação independente contribuiria também para perpetuar e tornar mais nítida esta psicologia servil, já que não logramos suprimir a miséria popular nem as exasperantes diferenças sociais, apesar de século e meio de lutas e experiências constitucionais. O emprego da violência como recurso dialético, os abusos de autoridade dos poderosos — vício que ainda não desapareceu — e finalmente o ceticismo e a resignação do povo, hoje mais visível do que nunca devido às sucessivas desilusões pós-revolucionárias, completariam esta explicação histórica.

O defeito de interpretações como a que acabo de esboçar reside, precisamente, em sua simplicidade. Nossa atitude diante da vida não está condicionada pelos fatos históricos, ao menos da maneira rigorosa com que, no mundo da mecânica, a velocidade ou a trajetória de um projétil encontra-se determinada por um conjunto de fatores conhecidos. Nossa atitude vital — que é um fator que jamais conheceremos totalmente, pois mudança e indeterminação são as únicas constantes de seu ser — também é história. Quer dizer, os fatos históricos não são simplesmente fatos, mas estão embebidos de humanidade, isto é, de problematicidade. Tampouco são o simples resultado de outros fatos, que os tenham causado, mas de uma vontade singular, capaz de reger sua fatalidade dentro de certos limites. A história não é um mecanismo e as influências entre os diversos componentes de um fato histórico são recíprocas, como tantas vezes já foi dito. O que distingue um fato histórico dos outros é o seu caráter histórico. Ou seja, que é por si mesmo e em si mesmo uma unidade irredutível a outras. Um fato histórico não é o produto dos chamados fatores da história, mas uma realidade indissolúvel. As circunstâncias históricas explicam nosso caráter na medida que nosso caráter também as explica. Ambos são o mesmo. Por isso toda explicação puramente histórica é insuficiente, o que não equivale a dizer que seja falsa.

Basta uma observação para reduzir a suas verdadeiras proporções a analogia entre a moral dos servos e a nossa: as reações habituais do mexicano não são privativas de uma classe, raça ou grupo isolado, em situação de inferioridade. As classes ricas também se fecham ao mundo exterior e também se dilaceram cada vez que tentam abrir-se. Trata-se de uma atitude que ultrapassa as circunstâncias históricas, embora sirva-se delas para manifestar-se e se modifique ao seu contato. O mexicano, como todos os homens, ao servir-se das circunstâncias converte-as em matéria plástica e com elas se funde. Ao esculpi-las, esculpe-se a si mesmo.

Se não é possível identificar nosso caráter com os dos grupos submetidos, não se pode também negar seu parentesco. Em ambas as situações o indivíduo e o grupo lutam, simultânea e contraditoriamente, para ocultar-se e revelar-se. Mas uma diferença nos separa. Servos, criados ou vítimas de um poder estranho qualquer (os negros norte-americanos por exemplo) estabelecem um combate com uma realidade concreta. Nós, ao contrário, lutamos com entidades imaginárias, vestígios do passado ou fantasmas engendrados por nós mesmos. Esses fantasmas e vestígios são reais, ao menos para nós. Sua realidade é de uma espécie sutil e atroz, porque é uma realidade fantasmagórica. São intocáveis e invencíveis, pois não estão fora de nós e sim dentro de nós mesmos. Na luta que contra eles sustenta a nossa vontade de ser, contam com um aliado secreto e poderoso: nosso medo de ser. Porque tudo que é o mexicano atual, como já se viu, pode reduzir-se a isto: o mexicano não quer ou não se atreve a ser ele mesmo.

Em muitos casos estes fantasmas são vestígios de realidades passadas. Originaram-se das lutas na Conquista, na Colônia ou na Independência ou nas guerras sustentadas contra os ianques e os franceses. Outros refletem nossos problemas atuais, mas de uma maneira indireta, ocultando ou disfarçando a sua verdadeira natureza. Não é extraordinário que desaparecidas as causas persistam os efeitos? E que os efeitos ocultem as causas? Nesta esfera é impossível cindir causas e efeitos. Na realidade, não há causas e efeitos, mas um complexo de reações e tendências que se penetram mutuamente. A persistência de certas atitudes e a liberdade e independência que assumem diante das causas que as originaram, levam-nos a estudá-las na carne viva do presente e não nos textos históricos.

Em suma, a história poderá esclarecer a origem de muitos de nossos fantasmas, mas não os dissipará. Somente nós poderemos enfrentá-los. Ou, dizendo de outro modo: a história nos auxilia a compreender certos traços de nosso caráter, com a condição de que sejamos capazes de isolá-los e denunciá-los previamente. Somente nós podemos responder às perguntas que nos fazem a realidade e o nosso próprio ser.

Em nossa linguagem cotidiana há um grupo de palavras proibidas, secretas, sem conteúdo claro e à cuja mágica ambigüidade confiamos a expressão das mais grosseiras ou sutis de nossas emoções e reações. Palavras malditas, que só pronunciamos em voz alta quando não estamos senhores de nós mesmos. Confusamente, refletem a nossa intimidade: as explosões de nossa vitalidade as iluminam e as depressões de nosso ânimo as obscurecem. Linguagem sagrada, como a das crianças, da poesia ou das seitas secretas. Cada letra e cada sílaba estão animadas de uma dupla vida, ao mesmo tempo luminosa e obscura, que nos revela e oculta. Palavras que não dizem nada e dizem tudo. Os adolescentes, quando querem passar por homens, as pronunciam com voz rouca. Repetem-nas as senhoras, seja para dar a entender a sua liberdade de espírito, seja para revelar a verdade de seus sentimentos. Pois estas palavras são definitivas, categóricas, apesar de sua ambigüidade e da facilidade com que variam de significado. São as palavras más, única linguagem viva em um mundo de vocábulos anêmicos. A poesia ao alcance de todos.

Cada país tem a sua. Na nossa, em suas breves sílabas, desgarradas, agressivas e faiscantes, semelhantes à luz momentânea de um punhal quando descarregado contra um corpo opaco e duro, condensam-se todos os nossos apetites, iras e entusiasmos e os desejos que se embatem no fundo de nosso ser, inexpressados. Essa palavra é a nossa imagem e senha. Por ela e nela nos reconhecemos entre estranhos e dela nos socorremos cada vez que aflora aos nossos lábios a condição de nosso ser. Conhecê-la, usá-la, lançando-a ao ser como um fogo de artifício vistoso ou fazendo-a vibrar como uma arma afiada, é uma maneira de afirmar a nossa mexicanidade.

Toda a angustiosa tensão que nos habita expressa-se em uma frase que nos vem à boca quando a cólera, a alegria ou o entusiasmo nos levam a exaltar a nossa condição de mexicanos: "Viva México, filhos da Chingada!" Verdadeiro grito de guerra, carregado de uma eletricidade especial, esta frase é um repto e uma afirmação, um disparo, dirigido contra um inimigo imaginário, e uma explosão no ar. Novamente, com certa patética e plástica fatalidade, apresenta-se a imagem do foguete que sobe aos céus, dispersa-se em faíscas e cai obscuramente. Ou do uivo com que terminam as nossas canções e que possui a mesma ressonância ambígua: alegria rancorosa, dilacerada afirmação que abre o peito e consome-se a si mesma.

Com esse grito, que é obrigatório soltar-se em cada ·15 de setembro, aniversário da Independência, afirmamo-nos e afirmamos a nossa pátria, diante, contra e apesar dos outros. E quem são os demais? São os "hijos de la Chingada": os estrangeiros, os maus mexicanos, nossos inimigos, nossos rivais. Em todo caso, os "outros". E esses outros não se definem a não ser enquanto filhos de uma mãe tão indeterminada e vaga como eles mesmos.

Quem é a Chingada? Antes de tudo, é a Mãe. Não uma mãe de carne e osso, mas uma figura mítica. A Chingada é uma das representações mexicanas da Maternidade, como a "Llorona" ou a "sofrida mãe mexicana" que festejamos no dia 10 de maio. A Chingada é a mãe que sofreu, metafórica ou realmente, a ação corrisiva e infamante implícita no verbo que lhe dá o nome. Vale a pena deter-se no significado deste vocábulo.

Em *Anarquía del lenguage en la América Española*, Dario Rubio examina a origem desta palavra e enumera as significações que lhe são emprestadas por todos os povos hispano-americanos. Sua procedência asteca é provável: *chingaste* é *xinachtli* (semente de hortaliça) ou *xinaxtli* (hidromel fermentado). O vocábulo e seus derivados se usam, em quase toda a América e em algumas regiões da Espanha, associados às bebidas, alcoólicas ou não: *chingaste* são os resíduos que ficam no copo, na Guatemala e em El Salvador; em Oaxaca chamam *chingaditos* aos restos do café; em todo o México se chama *chínguere* — ou, significativamente, *piquete* (picada) —, à bebida alcoólica; no Chile, no Peru e no Equador a *chingada* é a taberna; na Espanha, *chingar* equivale a beber muito, a embriagar-se; e em Cuba um *chinguirito* é um trago de bebida.

Chingar também implica a idéia de fracasso. No Chile e na Argentina, um petardo (fogo de artifício) se *chinga* "quando se frustra ou não tem efeito". E as empresas que fracassam, as festas que se desmancham, as ações que não atingem o seu objetivo, se *chingam*. Na Colômbia *chingar-se* é ser vítima de um logro, de um engano. Na região do Prata um vestido rasgado é um vestido *chingado*. Em quase todos os lugares *chingar-se* é ser enganado, fracassar. Do mesmo modo, emprega-se *chingar* em alguns lugares da América do Sul como sinônimo de incomodar, censurar, enganar. É um verbo agressivo, como se pode ver por todas estas significações: cortar a cauda dos animais, troçar, atiçar os galos, burlar, prejudicar, deitar a perder, frustrar.

No México, os significados da palavra são inumeráveis. É um vocábulo mágico. Basta uma mudança de tom, uma simples inflexão, para que o sentido varie. Há tantos matizes quanto entonações: tanto as significados como sentimentos Pode-se ser um *chingón* um Gran Chingón (nos negócios, na política, no crime, com as mulheres), um *chingaquedito* (silencioso, dissimulado, urdindo intrigas na sombra, avançando cauteloso para dar o golpe), um *chingoncito*. Mas a pluralidade de significações não impede que a idéia de agressão — em todos os graus, desde o simples de incomodar, picar, humilhar, até o de violar, dilacerar e matar — apresente-se sempre como significado último. O verbo denota violência, sair de si mesmo e penetrar no outro pela força. E também ferir, rasgar, violar — corpos, almas, objetos —, destruir. Quando algo se quebra, dizemos: *se chingou*. Quando alguém executa um ato desmedido e contra as regras, comentamos: "fez uma *chingadera*".

A idéia de romper e de abrir reaparece em quase todas as expressões. O vocábulo está carregado de sexualidade, mas não é sinônimo do ato sexual; pode-se *chingar* uma mulher sem possuí-la. E quando se alude ao ato sexual, a violação e a sedução lhe emprestam um matiz peculiar. O que *chinga* jamais o faz com o consentimento da *chingada*. Em suma, *chingar* é exercer violência sobre o outro. É um verbo masculino, ativo, cruel: pica, fere, mancha, dilacera. E provoca uma amarga e ressentida satisfação em quem o executa.

O *chingado* é o passivo, o inerte e aberto, por oposição ao que *chinga*, que é ativo, agressivo, fechado. O *chingón* é o macho, o que abre. A *chingada*, a fêmea, a passividade pura, inerme ante o exterior. A relação entre ambos é violenta, determinada pelo poder cínico do primeiro e a impotência da outra. A idéia de violação rege obscuramente todos os significados. A dialética do "fechado" e do "aberto" cumpre-se assim com uma precisão quase feroz.

O poder mágico da palavra se intensifica por seu caráter proibido. Ninguém a diz em público. Somente um excesso de cólera, uma emoção ou um entusiasmo delirante justificam sua expressão franca. É um vocábulo que só se ouve entre homens ou nas grandes festas. Ao gritá-lo, rompemos um véu de pudor, de silêncio ou de hipocrisia. Manifestamo-nos tais como somos. As palavras torpes fervem em nosso interior como fervem os nossos sentimentos. Quando saem, fazem-no brusca, brutalmente, em forma de alarido, de desafio, de ofensa. São projéteis ou punhais. Dilaceram.

Os espanhóis também abusam das expressões fortes. Diante deles o mexicano é singularmente pulcro. Mas enquanto os espanhóis se comprazem na blasfêmia e na escatologia, nós nos especializamos na crueldade e no sadismo. O espanhol é simples: insulta a Deus porque acredita nele. A blasfêmia, diz Machado, é uma oração ao inverso. O prazer que experimentam muitos espanhóis, inclusive alguns de seus mais altos poetas, quando aludem aos detritos e misturam a merda com o sagrado, parece-se um pouco com o das crianças que brincam com a lama. Existe, além do ressentimento, o gosto pelos contrastes que gerou o estilo barroco e a dramaticidade da grande pintura espanhola. Só um espanhol pode falar com autoridade de Onã e Don Juan. Nas expressões mexicanas, ao contrário, não se adverte a dualidade espanhola simbolizada pela oposição do real e do ideal, os místicos e os pícaros, o Quevedo fúnebre e o escatológico, mas a dicotomia entre o fechado e o aberto. O verbo *chingar* indica o triunfo do fechado, do macho, do forte, sobre o aberto.

A palavra *chingar*, com todas essas múltiplas significações, define grande parte de nossa vida e qualifica nossas relações com o resto de nossos amigos e compatriotas. Para o mexicano a vida é uma possibilidade de *chingar* ou de ser *chingado*. Quer dizer, de humilhar, castigar e ofender. Ou o inverso. Esta concepção da vida social como combate gera fatalmente a divisão da sociedade em fortes e fracos. Os fortes — os *chingones* sem escrúpulos, duros e inexoráveis — rodeiam-se de fidelidades ardentes e interessadas. O servilismo diante dos poderosos — particularmente na casta dos "políticos", isto é, dos profissionais dos negócios públicos — é uma das deploráveis conseqüências desta situação. Outra, não menos degradante, é a adesão às pessoas e não aos princípios. Com freqüência os nossos políticos confundem os negócios públicos com os privados. Não importa. Sua riqueza ou sua influência na administração permite-lhes sustentar uma mesnada que o povo chama, muito propriamente, de *lambiscones* (de lamber).

O verbo *chingar* — maligno, ágil e saltitante como um animal de rapina — gera muitas expressões que fazem de nosso mundo uma selva: há tigres nos negócios, águias nas escolas ou nos presídios, leões entre os amigos. O suborno se chama "morder". Os burocratas roem os seus ossos (os empregos públicos). E em mundo de *chingones*, de relações duras, presididas pela violência e pelo receio, no qual ninguém se abre nem se rompe e todos querem *chingar*, as idéias e o trabalho contam pouco. O único que vale é a *hombría* (a macheza), o valor pessoal, capaz de impor-se.

O vocábulo tem, além disso, outro significado mais restrito. Quando dizemos "vai para a Chingada", enviamos nosso interlocutor a um lugar distante, vago e indeterminado. Ao país das coisas gastas, arruinadas. País cinzento, que não está em nenhuma parte, imenso e vazio. E não somente por simples associação fonética o comparamos com a China, que é também imensa e remota. A Chingada, à força de uso, de significações contrárias e da fricção de lábios coléricos ou entusiasmados, termina por gastar-se, por esgotar seus conteúdos e desaparecer. É uma palavra oca. Não quer dizer nada. É o Nada.

Após esta digressão, pode-se responder à pergunta: Que é a Chingada? A Chingada é a Mãe aberta, violada ou seduzida pela força. O "filho da Chingada" é o fruto da violação, do rapto e da burla. Se se compara esta expressão com a espanhola "hijo de puta", adverte-se imediatamente a diferença. Para o espanhol a desonra consiste em ser filho de uma mulher que voluntariamente se entrega, uma prostituta; para o mexicano, em ser fruto de uma violação.

Manuel Cabrera faz-me observar que a atitude espanhola reflete uma concepção histórica e moral do pecado original, enquanto que a do mexicano, mais profunda e genuína, transcende a ética e a anedota. De fato, toda mulher, ainda que se entregue voluntariamente, é dilacerada, *chingada* pelo homem. Em certo sentido todos somos, só pelo fato de nascermos de mulher, filhos da Chingada, filhos de Eva. Mas o característico do mexicano reside, em meu entender, na violenta, sarcástica humilhação da mãe e na não menos violenta afirmação do Pai. Uma amiga minha — as mulheres são mais sensíveis à estranheza da situação — observava-me que a admiração pelo Pai, símbolo do fechado e do agressivo, capaz de *chingar* e abrir, transparece em uma expressão que empregamos quando queremos impor a outro a nossa superioridade: "Eu sou teu pai". Em resumo, a questão da origem é o centro secreto de nossa ansiedade e angústia. Vale a pena deter-se um pouco no sentido que tudo isto tem para nós.

Estamos sós. A solidão, de cuja profundidade brota a angústia, começou no dia em que nos despedimos do âmbito materno e caímos em um mundo estranho e hostil. Caímos; e esta queda, este saber que caímos, nos torna culpados. De quê? De um delito sem nome: o de ter nascido. Estes sentimentos são comuns a todos os homens e não há nada neles que seja especificamente mexicano; sendo assim, não se trata aqui de repetir uma descrição que já foi feita muitas vezes, e sim de assinalar alguns traços e emoções que iluminam com uma luz particular a condição universal do homem.

Em todas as civilizações a imagem do Deus Pai — que logo destrona as divindades femininas — apresenta-se como uma figura ambivalente. Por um lado, seja Jeová, Deus Criador ou Zeus, rei da criação, regulador cósmico, o Pai encarna o poder genérico, origem da vida; por outro lado é o princípio anterior, o Uno, de onde tudo nasce e onde tudo desemboca. Mas, além disso, é o senhor do raio e do látego, o tirano e o ogre devorador da vida. Este aspecto — Jeová colérico, Deus da ira, Saturno, Zeus violador de mulheres — é o que aparece quase exclusivamente nas representações populares que o mexicano faz para si mesmo do poder viril. O "macho" representa o pólo masculino da vida. A frase "eu sou teu pai" não tem qualquer sabor paternal, nem se diz para proteger, resguardar ou conduzir e sim para impor-se uma superioridade, isto é, para triunfar. Seu significado real não é distinto do verbo *chingar* e alguns de seus derivados. O "Macho" é o Gran Chingón.

Uma palavra resume a agressividade, impassibilidade, invulnerabilidade, uso descarnado da violência e demais atributos do "macho": poder. A força, mas desligada de toda noção de ordem: o poder arbitrário, a vontade sem freios e sem limites.

A arbitrariedade acrescenta um elemento imprevisto à figura do "macho". É um humorista. Suas brincadeiras são enormes, descomunais e desembocam sempre no absurdo. É conhecida a anedota daquele que, para "curar" a dor de cabeça de um companheiro de pândegas, esvaziou a pistola em seu crânio. Certo ou não, o sucedido revela com que inexorável rigor a lógica do absurdo se introduz na vida. O "macho" faz *chingaderas*, isto é, atos imprevistos e que produzem a confusão, o horror, a destruição. Abre o mundo; ao abri-lo, o dilacera. O dilaceramento provoca um grande riso sinistro. A seu modo, é justo: restabelece o equilíbrio, põe as coisas em seu lugar, isto é, as reduz a pó, miséria, nada. O humorismo do "macho" é um ato de vingança.

Um psicólogo diria que o ressentimento é o fundo de seu caráter. Não seria difícil perceber também certas inclinações homossexuais, como o uso e o abuso da pistola, símbolo fálico portador da morte e não da vida, o gosto pelas confrarias fechamento masculinas, etc. Mas qualquer que seja a origem dessas atitudes, o fato é que o atributo essencial do "macho", a força, manifesta-se quase sempre como capacidade de ferir, romper, aniquilar, humilhar. Nada mais natural, portanto, do que sua indiferença diante da prole que gera. Não é o fundador de um povo; não é o patriarca que exerce a *patria potestas* não é rei, juiz, chefe do clã. É o poder, isolado em sua própria potência, sem relação nem compromisso com o mundo exterior. É a incomunicação pura, a solidão que se devora a si mesma e devora a tudo que toca. Não pertence a nosso mundo, não é de nossa cidade, não vive em nosso bairro. Vem de longe, está sempre longe. É o Estranho. É impossível não perceber a semelhança entre a figura do "macho" com a do conquistador espanhol. Esse é o modelo — mais mítico do que real — que rege as representações feitas pelo povo mexicano dos poderosos: caciques, senhores feudais, políticos, generais, capitães de indústria. Todos eles são "machos", *chingones*.

O "macho" não tem qualquer contrapartida heróica ou divina. Hidalgo, o "pai da pátria", como é costume chamar-se no jargão ritual da República, é um ancião inerme, mais encarnação do povo desvalido diante da força do que imagem do poder e da cólera do pai terrível. Entre os numerosos santos patronos dos mexicanos tampouco aparece algum que ofereça qualquer semelhança com as divindades masculinas. Finalmente, não existe uma veneração especial pelo Deus pai da Santíssima Trindade, figura um tanto indistinta. Em compensação é muito freqüente e constante a devoção a Cristo, o Deus filho, o Deus jovem, sobretudo como vítima redentora. Nas igrejas das aldeias são abundantes as imagens de Jesus — na cruz ou coberto de chagas e feridas — nas quais o realismo herdado dos espanhóis se alia ao simbolismo trágico dos índios: as feridas são flores, prendas da ressurreição, por um lado, e também reiteração de que a vida é a máscara dolorosa da morte.

O fervor do culto ao Deus filho poderia explicar-se, à primeira vista, como herança das religiões pré-hispânicas. De fato, quando os espanhóis chegaram, quase todas as grandes divindades masculinas — com exceção de Tláloc, criança e velho simultaneamente, divindade das mais antigas — eram deuses filhos, como Xipe, deus do *maíz* (milho) ainda novo, e Huitzilopochtli, o "guerreiro do sul". Talvez não fosse ocioso lembrar que o nascimento de Huitzilopochtli oferece várias analogias com o de Cristo: também é concebido sem contato carnal; o mensageiro divino também é um pássaro (que deixa cair uma pena no regaço de Coalicue); e, finalmente, também o infante Huitzilopochtli tem de escapar à perseguição de um Herodes mítico. Contudo, seria abusivo utilizar estas analogias a fim de explicar a devoção a Cristo, como também o seria atribuí-la a uma mera sobrevivência do culto aos deuses jovens. O mexicano venera o Cristo ensangüentado e humilhado, golpeado pelos soldados, condenado pelos juízes, porque nele vê a imagem transfigurada de seu próprio destino. E é isto que também o leva a reconhecer-se em Cauhtémoc, o jovem Imperador asteca destronado, torturado e assassinado por Cortés.

Cuauhtémoc quer dizer "águia que cai". O chefe mexicano ascende ao poder ao iniciar-se o sítio de México--Tenochtitlán, quando os astecas foram sucessivamente abandonados pelos seus deuses, seus vassalos e seus aliados. Ascende só para cair, como um herói mítico. Inclusive sua relação com a mulher se ajusta ao arquétipo do herói jovem, ao mesmo tempo amante e filho da Deusa. Assim, Lópes Velarde diz que Cuauhtémoc sai ao encontro de Cortés, isto é, para o sacrifício final, "desprendendo-se do peito curvo da Imperatriz". É um guerreiro, mas também é uma criança. Só que o ciclo heróico não se fecha: herói caído, ainda espera a sua ressurreição. Não é surpreendente que, para a maioria dos mexicanos, Cuauhtémoc seja o "jovem avô", a origem do México: o túmulo do herói é o berço do povo. Tal é a dialética dos mitos e Cuauhtémoc, antes de ser uma figura histórica, é um mito. E aqui intervém outro elemento decisivo, analogia que faz desta história um verdadeiro poema em busca de um desenlace: ignora-se o lugar do túmulo de Cuauhtémoc. O mistério do destino de seus restos é uma de nossas obsessões. Encontrá-lo significa nada menos do que voltar à nossa origem, reatar nossa filiação, romper com a solidão. Ressuscitar.

Interrogando-se a terceira figura da tríade, a Mãe, escutaremos uma dupla resposta. Não é segredo para ninguém que o catolicismo mexicano concentra-se no culto à Virgem de Guadalupe. Em primeiro lugar: trata-se de uma Virgem índia. Em seguida, o lugar de sua aparição (diante do índio Juan Diego) é uma colina que foi antes santuário dedicado a Tonantzín, "nossa mãe", deusa da fertilidade entre os astecas. Como se sabe, a Conquista coincide com o apogeu do culto a duas divindades masculinas: Quetzalcóatl, o deus do auto-sacrifício (cria o mundo, segundo o mito, lançando-se à fogueira em Teotihuacán) e Huitzilopochtli, o jovem deus guerreiro que sacrifica. A derrota destes deuses — pois isto foi a Conquista para o mundo índio: o fim de um ciclo cósmico e a instauração de um novo reinado divino — produziu entre os fiéis uma espécie de regresso às antigas divindades femininas. Este fenômeno de volta às entranhas maternas, bem conhecido dos psicólogos, é sem dúvida uma das causas determinantes da rápida popularidade do culto à Virgem. Pois bem, as deidades índias eram deusas da fecundidade, ligadas aos ritmos cósmicos, os processos de vegetação e os ritos agrários. A Virgem católica é também uma Mãe (Guadalupe-Tonantzin, como ainda a chamam alguns peregrinadores índios) mas seu atributo principal não é o de velar pela fertilidade da terra e sim ser o refúgio dos desamparados. A situação mudou: já não se trata de assegurar as colheitas e sim de encontrar um regaço. A Virgem é o consolo dos pobres, o escudo dos fracos, o amparo dos oprimidos. Em suma, é a Mãe dos órfãos. Todos os homens nasceram deserdados e nossa verdadeira condição é a orfandade, mas isto é particularmente certo para os índios e os pobres do México. O culto à Virgem reflete não só a condição geral dos homens como também uma situação histórica concreta, tanto no plano espiritual como no material. E ainda há mais: Mãe universal, a Virgem é também a intermediária, a mensageira entre o homem deserdado e o poder desconhecido, sem rosto: o Estranho.

Em contraposição à Guadalupe, que é a Mãe virgem, a Chingada é a Mãe violada. Nem nela nem na Virgem encontram-se vestígios dos atributos sombrios da Grande Deusa: lascívia de Amaterasu e Afrodite, crueldade de Ártemis e Astartéia, magia funesta de Circe, amor pelo sangue de Kali. Trata-se de figuras passivas. Guadalupe é a receptividade pura e os benefícios que produz são da mesma ordem: consola, serena, tranqüiliza, enxuga as lágrimas, acalma as paixões. A Chingada é ainda mais passiva. Sua passividade é abjeta: não oferece resistência à violência, é um montão inerte de sangue, ossos e pó. Sua mancha é constitucional e reside, conforme já foi dito acima, em seu sexo. Esta passividade aberta ao exterior a leva a perder a sua identidade: é a Chingada. Perde seu nome, já não é mais ninguém, confunde-se com o nada, é o Nada. E contudo, é a atroz encarnação da condição feminina.

Se a Chingada é uma representação da Mãe violada, não me parece forçado associá-la à Conquista, que foi também uma violação, não somente no sentido histórico como na própria carne das índias. O símbolo da entrega é *doña* Malinche, a amante de Cortés. É verdade que ela se entrega voluntariamente ao Conquistador, mas este, mal ela deixa de ser-lhe útil, a esquece. *Doña* Marina se converteu em uma figura que representa as índias, fascinadas, violadas ou seduzidas pelos espanhóis. E do mesmo modo que a criança não perdoa à sua mãe porque a abandona para ir em busca de seu pai, o povo mexicano não perdoa à Malinche a sua traição. Ela encarna o aberto, o *chingado*, em relação aos nossos índios, estóicos, impassíveis, fechados. Cuauhtémoc e *doña* Marina são assim dois símbolos antagônicos e complementários. E se não é surpreendente o culto que todos professamos ao jovem Imperador — "único herói à altura da arte", imagem do filho sacrificado — muito menos será estranha a maldição que pesa contra a Malinche. Daí o êxito do adjetivo depreciativo "malinchista", recentemente posto em circulação pelos periódicos para denunciar a todos os contagiados pelas tendências estrangeirantes. Os malinchistas são os partidários de que o México se abra ao exterior: os verdadeiros filhos da Malinche, que é a Chingada em pessoa. De novo surge o cerrado por oposição ao aberto.

Nosso grito é uma expressão da vontade mexicana de viver fechados ao exterior, sim, mas sobretudo fechados em relação ao passado. Neste grito condenamos a nossa origem e renegamos o nosso hibridismo. A estranha permanência de Cortés e da Malinche na imaginação e na sensibilidade dos mexicanos atuais, revela que são algo mais do que figuras históricas: são símbolos de um conflito secreto, que ainda não resolvemos. Ao repudiar a Malinche — Eva mexicana, tal como a representa José Clemente Orozco em seu mural da Escola Nacional Preparatória — o mexicano rompe suas ligações com o passado, renega a sua origem e penetra sozinho na vida histórica.

O mexicano condena em bloco toda a sua tradição, que é um conjunto de gestos, atitudes e tendências no qual já se torna difícil distinguir o espanhol do índio. Por isso a tese hispanista, que nos faz descender de Cortés com a exclusão da Malinche, é patrimônio de alguns poucos extravagantes, que nem sequer são brancos puros. E outro tanto pode dizer-se da propaganda indigenista, que também é sustentada pelos criULOs e mestiços maníacos, sem que jamais os índios lhes tenham prestado atenção.

O mexicano não quer ser nem índio, nem espanhol. Tampouco quer descender deles. Nega-os. E não se anima em sua condição de mestiço, mas só como abstração: é um homem. Torna-se filho do nada. Começa em si mesmo.

Esta atitude não se manifesta em nossa vida diária, mas no curso de nossa história, que em certos momentos chegou a ser uma encarniçada vontade de desenraizamento. Causa pasmo que um país com um passado tão vivo, profundamente tradicional, tão pobre em história moderna quanto rico em antigüidade legendária, só possa conceber-se como negação de sua origem.

Nosso grito popular nos despe e revela qual seja esta chaga que alternativamente mostramos ou escondemos, mas não nos indica quais foram as causas dessa separação e negação da Mãe, nem quando se realizou a ruptura. Com o propósito de examinar mais detidamente o problema, pode adiantar-se que a Reforma liberal de meados do século passado parece ser o momento em que o mexicano se decide a romper com a sua tradição, o que é uma maneira de romper consigo mesmo. Se a independência corta os laços políticos que nos uniam à Espanha, a Reforma nega que a nação mexicana, enquanto projeto histórico, possa continuar a tradição colonial. Juárez e sua geração fundam um Estado cujos ideais são distintos dos que animavam a Nova Espanha ou as sociedades pré-cortesianas. O Estado mexicano proclama uma concepção universal e abstrata do homem: a República não é composta de criolos, índios e mestiços, tal como, com grande amor pelos matizes e respeito pela natureza heteróclita do mundo colonial, especificavam as *Leyes de Indias*, mas somente por homens, nada mais. E sem mais ninguém.

A Reforma é a grande ruptura com a Mãe. Esta separação era um ato fatal e necessário, porque toda vida verdadeiramente autônoma se inicia como ruptura com a família e o passado. Mas ainda nos dói esta separação. Ainda respiramos pela ferida. Daí que o sentimento de orfandade seja o fundo constante de nossas tentativas políticas e de nossos conflitos íntimos. México está tão só como cada um dos seus filhos.

O mexicano e a mexicanidade se definem como ruptura e negação. E portanto como busca, como vontade de transcender esse estado de exílio. Em resumo, como viva consciência da solidão, histórica e pessoal. A história, que não nos podia dizer nada sobre a natureza de nossos sentimentos e de nossos conflitos, pode mostrar-nos agora como se realizou a ruptura e quais foram as nossas tentativas para transcender a solidão.

REVOLTA, REVOLUÇÃO, REBELIÃO

Em castelhano usa-se pouco a palavra revolta. A maioria prefere revolução e rebelião. À primeira vista o contrário é que seria natural: revolta é mais popular e expressivo. Em 1611 Covarrubias assim a definia: "rebolver es ir con chismerias de una parte a otra y causar enemistades y quistiones: y a éste llamamos rebolvedor y reboltoso, rebuelta la cuestión" *. Os significados de revolta são numerosos, desde segunda volta até confusão e mistura de uma coisa com outra; todos são regidos pela idéia de regresso associada à de desordem e de desregramento. Nenhuma das acepções é boa, quero dizer: nenhuma diz que a revolta seja um fato valioso. Em uma sociedade como a Espanha do século XVII, a revolta repre-

(*) Joan Corominas: *Diccionario crítico-etimológico de la lengua castellana*.

sentava um princípio funesto: a confusão de classes, o regresso ao caos primitivo, a agitação e a desordem que ameaça a fábrica social. Revolta era algo que dissolvia as distinções em uma massa informe. Para Bernardo de Balbuena a civilização consiste na instituição das hierarquias, criadora da necessária desigualdade entre os homens; a barbárie é o retorno à natureza: à igualdade. Não é fácil determinar quando começou a usar-se a palavra revolta com a significação de levante espontâneo do povo. Segundo Corominas a história da acepção alvoroço ou alteração da ordem social está ainda para ser feita. Em francês aparece por volta de 1500, no sentido de "mudar de partido" e só um século depois adquire o significado de rebelião. Embora o dicionário de Littré indique que o termo vem do italiano *rivoltare* (volver-se para trás, revirar), Corominas pensa que talvez seja de procedência catalã: *revolt, temps de revolt*. Qualquer que seja a sua origem, a maioria escreve e diz revolução ou rebelião quando se refere a distúrbios e sublevações públicas. Revolta se deixa para significar motim ou agitação sem propósito definido. É uma palavra plebéia.

As diferenças entre o revoltoso, o rebelde e o revolucionário são muito marcadas. O primeiro é um espírito insatisfeito e intrigante, que semeia a confusão; o segundo é aquele que se levanta contra a autoridade, o desobediente ou indócil; o revolucionário é o que procura a mudança violenta das instituições. (Detenho-me pouco nas definições de nossos dicionários porque parecem inspiradas pelo Departamento de Polícia.) Apesar destas diferenças, há uma relação íntima entre as três palavras. A relação é hierárquica: revolta vive no subsolo do idioma; rebelião é individualista; revolução é palavra intelectual e alude, mais do que às gestas de um herói rebelde, aos abalos dos povos e às leis da história. Rebelião é voz militar; vem de *bellum* e evoca a imagem da guerra civil. As minorias são rebeldes; as maiorias, revolucionárias. Embora a origem de revolução seja a mesma que a de revolta (*volvere*: rodar, enrolar, desenrolar) e embora ambas signifiquem regresso, a primeira é de estirpe filosófica e astronômica: retorno dos astros e planetas a seu ponto de partida, movimento de rotação em torno de um eixo, ronda das estações e das eras históricas. Em revolução as idéias de regresso e movimento se fundem na de ordem; em revolta essas mesmas idéias denotam desordem. Assim, revolta não implica nenhuma visão cosmogônica ou histórica: é o presente caótico ou tumultuoso. Para que a revolta cesse de ser alvoroço e ascenda à história propriamente dita, deve transformar-se em revolução. O mesmo sucede com rebelião: os atos do rebelde, por mais ousados que sejam, são gestos estéreis se não se apóiam em uma doutrina revolucionária. Desde fins do século XVIII a palavra cardinal dessa tríade é revolução. Ungida pela luz da idéia, é filosofia em ação, crítica convertida em ato, violência lúcida. Popular como a revolta e generosa como a rebelião, engloba-as e dirige-as. A revolta é a violência do povo; a rebelião, a sublevação solitária ou minoritária; ambas são espontâneas e cegas. A revolução é reflexão e espontaneidade: uma ciência e uma arte.

O declínio da palavra revolta se deve a um fato histórico preciso. É uma palavra que exprime muito bem a inquietude e o inconformismo de um povo que, embora se amotine contra esta ou aquela injustiça, é dominado pela noção de que a autoridade é sagrada. Igualitária, a revolta respeita o direito divino do monarca: *de rey abajo, ninguno*. Sua violência é a do embate das ondas contra o rochedo: cobre-o de espuma e retira-se. A acepção moderna de revolução na Espanha e na América espanhola foi uma importação dos intelectuais. Mudamos revolta, voz popular e espontânea mas sem direção, por outra que tinha um prestígio filosófico. A voga desse vocábulo não indica tanto uma revolta histórica, um levantamento popular, quanto o aparecimento de um novo poder: a filosofia. A partir do século XVIII a razão se torna um princípio político subversivo. O revolucionário é um filósofo ou, pelo menos, um intelectual: um homem de idéias. Revolução convoca muitos nomes e significados: Kant, a Enciclopédia, o Terror jacobino e, mais do que tudo, a destruição da ordem dos privilégios e exceções e a fundação de uma ordem que não dependa da autoridade e sim da razão livre. As antigas virtudes se chamavam fé, fidelidade, honra. Todas elas acentuavam o vínculo social e correspondiam a outros tantos valores comuns: a fé, à Igreja como encarnação da verdade revelada; a fidelidade, à autoridade sagrada do monarca; a honra, à tradição fundada no sangue. Essas virtudes tinham sua contrapartida na caridade da Igreja, na magnanimidade do rei e na lealdade dos súditos, fossem eles plebeus ou senhores. Revolução designa a nova virtude: a justiça. Todas as outras — fraternidade, igualdade, liberdade — fundam-se nela. É uma virtude que não depende da revelação, do poder ou do sangue. Universal como a razão, não admite exceções e ignora por igual a arbitrariedade e a piedade. Revolução: palavra dos justos e dos justiceiros. Um pouco depois surge outra palavra, até então vista com horror: rebelião. Desde o princípio foi romântica, guerreira, aristocrática, *déclassée*. Rebelde: o herói maldito, o poeta solitário, os enamorados que pisam as leis sociais, o plebeu genial que desafia o mundo, o *dandy*, o pirata. Rebelião também alude à religião. Não ao céu e sim ao inferno: soberba do príncipe caído, blasfêmia do titã encadeado. Rebelião: melancolia e ironia. A arte e o amor foram rebeldes; a política e a filosofia, revolucionárias.

Na segunda metade do século passado aparece outro vocábulo: reformista. Não vinha da França e sim dos países saxônicos. A palavra não era nova; eram-no o sentido e a auréola que a rodeava. Palavra otimista e austera, singular combinação de protestantismo e positivismo. Esta aliança da velha heresia e da nova, o luteranismo e a ciência, fez com que todos os puristas e conservadores a odiassem. Seu ódio não era gratuito: sob aparências decorosas a palavra escondia o contrabando revolucionário. Mas era uma palavra decente. Não vivia nos subúrbios dos revoltosos nem nas catacumbas dos rebeldes, mas nas salas de aula e nas redações dos periódicos. O revolucionário invocava a filosofia; o reformista as ciências, a indústria e o comércio: era um fanático de Spencer e das estradas de ferro. Ortega y Gasset fez uma distinção muito aguda, embora talvez não muito certa, entre o revolucionário e o reformista: o primeiro quer mudar os usos; o segundo, corrigir os abusos. Se assim fosse, o reformista seria um rebelde que assentou a cabeça, um satã que deseja colaborar com os poderes constituídos. Digo isto porque o rebelde, à diferença do revolucionário, não põe em cheque a totalidade da ordem. O rebelde ataca o tirano; o revolucionário, a tirania. Admito que há rebeldes que julgam todos os governos tirânicos; não é menos certo que condenam o abuso, não o próprio poder; ao contrário, para os revolucionários o mal não reside nos excessos da ordem constituída e sim na própria ordem. A diferença, creio, é considerável. A meu ver as semelhanças entre o revolucionário e o reformista são maiores do que aquilo que os separa. Os dois são intelectuais, os dois crêem no progresso, os dois rechaçam o mito: sua crença na razão é inquebrantável. O reformista é um revolucionário que escolheu o caminho da evolução e não o da violência. Seus métodos são distintos, não seus objetivos: também o reformista se propõe mudar os usos. Um é partidário do salto; o outro, da passada. Ambos crêem na história como processo linear e marcha para diante. Filhos da burguesia, os dois são modernos.

Revolução é uma palavra que contém a idéia do tempo cíclico e, em conseqüência, a de regularidade e repetição das mudanças. Mas a acepção moderna não designa o eterno retorno, o movimento circular dos mundos e dos astros, e sim a mudança brusca e *definitiva* na direção dos assuntos públicos. Se essa mudança é definitiva, o tempo cíclico se rompe e um novo tempo começa, retilíneo. A nova significação destrói a antiga: o passado não voltará e o arquétipo do suceder não é o que foi e sim o que será. Em seu sentido original, revolução é um vocábulo que afirma a primazia do passado: toda novidade é um regresso. A segunda acepção postula a primazia do futuro: o campo de gravitação da palavra se desloca do ontem conhecido ao amanhã por conhecer. É uma face de novas significações: preeminência do futuro, crença no progresso contínuo e na perfectibilidade da espécie, racionalismo, descrédito da tradição e da autoridade, humanismo. Todas estas idéias se fundem na do tempo retilíneo: a história concebida como marcha. É a irrupção do tempo profano. O tempo cristão era finito: começava na Queda e terminava na Eternidade, no outro dia do Juízo Final. O tempo moderno, revolucionário ou reformista, retilíneo ou em espiral, é infinito.

A mudança de significado de revolução afeta também a palavra revolta. Guiada pela filosofia, transforma-se em atividade pré-revolucionária: acede à história e ao futuro. Por sua vez a palavra guerreira, rebelião, absorve os antigos significados de revolta e revolução. Como a primeira, é protesto espontâneo frente ao poder; como a segunda, encarna o tempo cíclico que põe acima o que estava abaixo, em um girar sem fim. O rebelde, anjo caído ou titã em desgraça, é o eterno inconformado. Sua ação não se inscreve no tempo retilíneo da história, domínio do revolucionário ou do reformista, mas no tempo circular do mito: Júpiter será destronado, Quetzalcoatl voltará, Luzbel regressará ao céu. Durante todo o século XIX o rebelde vive à margem. Os revolucionários e os reformistas o vêem com a mesma desconfiança com que Platão vira o poeta e pela mesma razão: o rebelde prolonga os prestígios nefastos do mito.

TEXTOS SOBRE OCTAVIO PAZ

Octavio Paz em Istambul (1962)

O POETA, A PALAVRA E A MÁSCARA
— Sobre o pensamento político de Octavio Paz

Celso Lafer

Há anos que desejo escrever sobre Octavio Paz, cuja obra me entusiasma, comove e fascina. Não o fiz até agora porque se uma obra e uma personalidade que constituem uma aspiração tão bem sucedida de totalidade provocam o estudioso, simultaneamente inibem o amigo, receoso que o aspecto unilateral e fragmentário de sua análise não consiga precisamente revelar o alcance e as proporções desta façanha intelectual. Entretanto esta primeira coletânea em nossa língua de seus ensaios também assume, na intenção de seus organizadores, notas de uma homenagem — uma constelação de e para Octávio Paz diria, invocando o título do texto exemplar de Haroldo de Campos que remata esta edição da Perspectiva. Ora, numa homenagem pública, como aponta Hannah Arendt, o mundo em que vivemos, que nos concede o espaço no qual falamos e somos ouvidos se exprime. Nestas circunstâncias o desejo de manifestar-se supera legitimamente a aflição do amigo; e é isto que me leva a arriscar uma análise não só da importância do pensamento político de Octavio Paz mas também da maneira pela qual ele se integra harmonicamente no conjunto de sua obra.

Reflexão poética e metodologia política

> "Percibo el mundo y te toco
> sustancia intocable,..."
>
> OCTAVIO PAZ, *La Poesía*
>
> "La irrealidad de lo mirado
> Da realidad a la mirada"
>
> OCTAVIO PAZ, *Blanco*

Um dos problemas fundamentais da teoria do conhecimento é a relação sujeito-objeto, problema que no campo da Ciência Política leva sempre à discussão sobre a possibilidade do conhecimento objetivo da realidade política, isto é, em que medida a inserção da subjetividade do observador afeta, capta e se incorpora à realidade que está sendo observada. Creio que se pode dizer que a condição de Octavio Paz, como poeta e escritor, tal como ele a articulou, levou-o a sugerir várias tentativas fecundas de solução para este problema. De fato, o poeta experimenta a tensão sujeito-objeto no próprio ato de escrever, pois o poema se apóia na linguagem que é social e objetivamente dada, porém resulta de um eu subjetivo que engendra solitariamente [1]. Nesta operação o poeta não transforma a palavra em objeto mas devolve ao signo a pluralidade de seus significados [2]. Ao contrário das demais versões do real, como silogismos, descrições, fórmulas científicas, comentários de ordem prática, que se limitam a representar ou descrever o que intentam expressar — e que neste processo vão perdendo pouco a pouco a totalidade do objeto — a imagem poética que irrompe no poema não é distinta da ambigüidade da realidade tal como a apreendemos no momento da percepção imediata, contraditória, plural e não obstante dotada de um sentido profundo [3].

---

(1) Octavio Paz, *El laberinto de la soledad* — México, F. C. E., 1964, (4ª ed.) p. 136; *El arco y la lira* — México, F. C. E., 1967, (2ª ed.) p. 45.

(2) Octavio Paz. *Corriente Alterna* — México, Siglo XXI, 1967, p. 191.

(3) *El arco y la lira*, pp. 108-109.

A revelação poética descobre a condição humana — a solidão de ser jogado — e nos convida a realizá-la plenamente ao exprimi-la através da imagem que comporta a dualidade e o contraditório, a representação e a realidade [4]. A revelação poética resulta da inspiração que é uma manifestação da alteridade constitutiva do homem, pois ela surge concretamente pela palavra que é o meio de que o homem dispõe para fazer-se outro [5]. Ao transformar-se em imagem poética, a palavra converte o eu do diálogo (cada um fala consigo mesmo ao falar com os outros) no tu do monólogo (não sou eu que ouço mas sim o outro que escuta aquilo que digo a mim mesmo) [6] e assim se reconciliam pluralidade e identidade, sujeito e objeto. O poema, que resulta da operação poética, tem relevância para a comunidade em função de sua historicidade. O poema consagra um instante histórico experimentado pelo poeta e revelado por palavras, que são, enquanto palavras, histórico-sociais. Esta consagração se faz pela transmutação do tempo histórico em arquetípico e reencarnação deste arquétipo num agora determinado e histórico que é o poema. O tempo arquetípico revela a experiência concreta de um povo, de um grupo ou uma seita e é redescoberto novamente pelo leitor, pois no poema, através do ritmo, o tempo consegue reter a sua intencionalidade [7]. Mesmo no mundo contemporâneo, que perdeu a sua visão da totalidade, porque as estruturas deixaram de ter centro, o poeta tenta redescobrir a figura do mundo na dispersão dos fragmentos. Através da forma aberta, os "signos en rotación" recombinam-se aspirando atingir um significado [8].

Estas reflexões de Octavio Paz sobre como o poeta pela poesia percebe o mundo e toca as substâncias intocáveis constituem, penso eu, o ponto de partida para a compreensão de sua metodologia de análise política. Para Octavio Paz, a crítica da realidade e da sociedade se faz pela crítica da linguagem [9]. Ele começa com a gramática e com o restabelecimento dos significados [10], pois não é a sociedade dos homens que faz a linguagem, mas é a linguagem que faz a sociedade humana ou, como diria Rousseau com a aprovação de Octavio Paz, o pacto lingüístico é anterior ao contrato so-

(4) *Idem*, pp. 109-113, 147-156.
(5) *Idem*, pp. 179-180.
(6) *Idem*, p. 261.
(7) *Idem*, pp. 49-67, 186-197.
(8) *Idem*, pp. 253-284; *Corriente Alterna* — 205-212; Octavio Paz — *Claude Lévi-Strauss o el nuevo festín de Esopo*, México, Joaquín Mortiz, 1967, p. 38.
(9) Octavio Paz — *Posdata*, México, Siglo XXI, 1970, p. 77; *Corriente Alterna*, p. 5.
(10) *Posdata* — p. 77.

cial [11]. A relação entre significante e significado é convencional (pacto social) e a chave dos significados, observa Paz na sua crítica a McLuhan, não está nos meios de comunicação, mas sim na estrutura da sociedade que criou estes meios e os tornou significantes. Não são os meios que significam — é a sociedade que significa e nos significa por eles e neles [12]. A história de um povo contém certos elementos quase invariáveis que compõem a combinatória dos signos centrais de sua civilização e este modo de associação define o caráter de uma sociedade. As modalidades desta associação variam de sociedade para sociedade, porém, possivelmente, fazem parte de um único sistema combinatório [13]. No espaço da palavra e da ação, que constitui o político de uma determinada sociedade, signos são emitidos. A história desta sociedade é uma escritura composta destes signos e cabe ao analista da política decifrar estes signos [14] que aparecem num nível visível em forma de máscara, pois os poderosos concebem a história como espelho e vêem no rosto dos outros o aparente esplendor do próprio [15]. Pela crítica da linguagem, o intérprete da política mina a linguagem e através desta operação ativa redescobre — como o poeta em relação à palavra — a pluralidade invisível dos significados que se escondem atrás da máscara [16]. Este decifrar é uma tradução criativa pela qual o sujeito (o analista político como o poeta) confere aos signos objetivamente dados (os atos políticos como palavras) o seu sentido visível e invisível (a interpretação como poema), procurando assim reconciliar representação e realidade. Sempre lemos uma tradução e nunca o original [17] pois atrás da máscara não há nada a não ser talvez um nós/outros instantâneo — uma imagem poético-política revelada pela interpretação. Entretanto, enquanto vivemos precisamos das máscaras, que são facções e ficções do nosso ser, pois, como aponta Octavio Paz um admirador e intérprete, *et pour cause*, de Fernando Pessoa — estamos condenados a inventar uma máscara e descobrir depois que esta máscara é o nosso verdadeiro rosto [18]. O desmascaramento contínuo e sucessivo é uma tentativa de tocar este nós/outros instantâneo, de

(11) *Corriente Alterna* — pp. 64-69.
(12) *Corriente Alterna* — p. 166; *Claude Lévi-Strauss o el nuevo festín de Esopo*, p. 97.
(13) Octavio Paz — *Conjunciones y disyunciones*, México, Joaquín Mortiz, 1969, p. 48; *Posdata*, pp. 104-105.
(14) *Posdata*, p. 108.
(15) *Corriente Alterna* — p. 223; *Claude Lévi-Strauss o el nuevo festín do Esopo*, p. 12.
(16) *Posdata*, p. 10, 97, 108.
(17) *Idem*, p. 108.
(18) Octavio Paz, *Cuadrivio*, México, Joaquín Mortiz, 1965, pp. 133-163; *Posdata*, p. 11.

chegar à imagem poético-política. Para atingi-la faz-se necessária uma postura de ruptura crítica que é o equivalente para a análise política da forma aberta da poesia, pois a interseção dos desmascaramentos procura recombinar os fragmentos dispersos e redescobrir a figura do mundo através da percepção das modalidades de associação de um mesmo sistema combinatório.

Os resultados da Metodologia:
máscaras mexicanas e outras máscaras

> "Arrancar las mascaras de la fantasia, clavar una pica en el centro sensible: provocar la irrupción."
> OCTAVIO PAZ, *Hacia el Poema (Puntos de Partida).*

Examinados os pressupostos metodológicos da análise política de Octavio Paz, vejamos agora como é que ele a aplica, isto é, como ele arranca as máscaras da existência social para provocar a irrupção e assim poder contemplar o fenômeno político na sua nudez.

A primeira grande tentativa de Octavio Paz de decifrar a realidade política diz respeito ao México. Numa indagação inicial, o mexicano aparece para ele como um ser que se fecha e que defende a sua intimidade através de fórmulas e cerimônias a tal ponto que, de tanto dissimular, se transforma em aparência[19]. Qual a razão desta propensão? Paz inicia a sua análise pela crítica da linguagem. Na linguagem diária, observa ele, existem, ao lado de palavras comuns, certas palavras proibidas que conseguem de chofre articular emoções e reações. O palavrão é uma palavra proibida que exprime na sua vitalidade a ambigüidade de nossas emoções. É uma palavra definitiva em meio a palavras anêmicas, um imagem poético-popular e assim sendo, o exame das preferências e usos dos palavrões nas diferentes sociedades revelaria muito das ambigüidades emotivas básicas de seus componentes[20]. No México a predileção gira em torno do verbo *chingar* e dos seus derivados — *chingada*, e *chingón*. *Chingar* é uma palavra de provável procedência asteca. O verbo, na sua forma reflexiva, *chingarse*, exprime fracasso. Usado transitivamente, o verbo no México indica agressão em todos os seus graus e matizes, desde o incomodar até o matar. Revela violência, implicando num sair de si mesmo para penetrar por força num outro. *Chingón*, portanto, é aquele que ativamente conjuga na vida o verbo *chingar*. *Chingado*, e sobretudo *chingada* é aquele ser que sofre passiva-

(19) *El Laberinto de la Soledad,* pp. 25, 27, 37.
(20) *Idem,* p. 62.

mente as conseqüências da ação do *chingón* [21]. Ora, a Conquista, na qual se radicam as origens do México moderno foi uma violência não só num sentido histórico mas também, concreta e carnalmente, uma violação das indígenas mexicanas, que foram *chingadas* pelo *chingón* espanhol. Malinche, a amante de Cortés, é o símbolo das indígenas violentadas ou seduzidas pelos espanhóis — é a *chingada* por excelência. O México moderno, portanto, resulta de uma violência e os mexicanos são os filhos de Malinche que nasceram desta violência. Daí que o mexicano, precisamente porque veio ao mundo como fruto de uma violência, se envergonha do seu nascimento. Nega a sua *chingada* origem indígena e espanhola e procura ocultá-la [22], escondendo-se e resguardando-se atrás de uma máscara.

A primeira máscara, dissimulatória da violência e da agressão, formulou-a o conquistador espanhol, quando tentou espelhar no período colonial o esplendor do projeto da consciência utópica européia. O conquistador veio fundar uma nova ordem e a *voluntas* unitária da conquista foi criar, através do Catolicismo, uma unidade a partir da pluralidade cultural e política pré-cortesiana. De resto, neste ponto os espanhóis seguiram os passos dos astecas que também tinham imposto pela força uma ordem unitária aos diversos povos que compunham o mundo pré-hispânico. A *pax asteca* era sombria e o seu perfil violento se encarnava no rito da "guerra florida", pela qual os povos subjugados forneciam prisioneiros para o sacrifício humano. O Sol do movimento bebia o sangue dos sacrificados e salvava o mundo da destruição e os astecas, assegurando pelo sacrifício o culto solar, garantiam a ordem e impediam o Apocalipse. A violência espanhola, conseqüentemente, encobriu e absorveu a violência anterior do México-Tenochtitlán, de quem foi substituta e continuadora. Esta sucessão de violências explica a pluralidade dos significados da Conquista. Ela representou para os astecas uma traição dos deuses e para os demais povos da região, que se aliaram inicialmente aos espanhóis, uma promessa de liberdade que não se efetivou, pois eles foram submetidos a um novo constrangimento — o jugo colonial. De qualquer maneira, os vencidos se sentiram perplexamente traídos e este estado de espírito facilitou a imposição do projeto espanhol, pois os indígenas reencontraram, através do batismo, um lugar no mundo. O Catolicismo ofereceu um refúgio para estes abandonados e traídos, cujas civilizações haviam sido destruídas. Entretanto, esta integração do indígena à ordem colonial foi uma integração passiva. Consolou, mas

(21) *Idem*, p. 62-65.
(22) *Idem*, pp. 65-74.

não permitiu a expressão de uma singularidade individual, pois, paradoxalmente, os elementos criativos e universais do projeto utópico europeu, que alicerçaram a façanha inicial da Conquista, foram congelados pela Contra-Reforma. O rosto da universalidade da utopia espanhola se converteu na máscara de um Catolicismo decadente, fechado para o futuro. O descompasso entre o apogeu político do Catolicismo na Nova Espanha e a sua decadência efetiva na Europa, como um manancial da cultura ocidental, explica a paralisia e a petrificação do período colonial, que não gerou condições para permitir ao mexicano uma participação criadora no contexto de sua comunidade. Esta verdadeira asfixia acabou por exigir a ruptura, pois a Forma espanhola condenava o mexicano a não ter presente nem futuro e a viver num passado que não era o seu[23].

A Independência foi a ruptura desta primeira máscara — a Forma espanhola — e a Constituição de 1857 e as leis de reforma de Juárez, a primeira tentativa dos mexicanos de encontrarem o seu verdadeiro rosto. A Reforma rejeitou a herança espanhola e indígena e propôs um futuro de liberdades. Entretanto, ela foi apenas uma negação, pois a liberdade abstrata que ela propunha, não tinha condições de efetivar-se. A beleza geométrica do liberalismo europeu não podia exprimir criativamente a violência constitutiva do México e acabou por converter-se na máscara do porfirismo. O porfirismo se escondeu atrás do positivismo de Comte. Fez de conta que os latifundiários mexicanos eram burgueses europeus e que o progresso estaria assegurado pela ordem — a *pax porfiriana*. Este novo descompasso entre Forma e realidade explodiu com a Revolução Mexicana, que desmascarou a simulação das máscaras engendradas após a Independência[24].

A Revolução Mexicana foi uma irrupção pela qual o México procurou expressar a sua singularidade. Foi um movimento autêntico dentro do qual Zapata e Villa foram rebeldes — isto é, exprimiram uma voz militar, *re-bellum* articulando a espontânea revolta do mexicano insatisfeito com as feições de sua comunidade. Entretanto, a conversão desta rebeldia revoltosa numa autêntica revolução exigiria reflexão e programa, no qual se consubstanciariam os fundamentos de uma nova ordem. Esta reflexão e este programa não foram propostos pela *intelligentsia* mexicana e o resultado foi Carranza, isto é, a degenerescência da revolta rebelde em cesarismo vitorioso. O cesarismo vitorioso adaptou o programa liberal e se institucionalizou

---

(23) *Idem*, pp. 78, 81-85, 88, 92, 137, 138; *Posdata*, pp. 113-115, 122123; *Claude Lévi-Strauss o el nuevo festín de Esopo*, p. 95, Octavio Paz, *Puertas al Campo*, México, UNAM, 1966, pp. 13-15.
(24) *El Laberinto de la Soledad*, pp. 105-133.

num partido. Os nomes deste partido indicam as sucessivas adaptações deste programa. Partido *Nacional* Revolucionário (1929), ou Calles e a consolidação de um novo Estado. Partido da *Revolução* Mexicana — (1938), ou Cárdenas e a reforma social. Partido Revolucionário *Institucional* (1946), ou Alemán e o desenvolvimento econômico. O resultado desta adaptação foi a gradual transformação do rosto da revolução mexicana na máscara de um neoporfirismo. A petrificação da nova máscara foi lenta. Em primeiro lugar porque o PRI, por ser um partido que defendia burocraticamente interesses, sem uma ideologia própria, impediu o aparecimento de uma ortodoxia e com isto deu margem a uma flexibilidade intelectual. Esta flexibilidade intelectual, no entanto, não foi aproveitada para uma perspectiva de longo prazo. Os intelectuais mexicanos utlizaram-na para participar do governo e com ela resguardar a herança revolucionária; porém, com esta participação, sacrificaram no altar da eficácia política a postura crítica indispensável a uma *intelligentsia* criativa. Daí a transformação das idéias em fórmulas, das fórmulas em máscaras e a conseqüente retórica vazia, dentro da qual se esconde e com a qual se intoxica o México oficial[25].

A Revolução Mexicana, escrevia Paz no final de *El Laberinto de la Soledad*, não conseguiu fazer com que o princípio da Autoridade, isto é, a força, cedesse o seu lugar diante de uma liberdade responsável. Não criou uma comunidade capaz de auto-expressar-se livremente[26]. O 2 de outubro de 1968, aponta Paz em *Posdata*, fez explodir esta verdade, pois a matança dos estudantes em Tlatelolco foi uma negação do que o México desejava ser depois da Revolução, e uma afirmação do que foi, desde e até mesmo antes da Conquista[27]. A violência constitutiva do México que se escondia atrás da máscara da retórica oficial se fez pública. De fato, o México revolucionário procurou eliminar o interregno colonial e porfiriano, e reincorporar o ponto de vista pré-cortesiano. Neste sentido foi etimologicamente uma revolução, isto é, uma restauração. Entretanto, o ponto de vista restaurado foi o asteca, e este teve a sua origem numa violência, cuja visibilidade a Forma espanhola encobrira. Os astecas eram *chichimecas* (bárbaros) que se camuflaram de *toltecas* (civilizados) visando com isto cobrir de legitimidade a sua hegemonia sobre os demais povos de Meso-América. O poder asteca, por ser bárbaro na sua origem, receava a volta dos que le-

(25) *Idem*, pp. 112, 113, 119-124, 130-131; *Posdata*, pp. 47-52, 75-76; *Corriente Alterna*, pp. 147-152, 185, 186.
(26) *El Laberinto de la Soledad*, p. 144.
(27) *Posdata*, p. 106.

gitimamente encarnavam os legendários *toltecas*. Daí ter o Estado asteca se petrificado numa pirâmide, que assegurando o lugar do sacrifício, garantiu a continuidade do culto solar. O exercício do poder pelos astecas era um rito impessoal, empapado de sangue, que inseria Huitzilopochtli, um mero deus tribal, no centro da cosmogonia do quinto Sol. Esta sensação de ilegitimidade gerou perplexidade, quando uma série de coincidências de fatos com presságios levou os astecas a entenderem que os espanhóis encarnavam os mesmos princípios que legitimavam a sua dominação. Abandonados pelos deuses, os *tlatoanis* astecas deixaram para os vice-reis a cúpula da pirâmide que anteriormente ocupavam. A Independência eclipsou a pirâmide e surgiram vários caudilhos que irromperam do caos para assegurar a ordem. Esta sucessão de façanhas pessoais se interrompeu com a institucionalização da Revolução. A petricação do PRI provocou a reaparecimento da pirâmide em cuja cúpula o rito do poder é oficiado impessoalmente por um presidente — cuja máscara cívica é sempre a mesma, isto é, uma nova encarnação do PRI, que muda de seis em seis anos. O rito ameaçado pediu o sacrifício e os estudantes ofereceram o sangue para assegurar a continuidade invisível do culto solar. A Revolução Mexicana completa com isto o seu círculo; regressou invisivelmente à pirâmide e à pedra do sacrifício e reafirmou a concepção ilegítima do poder, centralista e autoritária, imposta pelos astecas e pelos seus sucessores espanhóis aos povos de Meso-América [28].

Este resumo das análises de Octavio Paz sobre o México mostra a fecundidade de seu método. Os desmascaramentos sucessivos revelam as modalidades pelas quais os signos centrais de uma sociedade se recombinam, conferindo a esta sociedade o seu perfil característico. Cabe agora mostrar a universalidade do método, isto é, como ele pode ser e foi aplicado para decifrar outras modalidades de associação de um mesmo sistema combinatório, que é a civilização humana.

O tema do México, aponta Paz em *Posdata*, é um fragmento dentro de uma escrita maior, a da América Latina, cujo problema combinatório central é o mesmo: o desenvolvimento[29]. O problema do desenvolvimento está intimamente ligado ao da identidade da América Latina — quem, que e como somos — o que por sua vez implica a alteridade. Somos o que, e como, em relação a quem? Este quem — o outro — é o mundo desenvolvido, parti-

(28) *Posdata*, pp. 38-40, 106, 113-118, 127-131, 135-139, 141-142, 145-147; *Claude Lévi-Strauss o el nuevo festín de Esopo*, pp. 34-35, 130-131.

(29) *Posdata*, p. 12.

cularmente os Estados Unidos[30]. A colocação do problema da identidade como relacionamento nós/outros, acaba por incluir logicamente na discussão, o resto do Terceiro Mundo, como nós e o resto do mundo desenvolvido como outros, vale dizer, amplia-se o universo dos signos decifráveis sobre os quais deverá incidir a metodologia de análise política de Octavio Paz[31].

A modernidade surgiu como crítica do cristianismo. Dela resultaram dois modelos de desenvolvimento. Um deles, a tradição revolucionária de cunho marxista, em função de suas tendências autoritárias, não trouxe um novo exame de consciência filosófica, equivalente para os dias de hoje ao feito por Marx no Século XIX. A crítica, que é o fundamento do marxismo, não se converteu numa revisão autocrítica, e a conseqüência foi a apologia, não só do céu ideológico, mas da terra e dos seus tiranos. O efeito foi a transformação do rosto do espírito revolucionário — que não encontrou, pela ausência de revisão crítica, instituições adequadas — na máscara dos gelados paraísos policiais do Leste[32]. O outro, o festim do Ocidente, vê-se interrompido por explosões de náusea e ódio. Entretanto, estas explosões de náusea e ódio são rebeldias revoltosas e não, até o momento, novas encarnações do espírito revolucionário. Enquanto revoltas, elas indicam autenticidade. Enquanto rebeldias constituem um pilar da sociedade, pois se alimentam das iniqüidades do poder que justificam as explosões e constituem a razão de ser do rebelde. A rebeldia para transfigurar-se em verdadeira revolução teria que fundar-se num projeto que incluísse os outros e que, portanto, fosse universal. Isto no entanto não tem ocorrido. Nos Estados Unidos, por exemplo, os pretos ou as mulheres têm reivindicado a sua negritude ou a sua feminilidade e não a sua humanidade, isto é, não têm lutado para que os valores da negritude ou da feminilidade sejam reconhecidos como parte constitutiva da espécie. Fecham-se, conseqüentemente, no isolamento das suas respectivas rebeldias[33] e dependem da sociedade cujas injustiças colocam a condição de possibilidade de qualquer auto-expressão. Se esta é a perspectiva dos oprimidos, cabe dizer que a confusão dos opressores não é menor. Os Estados Unidos são, diz Paz, um caso único da História — o de um país imperial em busca de sua expressão universal. A universalidade dos Estados Unidos é a sua técnica, que é o contrário de uma ideologia ou de uma política. A defasagem entre um poderio extraordinário e as limitações da filosofia política que

(30) *Idem*, pp. 14-17.
(31) *Corriente Alterna*, pp. 212-223.
(32) *Corriente Alterna*, pp. 196-205; *Posdata*, p. 14.
(33) *Posdata*, pp. 14-17; *Corriente Alterna*, pp. 182-186.

o possibilitou — uma relíquia do Século XIX, como a máquina a vapor — explicaria o segredo da vitalidade das tendências isolacionistas nos Estados Unidos da América. Trata-se de uma consciência da contradição, percebida invisivelmente pelos americanos, entre poder real e ausência de sua expressão enquanto visão totalizadora [34]. Talvez isto também explique por que no campo da criação artística os Estados Unidos não produziu a obra total que há cerca de século e meio dele se espera. Como registra Octavio Paz, aquilo que Whitman profetizou, nem Pound, nem Williams, nem Stevens, nem Cummings, nem Lowell, nem Ginsberg realizaram. Visionários ou lúcidos, estes poetas revelam antes um crepúsculo do que um meio-dia[35]. Resumindo e concluindo o que se pode dizer é que estes dois modelos — o ocidental e o oriental — encobrem um compêndio de horrores[36].

O Terceiro Mundo está condenado à modernidade, porque a universalização da História impede o isolamento e implica a alteridade. Neste processo, porém, o Terceiro Mundo vem aceitando os dois modelos já formulados, sem saber bem como usá-los. Estes modelos, além de máscaras nos próprios centros de onde se originaram, ao serem imitados no Terceiro Mundo se tornaram simples repetição, isto é, se petrificaram e viraram metamáscaras. O Terceiro Mundo, portanto, insiste Paz, precisa enfrentar a sua realidade e não aceitar a metamáscara das idéias modernas que encobrem a sua verdade. Daí a necessidade de pensamento crítico, de a política postular-se como ruptura criativa. Ora, o Terceiro Mundo, aponta Octavio Paz, está em rebelião e em revolta, o que não deixa de ser o início da crítica das máscaras, porque é uma afirmação da vontade de ser. Entretanto, não está em revolução, não conseguiu inventar o seu próprio rosto e não sabe o que é, pois se trata de um conjunto de movimentos particulares, que ainda procuram a sua expressão universal. As conseqüências desta situação têm sido graves, pois o Terceiro Mundo ao não encontrar a sua Forma, acaba provocando a conversão do rosto da sua revolta, ou na máscara de um cesarismo degenerescente, ou no amorfismo de um domínio exercido por burocracias cínicas — conforme o atestam os casos recentes na Ásia, África e América Latina[37]. Os caminhos para a busca desta Forma serão possivelmente variados. Nesta encruzilhada é possível que a situação da América

(34) *Corriente Alterna,* pp. 214-215; *Claude Lévi-Strauss o el nuevo festín de Esopo,* pp. 87-88.
(35) Octavio Paz, *Marcel Duchamp, o el castillo de la pureza,* México, Ed. Era, 1968, p. 56.
(36) *Posdata,* p. 13.
(37) *Corriente Alterna,* pp. 20-21, 213-214, 216, 218-223.

Latina seja a mais favorável do Terceiro Mundo. De fato, a modernidade e o desenvolvimento dela decorrente, surgiu como crítica ao Cristianismo. O salto para a modernidade na América Latina pode eventualmente ser feito pela mesma via, pois somos não apenas o resultado da expansão do universo econômico europeu, mas igualmente a projeção utópica da consciência européia, uma vez que nenhuma das grandes civilizações pré-colombianas sobreviveu ao impacto dos conquistadores. A grande tarefa da América Latina, portanto, é encontrar estas novas formas viáveis de convivência humana e associação política, pelas quais a reforma ou a revolta, dependendo do caso, confiram aos nossos países a feição e o rosto de comunidades. Trata-se, e é bom reiterar, de uma tarefa a ser realizada, pois não existem paradigmas já que, para mencionar dois exemplos, a Revolução Mexicana e a Revolução Cubana são menos modelos do que formas quase acidentais, máscaras dadas a movimentos populares por circunstâncias internas e externas. A situação do resto do Terceiro Mundo — da Ásia e da África — é mais difícil, pois a incorporação delas à modernidade não pode ser feita via Cristianismo. Ela exigiria possivelmente uma conversão, pois o Islamismo, o Budismo, o Hinduísmo constituem antes obstáculos do que alavancas da modernidade. Desnecessário lembrar como esta conversão pode desfigurar as feições destes países[38].

As máscaras em movimento, como os "signos en rotación", provocam, como foi visto nestes exemplos, a irrupção que nos permite entrever na dispersão dos fragmentos, não só o perfil de uma sociedade, mas, também, a figura do mundo. A metodologia dos desmascaramentos sucessivos, entreabre, igualmente, através de sua postura crítico-criativa, uma possibilidade de liberdade e de significado, pois mostra como a política não precisa esquizofrenicamente ser monólogo ou mausoléu[39]. Cabe, agora, concluir, apontando com Paz, qual é esta possibilidade.

A Política como criatividade:
a conversão da sociedade em Poesia

> "Contra el silencio y el bullicio invento la Palabra,
> libertad que se inventa y me inventa cada día."
>
> OCTAVIO PAZ, *Libertad Bajo Palabra*

A política sem máscaras, que é a possibilidade com a qual Paz acena, seria aquela que permitisse simultanea-

(38) *Corriente Alterna*, pp. 219-221; *Puertas al Campo*, pp. 13-14.
(39) *Posdata*, pp. 30-31.

mente conciliar identidade, ou semelhança original da espécie, com a diferença singular e radical de cada um. Ela representaria o fim da dominação de uns sobre os outros, ou seja, da imposição das máscaras dos dominantes aos dominados — e também da rebelião contra esta dominação, que é apenas a fase inicial da procura do rosto e que corre sempre o risco de transformar-se em nova dominação e, portanto, em nova máscara. Esta política deveria reconciliar pluralidade e identidade, sujeito e objeto, isto é, deveria converter-se em poesia viva. A política, como poesia viva, não transformaria os homens em objetos, mas devolveria ao homem a pluralidade dos seus significados, abrindo-lhe a possibilidade de harmonizar semelhanças e dessemelhanças, ao transformar o eu do diálogo no tu do monólogo[40].

Os dias de uma política sem máscaras, registra Paz, não parecem estar à vista, mesmo porque o processo de secularização, conjuntamente com a divisão do trabalho no mundo moderno, impuseram a padronização e o estabelecimento de rotinas, como pressupostos para o funcionamento do poder institucionalizado dos sistemas políticos contemporâneos, situação que faz com que nenhuma sociedade seja poética, ou possa realizar-se exclusivamente como poesia[41]. Além do mais, a invenção contínua exigida por uma sociedade livre, implicaria na ausência de papéis e na redefinição constante e criativa das pessoas, num esforço que atualmente muitos, para não dizer a maioria, não conseguem empreender, preferindo a comodidade das convenções aos "signos en rotación"[42].

Entretanto, se não se vislumbra a encarnação da poesia em História — a utopia política de Octavio Paz, onde nem todos serão felizes mas todos serão responsáveis — ainda assim, o esforço de fazer coincidir palavra viva e palavra vivida se coloca como a tarefa do nosso tempo[43]. De fato, sem poesia não há sociedade, porque sem poesia não há criatividade, e, consequentemente, não haveria linguagem; esta se gangrenaria e todos diriam a mesma coisa, ou ninguém falaria nada[44]. A poesia, por ser sinônimo de criatividade, possibilita a luta contra a entropia e garante desta maneira a sobrevivência da História e a viabilidade dos sistemas políticos. Destarte, ainda que o espaço da palavra e da ação, que constitui o político de uma sociedade, não possa ser exclusivamente poético, ainda assim ele pre-

(40) *El arco y la lira*, pp. 254, 260-261.
(41) *El arco y la lira*, pp. 253-254.
(42) *El Laberinto de la Soledad*, p. 27.
(43) *Posdata*, p. 96.
(44) *El arco y la lira*, pp. 253-254; *Posdata*, pp. 76-77.

cisa abrir-se para a poesia. Para que isto ocorra, é preciso que haja vida política, isto é, liberdade de crítica e pluralidade de opiniões, que permita, pela alteridade dos rostos[45] o aparecimento da poesia viva, ou seja, para falar com Hannah Arendt, que também se coloca o mesmo problema, o renascimento da *vita activa* na *polis*[46]. Aliás, cabe dizer que este argumento pode ser apresentado com todo o aparente rigor do código da moderna ciência política norte-americana. De fato, a natureza satisfatória e não otimizadora da decisão administrativa (Herbert A. Simon) combinada com o aspecto dinâmico dos sistemas políticos, que se modificam na medida em que funcionam (Karl W. Deutsch-David Easton) exigem a abertura — a vida política — que devidamente institucionalizada (Samuel P. Huntington) é a condição de possibilidade para a contínua ampliação da racionalidade de uma sociedade e, conseqüentemente, a maneira pela qual esta sociedade, conforme recentemente tentei demonstrar, enfrenta a luta contra a entropia através da criatividade[47].

À tarefa quase impossível de propiciar o aparecimento de uma política sem máscaras dedicou-se Octavio Paz, através de sua metodologia de desmascaramentos sucessivos. Pela crítica chegou a uma imaginação curada de fantasias e decidida a enfrentar e afrontar a realidade do mundo[48] e revelou uma possibilidade de ação, que por ser totalizadora, preenche os requísitos de universalidade exigidos por uma revolução. É certo que o horizonte da atualização total desta possibilidade é remoto, mas igualmente certo que ela deve ocorrer, ao menos parcialmente, para garantir a sobrevivência no tempo e no espaço dos sistemas políticos. Nesta tensão entre o poético e o político se radica, conseqüentemente, não só a tarefa, mas também a aporia do nosso tempo, e Octavio Paz, tentando encaminhar uma solução para este dilema, realizou uma façanha, digna de um descendente dos Conquistadores e do projeto utópico que encarnaram—a visão do paraíso, cuja formulação e desempenho só podem suscitar a melhor admiração.

São Paulo, setembro de 1970.

(45) *Posdata*, p. 30; *Claude Lévi-Strauss o el nuevo festin de Esopo*, p. 99.
(46) Hannah Arendt, *The Human Condition*, N. York, Anchor Books, 1959.
(47) Celso Láfer *The Planning Process and the Political System in Brazil — A Study of Kubitschek Target Plan*-1956-1961, Ithaca, N. York, Cornell University Latin American Studies Program Dissertation Series nº 16, 1970, pp. 45-46, 294-295 e passim.
(48) *Posdata* — p. 148.

OCTAVIO PAZ: O MUNDO COMO TEXTO

Sebastião Uchoa Leite

Na era moderna fixou-se a conjunção poesia-crítica. Embora com raízes anteriores — mundo antigo, renascença, barroco, pré-romantismo — o romantismo sedimenta a tradição. Coleridge, Edgar Poe, Baudelaire — para citar alguns — já são críticos da modernidade, que se inicia com a desagregação do romantismo, do culto da individualidade criadora. Ao mesmo tempo a crítica — apelo ao racional, análise do fenômeno criador — rebela-se contra o conceito do mistério da criação poética e resulta da tensão criada pelo romantismo: o indivíduo *versus* o meio social, o homem contra o histórico. A crítica moderna resulta da dúvida romântica sobre a validez de conceitos estéticos herdados historicamente. Por ex-

Octavio Paz no Nepal (1963)

tensão, da dúvida sobre a validez de uma visão de mundo presa aos padrões de objetividade e clareza. Essa contestação, é claro, não começou com os românticos. A tendência romântica (e pós-romântica) para a deformação do real teve muitos antecessores, bastando lembrar o barroco. Uma visão sincrônica da criação poética descobre afinidades ao longo da história. Os movimentos modernos têm sempre uma tradição: o cubismo e o abstracionismo, a tradição geométrica da pré-renascença; o surrealismo, Bosch e a arte fantástica em geral: o teatro do absurdo, a mímica, o grotesco, a literatura de *nonsense* etc. Os românticos não foram os descobridores do outro lado da realidade. Não foram os primeiros a contestar a arte como representação realista e objetiva. Mas sistematizaram uma série de conceitos em que a criação poética vale mais do que a realidade, em que o indivíduo se opõe à história, em que o Eu vale mais do que o mundo. Por isso desprezaram a alegoria como representação figurada do real, mas de fundo racionalizante, e elegeram o símbolo como valor supremo, isto é, a ambigüidade dos signos que representam o real.

Ninguém se atreve a dizer que a crítica é atividade simbólica, que substitui a criação artística, embora o faça freqüentemente e haja uma tendência em nossa época para identificar ato criador e ato crítico. Mas parece certo dizer que a crítica é atividade de dúvida, mais do que de esclarecimento da dúvida. A ambigüidade sistemática gera a crítica. Esta, se não quer ser simples paráfrase da criação, exerce-se como tentativa de descobrir um sentido, ou seja, como tentativa de destruição da ambigüidade que, por hipótese, a originou. A linguagem da crítica é, assim, linguagem circular. Está sempre voltando à dúvida de onde se originou e se contradizendo a si mesma. Dúvida, ambigüidade, contradição: esses valores que parecem próprios da criação poética, são também valores da crítica moderna, pós-romântica. Quando se é crítico e poeta ao mesmo tempo a tendência circulatória da linguagem se acentua e a tensão entre os dois pólos — o Eu e o mundo — torna-se maior. Embora os críticos-poetas, por estarem mais colados ao objeto de reflexão, geralmente o próprio ato de criação poética, tenham mais condições de apreensão deste, de seu mecanismo interno e de suas relações com o mundo exterior.

Octavio Paz é um desses críticos-poetas. Foram necessárias essas divagações para situar que espécie de crítico é êle. Críticos-poetas foram também Paul Valéry, T. S. Eliot, Ezra Pound etc. Octavio Paz é diferente de todos, embora se possam descobrir algumas coincidências. Como método de caracterização, as divergências interessam mais. O modelo crítico que diverge mais do de Octavio Paz é representado pela crítica de Ezra Pound, crítica pragmática em alto nível. A de Paz é crítica antipragmática. A de Pound é idiossincrática (embora freqüentemente criativa); a de Paz, tenta abranger o mais possível. O que caracteriza o seu modelo em relação ao poundiano é a ausência de certezas. Pound escolhe isso e aquilo e exclui o resto; hierarquiza a criação poética, conseqüência da hierarquização do mundo. Paz, embora tenha escolhas como todo mundo, tem menos certezas; sua crítica é de freqüente indagação do ato poético e do mundo em que está inserido. Pound elege, Octavio Paz lê. A crítica poundiana foi freqüente monólogo, a de Paz tenta ser diálogo com o mundo. Dúvida, ambigüidade e contradição são aceitas como tais, pois Octavio Paz é consciente de sua dívida para com as concepções românticas. "Nós", em Octavio Paz, somos herdeiros da grande dúvida romântica: "Para los antiguos el mundo existía con la misma plenitud que la conciencia y sus relaciones eran claras y naturales. Para nosotros su existencia asume la forma de disputa encarnizada: por una parte el mundo se convierte en imagen de la conciencia; por la otra, la conciencia es un reflejo del mundo".

Exatamente como acontece a outros poetas-críticos, crítica e poesia de Octavio Paz interferem uma na outra, há nelas freqüente intercorrência de signos: são dois modos de exprimir a mesma apreensão do real. A visão da criação poética como série de repetições, de semelhanças, de atos análogos, enfim, série de reflexos em que "o mundo se evapora", perdendo-se a noção de real, no movimento

mundo ⟶ imagem da consciência
consciência ⟵ reflexo do mundo,

é análoga à própria visão poética, que exprime uma sensação concreta:

Aqui

Mis pasos en esta calle
Resuenan
    En otra calle
Donde
    Oigo mis pasos
Pasar en esta calle
Donde
    Solo es real la niebla

(de *Salamandra*, 1969)

Labirinto de reflexos, a crítica de Octavio Paz se manifesta como tal, isomórfica em relação ao seu caráter interrogante, de busca de relações analógicas entre os signos. Por isso procede por superposições e paralelismos, parecendo perder-se num labirinto verbal. Mas a crença na analogia como chave de decifração do universo dos signos conduz à crença na eficácia da redundância como fator de informação. No poema "Aqui", vê-se como funciona a redundância como fator informativo. Retirando-se os elementos não-redundantes do poema (Resuenan / en otra / oigo / pasar / Solo es real la niebla) a informação básica permanece, como labirinto de ecos:

Mis pasos en esta calle
....
.... calle
Donde
..... mis pasos
...... en esta calle
Donde
....

Se, por outro lado, fossem retirados os termos redundantes, a linha final do poema, "Solo es real la niebla", não teria apoio e poderia parecer gratuita.

Na prosa crítica de Octavio Paz ocorre algo semelhante. Paz não é um crítico de sistema apoiado a um código específico de linguagem crítica. É um poeta que faz a crítica da linguagem poética. Não é isto só, mas por enquanto, por questão de método, deve impor-se o limite. Não sendo crítico de sistema, não deixa, por isso, de ter método. Seu objeto parece às vezes inconsistente, sem peso, aéreo, difícil de ser apreendido pela linguagem lógica da crítica. Paz utiliza então o método de cercar o tema, desdobrá-lo, ramificá-lo em várias direções, detendo-se para lançar novos interrogantes, em suma, de exorcizá-lo pela linguagem poética. Basta passar a vista em alguns de seus ensaios para ver a dificuldade de apreensão desses temas: a diferença entre poesia e prosa, entre verso e prosa, o sentido da imagem poética, a inspiração, a distinção entre ato poético e experiências limítrofes, a inserção do ato poético na história, a ambigüidade dos signos etc., são alguns dos temas de *El arco y la lira*, talvez a obra mais caracterizada pelo método poético de desdobramentos.

A página inicial do ensaio "Poesía y poema" é a mais exemplificativa deste método. Trata-se de definir o ato poético. Mas, ao invés de defini-lo, Paz propõe uma série enumerativa, freqüentemente reiterativa. A poesia é "exercício espiritual" e também "exercício muscular"; "regresso à terra natal" e também "regresso à infância"; "atividade revolucionária" e também "atividade ascética"; "experiência histórica" e também "experiência inata". Optando pelo método poético Paz barroquiza a linguagem crítica, usando a dialética da tese *versus* antítese, sinonímia *versus* antonímia. Assim, se a poesia é "operação capaz de transformar o mundo", ela é também "prece ao vazio, diálogo com a ausência"; se é "exorcismo, conjuração, magia", é também "expressão histórica de raças, nações e classes". A série enumerativa se desenvolve em sentidos inversos, pela sinonímia ("Oração, litania, epifania, presença") e pela antonímia ("Filha do acaso; fruto do cálculo"). O texto é, não há dúvida, redundante. Mas a redundância não é casual. Na teoria da comunicação diz-se que quanto mais alta a taxa de redundância, no discurso, mais baixo o grau de informação original. No discurso poético, porém, a situação pode inverter-se. Não é preciso deter-se nesse ponto, pois já se especulou demais sobre o processo reiterativo da linguagem e, além disso, sabe-se que uma das tendências modernas, a poética permutacional, baseia-se no aumento sistemático da taxa de redundância verbal, que se compensa pela originalidade da informação sintática. Basta dizer que, apelando para a redundância sistemática, a crítica de Octavio Paz pode ser definida como método poético de aproximação do objeto.

Não se pretende neste artigo uma análise desse método. Pode-se distinguir na crítica entre uma metodologia explicitada e uma metodologia que não chega a definir-se. O primeiro caso é o dos métodos críticos que têm nome: crítica sociológica, filológica, lingüística, estilística, formalista, estruturalista etc. Muitos críticos, entretanto, não se definem metodologicamente. Todos, ou quase todos os críticos-poetas, estão no segundo caso: Valéry, Pound, Eliot, Pedro Salinas etc. Mas em qualquer deles se encontra coerência metodológica interna. É essa coerência interna que se pretende aqui descobrir. Certas peculiaridades de expressão podem, contudo, ser indicativas, por insignificantes que pareçam. Embora Paz não seja prosador casual, sua linguagem crítica parece procurar um sistema de apoio, não tendo a segurança do método declarado. Esse apoio localiza-se no caráter reiterativo, e dubitativo, de certas expressões como: "al mismo tiempo", "por una parte (...) por la otra", "puede concluirse que" "no es muy seguro que", "es verdad que", "sin duda", "sin enbargo", "si no me equivoco", "con esto no quiero decir", "además", "ahora bien", "es posible que", "en cierto sentido" etc. Utiliza com freqüência o condicional, que deixa a hipótese em suspenso. A sinalização já é índice expressivo dessa suspensão: há excesso de travessões e dois pontos e os pontos de interrogação também são freqüentes. Tudo é suspensivo e interrogante. Como se a própria escritura nos quisesse indicar seu caráter hipotético. Em Octavio Paz há permanente dúvida metodológica, implícita no próprio mecanismo verbal de sua crítica.

Tal observação poderá parecer contraditória diante de outra que logo se impõe. Octavio Paz não é, como talvez se pudesse supor pelo que se disse acima, crítico hesitante. Está seguro de sua abordagem e faz afirmações repetidas. Tende, com freqüência, para a generalização de conceitos, e pode, às vezes, arriscar-se a uma generalidade arbitrária. É um crítico mais de interpretação do que de análise, o contrário, por exemplo, de um Roman Jakobson. Como pode, entretanto, sendo afirmativo, ser também dubitativo? Paz está consciente da ambigüidade ou da plurissignificação da linguagem: "Las palabras se conducen como seres caprichosos y autónomos. Siempre dicen 'esto y lo otro' y, al mismo tiempo, 'aquello y lo de más allá'. El pensamiento no se resigna; forzado a usarlas, una y otra vez pretende reducirlas a sus propias leyes; una y otra vez el lenguaje se rebela y rompe los diques de la sintaxis y del diccionario". Assim, mesmo o pensamento mais afirmativo esbarra na ambigüidade das palavras, desviando-se pela hipótese, pela interrogação, pela suspensão, pela dúvida metodológica.

Uma das afirmações mais freqüentes de Octavio Paz é justamente o conceito de que a linguagem é ambígua e poética em sua origem. A linguagem poética é linguagem natural, ou seja, tem mais afinidades com a linguagem da comunicação oral cotidiana do que a linguagem da prosa: "El lenguaje hablado está más cerca de la poesía que de la prosa: es menos reflexivo y más natural y de ahí que sea más fácil ser poeta sin saberlo que prosista". A prosa é a idade da razão da linguagem. Paz afirma que podem existir povos sem linguagem de prosa, mas é impossível uma cultura sem poesia, isto é, sem canções, sem mitos, sem rituais. Afirma também que toda linguagem tende para o ritmo: a prosa seria resultado do esforço racional para vencer o ritmo natural. Aceitando esse ponto de vista, a prosa de Paz abandona muitas vezes suas prerrogativas racionais e se entrega ao ritmo, à tendência primitiva da linguagem. Trata-se de linguagem poética em segundo grau, já que se origina do esforço inicial de reflexão, ou o contrário, como se viu no ensaio "Poesía y poema", que se inicia com um exorcismo verbal e se desenvolve depois no desdobramento racional da linguagem crítica.

A concepção da linguagem poética como linguagem natural, de conteúdo mítico, informa todo o pensamento de Octavio Paz e está explicitada na sua obra-chave de teoria poética, *El arco y la lira*. Basta citar afirmações esparsas como "Lenguaje y mito son vastas metáforas de la realidad" ou "Por la palabra, el hombre es una metáfora de sí mismo" ou ainda "El lenguaje tiende espontaneamente a cristalizar en metáforas", para compreender, nesta série de associações — linguagem = mito = metáfora = realidade = palavra = homem = linguagem = metáfora — que Octavio Paz concebe a linguagem como entidade simbólica. A concepção não é sua, na verdade, mas concepção corrente do pensamento científico moderno, sobretudo o que é informado pelos estudos lingüísticos e semióticos, que entendem a linguagem como um sistema de símbolos, um dos sistemas simbólicos entre vários sistemas de signos. O que está explícito no texto de Paz ("El lenguaje"), como também está explícita a formação desse conceito entre os românticos alemães, do ponto de vista da correlação entre linguagem e mito.

Não é casualidade a aproximação entre Paz e o pensamento romântico. Seu conceito de poético tem relações estreitas com a concepção romântica do ato poético como revelação ou ato mágico. (Ver, por exemplo, a insistência de Paz sobre a afinidade entre experiência poética e experiência mística ou ascese.) O centro desse pensamento é o conceito de poético como resultante da analogia. Assim: "Analogía: el poema es un caracol en donde resuena la música del mundo y metros y rimas no son sino correspondencias, ecos, de la armonía universal".

A poesia como enorme metáfora do mundo real. Não cabe indagar aqui se o conceito de poema como "um caracol onde ressoa a música do mundo" pode ser estendido até as novas poéticas que ignoram o discurso verbal, ou mesmo as palavras, e configuram o poema como objeto visual. Paz deixa explícito que o seu conceito de discurso poético não está ligado ao de poema. Outros objetos podem ser discursos poéticos: romances, filmes, quadros, os *ready-made* de Duchamp etc.

Afirmando a pluralidade dos objetos poéticos, inclusive dos poemas, a dificuldade está em identificar uma essência do poético entre tantos objetos diversos, e únicos. Segundo Paz, as retóricas críticas pouco informam sobre a natureza última do poema. A diversidade pode ser explicada por critérios históricos, mas não a particularidade do objeto. A criação poética, fruto de experiência individual, permanece irredutível às classificações. Nenhuma apologia da intuição como método crítico parece mais clara. Seria erro, entretanto, prender-se a uma afirmação isolada de Paz. Seu pensamento crítico desenvolve uma cadeia de afirmações e negações a fim de lograr percepção mais ampla do que a primeira. É um processo fluido, que foge aos esquemas rígidos, mas nem por isso deixa de estar preso a determinadas coordenadas. Por isso, não se deve pensar que o conceito de irredutibilidade do ato poético à classificação seja negação do histórico. Paz não pode ser classificado como historicista, mas não se esquece de que o homem, entidade concreta e particular, está situado na história. E a história do homem que, segundo Paz, ainda não foi concebida como tal (existe apenas a história das civilizações), seria uma história da linguagem.

A concepção de linguagem em Octavio Paz é a mais ampla possível: tudo é linguagem. Porque tudo está povoado de signos: "El silencio mismo está poblado de signos". Linguagem é, portanto, identificada com sistema de signos. E toda a vida humana é, dentro desta concepção, um sistema geral de signos. Para Octavio Paz, afirmar a individualidade da criação poética não é negar a história, mas observar que essa criação (subsistema dentro do sistema geral dos signos) transcende as significações históricas pela afirmação de um momento único. Em suma, que o poema (objeto único) afirma e nega a história a um só tempo. Perceber as significações históricas de cada poema é resultado da visão diacrônica do poético. Perceber, na pluralidade de poemas, a unidade do poético, visão sincrônica. O pensamento crítico de Paz move-se entre esses dois pólos, o conteúdo histórico e o caráter único da criação poética.

O conceito de poético é decisivo na compreensão do pensamento crítico de Paz. Poesia significa pensamento analógico *versus* prosa, pensamento lógico. A idéia de ritmo fundamenta esse conceito de poético. Ritmo e analogia são, diz, faces da mesma moeda. O conceito se aplica às realidades históricas, às tendências poéticas de uma época determinada. O retorno ao ritmo, ao pensamento analógico, como ocorreu, por exemplo, no Romantismo alemão, e conseqüentemente nas correntes derivadas como o Simbolismo, representa a mudança de atitude diante da realidade histórica. Nerval, Baudelaire etc. reagiram contra a tendência lógica da língua francesa, resultado de uma cristalização histórica. Na poesia inglesa, ao contrário, os modernos optaram pelo prosaísmo intencional como defesa contra a tendência rítmica da língua. Essa explicação de Paz das mudanças de ritmo como atitudes de conteúdo ideológico, como reações à corrente histórica, é uma das muitas transposições de nível de análise em sua crítica, do procedimento lingüístico ao contexto em que se situa o procedimento.

Essas transposições, às vezes arriscadas (podem parecer extrapolações arbitrárias), constituem um dos métodos operatórios peculiares ao pensamento crítico de Paz. Quando explica o que é a imagem poética ("La imagen" in *El arco y la lira*), súmula do pensamento analógico, "cifra de la condición humana", não se limita a afirmar que a imagem diz o indizível, o que não se pode dizer com outras palavras ("La imagem se explica a sí misma"); considera que a linguagem poética é afirmação e crítica da realidade exterior, e arrisca-se a dizer que "la imagem es un recurso desesperado contra el silencio". Na análise do poético a transposição de nível assume maior presença nas relações entre poesia e história. A poesia revela tóda a condição humana e por isso "el poema no escapa a la historia: continua siendo, en su misma soledad, un testimonio histórico". A poesia é "consagração do instante", de um momento histórico concreto, mas ao mesmo tempo de uma liberdade individual, de um absoluto. Essa ambigüidade fundamental do ato poético irá revelar-se na análise do romance ("Ambigüedad de la novela" in *El arco y la lira*), situado entre a poesia e a história. A crise da linguagem no romance moderno é símile de uma crise social. E aqui retorna a transposição de nível: a criação poética é ato de liberdade individual condicionada a um presente histórico.

A coerência de Paz se revela no epílogo de *El arco y la lira*, no ensaio sôbre o movimento circular das significações poéticas, "Los signos en rotación". Paz afirma que a maneira de ser social da poesia é contraditória e essa contradição culmina no poema crítico, duplamente crítico por negar não só a "fala social" como a si mesmo: *Un coup de dés*, de Mallarmé. Negando a possibilidade de um absoluto, o ato poético, o poema se nega e é portanto a negação de uma negação. O duplo do universo é impossível de ser conseguido pela poesia, embora Mallarmé utilize o condicional *Si*..., abrindo uma possibilidade para a linguagem, abertura para o infinito. Segundo Paz, Mallarmé não diz nada, mostra o vazio onde se move a constelação de seus versos. Numa transposição de nível, do ato poético particular de Mallarmé para o universo histórico, Paz afirma que *Un coup de dés* foi sinal dos tempos, exprimindo a ausência de uma visão de mundo: "El mundo, como imagem, se ha evaporado".

Talvez se possa discordar das conclusões a que chega depois Octavio Paz, ao dizer que a tecnologia substituiu, no mundo moderno, a antiga "visão de mundo". Existem criações poéticas que incorporam o produto estético ao contexto tecnológico. Há, por exemplo, por trás da tentativa da Bauhaus e outras contemporâneas, uma visão de mundo. O que interessa, em todo caso, não é discutir essas conclusões, mas reafirmar o método operatório de sua crítica: partindo da criação poética particular Paz transpõe sistematicamente o nível da análise para o contexto histórico.

Observe-se, a esta altura, que Octavio Paz não é só crítico literário. Seus interesses intelectuais são múltiplos: temas da antropologia, crítica de arte, crítica de idéias políticas, crítica da vida contemporânea. Cada uma de suas obras tem fisionomia própria. *El arco y la lira* examina o caráter paradoxal das relações entre poesia e história; *El laberinto de la soledad* indaga a profundidade do caráter nacional mexicano, do que está por trás das "máscaras mexicanas"; *Conjunciones y disyunciones* analisa as relações de afinidade e oposição entre os signos; *Corriente Alterna* compõe um mosaico de fragmentos, *insights* sobre o atual, não só no sentido da contemporaneidade, mas do que se insere na corrente vital do espírito moderno. Estes são alguns exemplos da diversidade de interesses críticos de Octavio Paz.

Mas esta diversidade reflete um interesse comum: a busca da identidade da natureza humana na multiplicidade de signos. Sua crítica de idéias se afirma como *ars combinatoria* universal dos signos de diversas culturas. Ele mesmo é quem afirma que há uma espécie de *combinatória* dos signos centrais de cada cultura. Sua crítica é de ordem antropológica e poética. Octavio Paz é poeta e crítico das civilizações, acreditando, ao contrário de que as civilizações são mortais, na frase de Valéry, que mesmo as aparentemente mortas estão vivas: os seus signos circulam nessa *ars combinatoria* do universo histórico. Como tudo é linguagem, tudo significa. *Conjunciones y disyunciones* é, por isso, uma pedra de toque do seu pensamento crítico, ao dedicar-se à análise das relações entre os signos de separação e conjugação em diversas culturas. Não se trata de reduzir a cultura à corrente histórica, mas de acreditar (e daí o seu interesse pela análise estrutural do mito em Lévi-Strauss, confirmado no ensaio *Lévi-Strauss o el festín de Esopo*) que qualquer cultura pode ser interpretada à luz da lógica dos significantes.

O interesse de Octavio Paz pela poesia e pelas artes se liga a esse interesse central pela combinatória dos signos da cultura universal. Mesmo em um dos livros mais exclusivamente literários, *Cuadrivio* — análise da obra de quatro poetas muito diferentes entre si — o que interessa a Paz não é o êxito ou fracasso estético das obras, mas sua significação dentro de um quadro mais amplo que transcende o quadro restrito da estética literária: o quadro da linguagem. Linguagem aqui entendida como aquela combinatória dos signos dentro da cultura. O exemplo mais vertiginoso dessa transcendência da estética literária é o de Fernando Pessoa. A obra desse português antiportuguês é interpretada como busca do desconhecido, do que está fora de si, do não-eu. Não do que Pessoa poderia ter sido, mas do que não quis ser, afirma Paz. Uma das afirmações mais penetrantes é a de que Pessoa impessoalizou a tal ponto a sua criação poética que a sua própria obra ortônima faz parte do conjunto de sua obra poética em plano de igualdade com a obra dos heterônimos. Outra afirmação de grande interesse é a de que as máscaras heterônimas e a destruição do eu do poeta foram um desmascaramento de ilusões idealistas do próprio poeta. Paz é um dos poucos que transcenderam o nível do psicologismo na análise da heteronímia de Pessoa, enquadrando-o dentro de uma tradição histórica — a que vem de Novalis e dos românticos alemães —, que tem o Eu como obstáculo. De tal modo quis Pessoa anular esse obstáculo que os seus fantasmas poéticos o contemplaram criticamente. "Nuestras creaciones nos juzgan", é uma das palavras finais do crítico.

A análise de uma obra concreta revela que o interesse de Paz nunca se prende ao nível das indagações estéticas. O que lhe interessa é o ato poético como objeto da cultura, inserido dentro de um sistema de analogias. Por isso o interesse central pela palavra, no universo dos significantes culturais.

O interesse de Octavio Paz pela obra de Marcel Duchamp é, por isso, significativo. Duchamp negou a própria essência da pintura: a visualidade, distinguindo entre a "arte de retina" e a arte de significações, entre a "pintura-pintura" e a "pintura-idéia". Destruiu também a noção tradicional de obra. Contra a noção de arte visual afirmou o título como elemento da composição. Nos *ready-made* o título *é* a obra. Com os *ready-made* Duchamp criou a antiobra de arte e com *Le grand verre* a antimensagem, com uma obra deixada definitivamente inacabada. E finalmente deixou explícita a origem verbal de sua "obra": sua influência não foram os pintores, mas os poetas, como Mallarmé e Laforgue, ou seja, a "álgebra da literatura" (Valéry) e a crítica da seriedade estética. O caso Duchamp tem muitos motivos de interesse para Octavio Paz, os mesmos que informam o seu pensamento crítico: a ritualidade do gesto (ou anti-ritualidade, irônica, dos *ready-made*); a estrutura mítica subjacente do *Grand Verre*, com a sua construção de um falso mecanismo; e finalmente, se assim se pode dizer, o sentido da significação de sua obra, ou não-obra, dentro do momento histórico, pois para Octavio Paz a obra (ou não-obra) de Duchamp é um texto. E, parodiando Mallarmé, para Octavio Paz "tout existe pour aboutir à un texte".

Tudo é texto, já que tudo é linguagem. São textos as obras dos poetas, os livros sagrados da Índia, os templos e os mausoléus, as imagens tântricas de Bengala, o caráter nacional mexicano, o cinema de Buñuel, a experiência mística e o ascetismo, os ideogramas, o corpo como metáfora do cosmos, as drogas, o espaço como um sistema de sinais, "Un coup de dés jamais n'abolira le hasard", "La mariée mise à nu par ses célibataires..." A crítica de Octavio Paz é a combinatória desses signos. Entre esses se destaca a palavra como privilegiada. A análise do caráter nacional mexicano parte da significação da voz popular "hijos de la chingada" no texto "Los hijos de la Malinche" (in *El laberinto de la soledad*). E em *Conjunciones y desyunciones* a análise dos signos parte, significativamente, das relações entre os termos *pícaro*, *picardía* e *picar*, sugerido pela *Nueva picardía mexicana* de Armando Jiménez.

O método de Paz é o de desdobramentos e por isso a *Nueva picardía mexicana* o conduz a uma gravura de Posada (uma criatura, de costas, apresenta outro rosto no lugar das nádegas) e a um texto juvenil de Quevedo ("Gracias y desgracias del ojo del culo"). Ambos os "textos" são metáforas, em que o rosto é identificado com o ânus. Octavio Paz desdobra a análise em reflexões sobre a metáfora. Partindo de uma analogia fonética, chega a uma analogia semântica. Por isso a metáfora não é entendida no sentido da retórica tradicional: a gravura fantástica de Posada e a imagem verbal de Quevedo (comparação entre o ânus e olho do Cíclope) são metáforas, mas é também metáfora a gargalhada, símile das emissões do falo, das convulsões da vulva e das descargas explosivas do ânus. Também era metáfora, noutro texto de Paz, a imagem de um personagem de Sade que emitia esperma sobre a cratera de um vulcão, pretendendo identificar-se com a energia do mundo natural, metáfora das forças instintivas.

A idéia de metáfora em Octavio Paz conduz o leitor a pensar em um mundo como um texto de páginas infinitas, que pode ser lido aleatória ou metodicamente. Esse método é o das relações analógicas entre o universo das formas e o universo dos fatos históricos. A idéia do mundo

como um texto é subjacente a todos os escritos de Paz,
mesmo os que parecem limitar-se a um objeto exclusivo
e concreto. O objeto declarado do discurso crítico nem
sempre é o verdadeiro objeto, oculto, talvez inconsciente
do que seja, mas sempre consciente do que não é. Essa
idéia do mundo como um texto a ser decifrado, a ser
decodificado pelo discurso crítico, surge explícita nesta
"Homenaje a Esopo" (in *Corriente alterna*): "Todo que
nombramos ingresa al círculo del lenguaje y, en consecuen-
cia, a la significación. El mundo es un orbe de significados, un lenguaje. Pero cada palabra posee un significado
propio, distinto y contrario a los de las otras palabras. En
el interior del lenguaje los significados combatem entre sí,
se neutralizan y se aniquilan. La proposición: todo es significativo porque todo es lenguaje puede invertirse: todo
carece de significación porque todos es lenguaje. El mundo
es un orbe, etc..."

A proposição "tudo é significativo porque toda linguagem pode inverter-se" é lévi-straussiana, já que a in-
versão da linguagem é um dos fundamentos da análise
estrutural do mito. O que se segue, a antiproposição, já
não é mais lévi-straussiano, porque é algo que está além
de qualquer análise: "tudo carece de significação porque
tudo é linguagem". Assemelha-se a outra afirmação anteriormente citada: "La imagen se explica a sí misma". E
a uma outra proposição, de Peirce, "o significado de um
símbolo é outro símbolo", por sua vez análoga à posição
de Wittgenstein diante da linguagem: "o que não pode ser
dito deve calar-se". Esses autores, Lévi-Strauss, Peirce,
Wittgenstein (e também Heidegger) são citados por Paz
a propósito da tese de McLuhan sobre a identidade entre
meio e mensagem. Citados pelo que têm em comum: o
conceito de realidade como um tecido de significações.
Segundo Paz, afirmam (com exclusão de Heidegger, que
admite a solução poética) que o significado último desse
conjunto não existe ou é indizível.

A concepção de realidade em Paz é semelhante: o
mundo como uma teia de significações encobertas, isto é,
como uma grande metáfora a ser explicada, ou a ser
substituída por outra metáfora, o pensamento. Não se
sabe ao certo se ele acredita num "significado último"
(indagação que está a um passo da metafísica idealista ou
da experiência mística, que tanto impressiona o espírito
de Paz), mas certamente acredita que se pode "dizer o
indizível", como faz a poesia, a seu ver. Uma de suas
expressões preferidas é que algo parece sempre dizer "outra
coisa". Toda crítica de Paz é a tentativa de dizer "outra
coisa", além do dizível, ou, pelo menos, além do visível.

Ao invés de calar-se, como propunha Wittgenstein, diz o máximo possível, e por isso o seu pensamento crítico nada em um mar de complexidades. Sua "Homenaje a Esopo" parece propor a tautologia como fundamento da linguagem, circular, giratória, símile do próprio movimento do universo.

Rio de Janeiro, 29 julho de 1971.

Lo idéntico
(A. Webern, 1883-1945)

Espacios de la música
                    Espacio
Sin centro ni arriba ni abajo
Se devora y se engendra y no cesa
Espacio remolino
              Y caída hacia arriba
Espacios
       Geometrías suspendidas
Al flanco de la noche
Claridades cortadas a pico
Jardines negros de cristal de roca
En una vara de humo florecidas
Espacios
       Un solo espacio que se abre
Corola
      Y se disuelve
Espacio en el espacio
                    Todo
Es ninguna parte
Y lugar de las nupcias impalpables

Delhi, a 29 de noviembre de 1963

Manuscrito de Octavio Paz

CONSTELAÇÃO PARA OCTAVIO PAZ

HAROLDO DE CAMPOS

"Llevar hasta su límite la negación. Allá nos espera la contemplación: la desencarnación del lenguaje, la transparencia (...) No es poeta aquel que no haya sentido la tentación de destruir el lenguaje o de crear otro, aquel que no haya experimentado la fascinación de la no-significación y la no menos aterradora de la significación indecible."

O. PAZ, "Recapitulaciones", 1965

A posição de Octavio Paz, no quadro da atual literatura hispano-americana, traz a marca da singularidade. Se quisermos referir um nome, no campo da poesia, que possa corresponder, em ousadia e invenção formal, aos de Borges, Cortázar ou Lezama Lima no da prosa, teremos necessariamente que mencionar o do poeta mexicano e cidadão do mundo, nascido em 1914.

Realmente, Octavio Paz, cuja obra começa a ser produzida a partir da primeira metade da década de 30, representa, no âmbito de uma literatura poética em que vinha, aos poucos, prevalecendo a superfetação retórica e a indulgência sentimental tardo-nerudianas, a tentativa quase isolada de delineamento de uma zona de rigor, de constante questionamento criativo da medula da linguagem.

Para resumir tudo numa síntese expressiva: Octavio Paz significa o repensamento, na América Hispânica, da linhagem Mallarmé. Digo repensamento porque essa linhagem pode ser retraçada nos anos 20, ou em seus albores, a partir do "creacionismo" imagético-espacial de Vicente Huidobro e da insólita sintaxe de rupturas do *Trilce* (1922) de César Vallejo; sem olvidar o fato, nem sempre salientado, de que, na atmosfera do "ultraísmo", o crítico sevilhano Rafael Cansinos-Asséns, judeu andaluz de cultura poliglota, ligado a Huidobro, verteria para o espanhol o *Coup de dés* e o seu fundamental prefácio, no número de novembro de 1919 da revista madrilenha *Cervantes*, ou seja, cerca de cinco anos apenas depois da primeira publicação em livro autônomo, pela NRF, do poema-testamento do gênio de Valvins[1].

Como se sabe, essa vertente de invenção, sobretudo no que toca a Huidobro, ficou por longos anos obscurecida e marginalizada na poesia da América de língua espanhola[2]. Coube a Octavio Paz, de certa maneira, repropô-la e, contra a corrente, afirmá-la por sua reflexão obstinada de crítico e por seu exemplo de poeta.

Foi em 1967, por instigação de Celso Lafer (que vinha de um estágio de estudos na Universidade de Cornell, onde se fizera aluno e amigo de Paz), que eu li os ensaios

(1) Esta tradução, que, segundo creio, terá sido a primeira do poema para qualquer língua, foi republicada em Xavier Abril, *Antología de Mallarmé* (Montevidéu, 1961). Do mesmo Abril é o sugestivo estudo "Vallejo y Mallarmé", *Cuadernos del Sur* (Bahia Blanca, 1960).

(2) O caso de Huidobro é semelhante ao de Oswald de Andrade, entre nós. Só em 1964, quase vinte anos depois da morte do grande poeta chileno, é que seriam publicadas suas *Obras Completas*. No nº 13-14 da revista *Orfeo* (Santiago de Chile, 1964?), com o subtítulo *Homenaje a Vicente Huidobro*, ainda se fala, em editorial, das reservas da crítica oficial em reconhecer-lhe a importância. Huidobro, em seu livro de poemas escritos entre 1924-1934 (publicado em 1941), *El ciudadano del olvido*, tem um "Tríptico a Stéphane Mallarmé", inspirado nos temas-chave do "Coup de dés". Gostaria aqui de registrar que Augusto de Campos, na fase mais ativa da difusão do movimento de poesia concreta pelas páginas do Suplemento Dominical do *Jornal do Brasil* (Rio de Janeiro 17.2.1957), publicou a tradução de um fragmento do "Altazor", de Huidobro, precedida de uma nota em que ressaltava o significado pioneiro desse poema.

de *El arco y la lira,* então na edição francesa da Gallimard, já acrescida do "Épilogue", datado de Nova Delhi, novembro de 1964, publicado autonomamente em espanhol, em 1965, sob o título *Los signos en rotación.* Lembro-me que me senti, ao cabo dessa leitura, alentadoramente confirmado em muitos dos pontos de vista essenciais sobre o devir da poesia, que, desde os primeiros anos da década de 50, vinha sustentando com os meus companheiros de *Noigandres* e do movimento de poesia concreta, numa persistente atividade teórica à qual a crítica brasileira, por insuficiência de informação ou por indigência imaginativa, ou, quem sabe, por simples abulia, salvo raríssimas exceções, não tinha conseguido dar resposta. Sobretudo *Los signos en rotación* tocou-me por um descortino de convergências (*conjunciones* é a palavra cara a Paz), como o desvendamento de súbitas "afinidades eletivas". Esse ensaio-epílogo, aposto ao livro de 1956, é o momento de radicalização de todo o pensamento crítico anterior de Paz e culmina, para mim, na visão do poema final de Mallarmé como o marco decisivo da poesia moderna. Cito-o na tradução brasileira, integrante do presente volume: "Na dispersão de seus fragmentos... O poema não será esse espaço vibrante sobre o qual se projeta um punhado de signos como um ideograma que fosse provedor de significações? Espaço, projeção, ideograma: estas três palavras aludem a uma operação que consiste em desdobrar um lugar, um aqui, que receba e sustente uma escritura: fragmentos que se reagrupam e procuram constituir uma figura, um núcleo de significados (...) A poesia moderna, como prosódia e escritura, inicia-se com o verso livre e o poema em prosa. *Un coup de dés* encerra esse período e abre outro, que mal começamos a explorar (...) A escritura poética alcança neste texto sua máxima condensação e sua extrema dispersão. Ao mesmo tempo é o apogeu da página como espaço literário e o começo de outro espaço. O poema cessa de ser uma sucessão linear e escapa assim à tirania tipográfica que nos impõe uma visão longitudinal do mundo, como se as imagens e as coisas se apresentassem umas atrás das outras e não, como realmente ocorre, em momentos simultâneos e em diferentes zonas de um mesmo espaço ou em diferentes espaços (...) A disposição tipográfica, verdadeira anunciação do espaço criado pela técnica moderna, particularmente a eletrônica, é uma forma que corresponde a uma inspiração poética distinta. Nessa inspiração reside a verdadeira originalidade do poema. Mallarmé explicou-o várias vezes em *Divagations* e outras notas: a novidade de *Un coup de dés* consiste em ser um *poema crítico* (...) O *legado* a que expressamente se refere *Un coup de dés* — sem legatário expresso: *à quelqu'un am-*

bigu — é uma forma; e mais ainda, é a própria forma da possibilidade: um poema fechado ao mundo, mas aberto ao espaço sem nome. Um agora em perpétua rotação, um meio-dia noturno e um aqui deserto. Povoá-lo: tentação do poeta por vir. Nosso legado não é a palavra de Mallarmé e sim o espaço que a sua palavra abre"[3].

Foi também em 1967 que li *Libertad bajo palabra*, a obra poética de Octavio Paz, coligida de 1935 a 1958, e publicada em 1960 pelo "Fondo de Cultura Económica". Cotejando esse livro com o ensaio capital de 1964, pude verificar, de um lado, as premissas que levariam Paz ao rasgo teórico dos anos 60; mas avaliei no mesmo passo o quanto de curiosidade vertiginosa e de inventiva inquietação havia num poeta que, podendo ensimesmar-se num determinado estágio de sua obra, especializar-se em nuances de sua própria dicção, domiciliar-se confortavelmente em sua normatividade, corria deliberadamente o risco maior de por em crise e em crítica o seu próprio trabalho, descortinando-lhe teoricamente uma perspectiva de falésia, para a qual a sua prática do poema apenas podia insinuar indícios de resposta. As premissas a que me refiro são de duas ordens: por um lado, uma linha de despojamento, de contenção, de elipse, que se contagia de certos modos medievais, mas que se nutre sobretudo da tradição oriental do poema breve e aspira quase à sintaxe da montagem, ao ideograma (não se deve esquecer, nesse sentido, que Paz é tradutor de Bashô e estudioso da poesia japonesa e que, não por mera coincidência, a ele se deve a revalorização de José Juan Tablada, o poeta mexicano que por volta de 1917 introduziu o haicai na literatura de língua espanhola) [4]; por outro lado, uma linha que eu chamaria *metalingüística*, debruçada sobre a própria máquina do poema, a palavra, a página impressa, a escritura, o trabalho textual ("Las palabras", com seu furor coloquial e dessacralizante, afiado naquela "hora de la verdad" em que poeta

---

(3) Sobre a interpretação do poema constelar de Mallarmé, no âmbito do movimento de poesia concreta, vejam-se, por exemplo: Augusto de Campos, "Pontos — Periferia — Poesia Concreta", em *Teoria da Poesia Concreta* (São Paulo: 1965), estudo publicado originalmente no *Diário de São Paulo* (20 e 27.3.1955); Haroldo de Campos, "A obra de arte aberta", idem (publicado originalmente no *Diário de São Paulo*, 3.7.1955); "Lance de olhos sobre *Um lance de dados*", *Jornal de Letras* (Rio de Janeiro: agosto 1958); "Uma análise teórico-informativa do *Lance de Dados*", *Correio Paulistano* (São Paulo, 14.8.1960); Décio Pignatari, "Situação atual da poesia no Brasil", *Invenção* nº 1 (São Paulo, 1962), reimpresso em *Contracomunicação*, (Perspectiva, São Paulo, 1971).

(4) Esta linha da poesia de Paz não se explica apenas pelo contato com a cultura oriental, mas deita raízes evidentes na herança artística do México pré-colombiano. Refira-se, nesse sentido, o interesse de Eisenstein, o grande teorizador da montagem, pelo "abrupto inacabamento da plástica mexicana e pelo caráter de esboço dos vasos peruvianos" (cf. V. Ivanov, "Struktura Stikhotvoriênia Khliébnikova 'Mieniá pronóssiat na slonóvikh...'", Tartu, 1967; tradução francesa, *Tel Quel* nº 35, Paris, 1968).

e poema se medem e se confrontam, parece-me o vértice dessa segunda vertente). Como duas raias irmãs, estas linhas vincam o "espaço tropológico" — predominantemente metafórico — em que se desenvolve uma parte ponderável da poesia de Paz entre os anos 40 e 50 (anos de contato com o surrealismo), carregando-a assim de uma problematicidade que não existe, por exemplo, no vistoso metaforismo de cariz nerudiano, muito mais sedentário e acomodado à rotina de seus dispositivos retóricos, muito mais confiante na eficácia persuasiva de seus inalterados mecanismos de proliferação, e auto-satisfeita com eles. A poesia de Paz, ao contrário, decorre sempre numa terra minada, move-se como por uma topografia de conflito, deixa-se, pervasivamente, infiltrar pelo demônio da dúvida e pela renitente indagação crítica. Não se rege por uma poética da jubilação, não busca aposentar-se em seu *decorum;* quer-se vulnerável à voragem, mira-se no golfo mallarmaico, que é também céu especular, com sua ambígua proposta simultânea de fracasso abissal e/ou êxito constelado. É uma poesia que se arrisca. Que se dispõe a jogar tudo num novo lance de dados, a fiar toda a obra feita num talvez, *in fieri*... Não as cartas marcadas e consabidas, mas o jogo aberto e perigoso. O gosto do salto mortal. Este respiro, este ar de altura, faltava, desde Huidobro e Vallejo, à poesia da América Hispânica.

Em 1968 escrevi a Octavio Paz, propondo-lhe sucintamente esta minha leitura crítica de sua obra até 58, e perguntando-lhe qual a projeção das teses que sustentava em "Los signos en rotación" (ou melhor, no Épilogue de 64 a *L'Arc et la Lyre*) sobre sua poesia em andamento, *in progress,* posterior à fase compendiada em *Libertad bajo palabra*. De Nova Delhi, respondeu-me o poeta com uma longa carta, datada de 14 de março do mesmo ano, em si mesma um admirável e penetrante ensaio, um exercício de auto-exegese exemplarmente tocado de *hubris* e modéstia, na qual, depois de historiar o seu percurso e intentos poéticos, apontava-me *Salamandra* (1958-1961). com o poema que dá título ao livro e "Solo a dos voces", onde, dizia, "dois ou mais discursos se entrelaçam em um só texto"; indicava-me também *Viento Entero* (1965) e *Blanco* (1966), onde, continuava dizendo, "exploro e extremo esse mesmo método"; referia ainda a edição em preparo de *Discos Visuales,* em colaboração com o pintor Vicente Rojo, e acrescentava, concluindo: "en estos días he terminado cuatro poemas concretos". Pouco depois, recebi *Topoemas*, caligrafados por sua mão — não quatro, mas seis poemas visuais, logo publicados na *Revista de la Universidad de México* e em separata (junho de 68). Em comentário a eles apenso, o poeta escrevia: "Topoema =

= topos + poema. Poesía espacial, por oposición a la poesía temporal, discursiva. Recurso contra el discurso". E inscrevia, generosamente: "...en su conjunto, estos topoemas son un homenaje implícito (ahora explícito) a antiguos y nuevos maestros de poesía: a José Juan Tablada; a Matsúo Bashô y a sus discípulos y sucessores (y a R. H. Blyth, por los cuatro volúmenes de su *Haikú*); a los poetas y calígrafos chinos (y a Arthur Waley, por sus *Chinese Poems, The Book of Songs, The life and times of Po-Chü-I, The poetry and career of Li-Po*, y tantas otras traducciones); a Apollinaire, Arp y cummings; y a Haroldo de Campos y el grupo de jóvenes poetas brasileños de *Noigandres* e *Invenção*"[5].

Não me vou ocupar desta nova etapa — a mais radical — da obra poética de Paz. Prefiro — é mesmo uma imposição deste pequeno estudo — deter-me no limiar dela, depois de traçá-lo, reservando-me para um trabalho posterior e específico. Não há dúvida, porém, de que o poeta aceitou na prática o seu próprio repto, assumiu-lhe — vem-lhe assumindo — as conseqüências, palmo a palmo, com desassombro e rigor. A *Blanco* referi-me em um ensaio em vias de publicação [6], como sendo, para mim, a culminação (até o momento) de todo o seu itinerário poético. Nesse poema desdobrável como um livro japonês, visual, de leitura múltipla, a metáfora persiste, porém resgatada da fácil carnadura discursiva, liberta da linearidade da língua, fragmentada, concentrada, pulverizada em estilhaços-concreções. É metáfora e antimetáfora, metáfora que se subleva contra o engaste do discurso, como um diamante amotinado contra sua lavra e redistribuído espacialmente em sistema autárquico de cintilações. Sei também — posso testemunhá-lo por andanças, contatos e leituras — que, para o roteiro textual de Paz, para o seu aventuroso paradigma, estão de olhos voltados, indagadoramente, os melhores representantes das jovens gerações da poesia de língua espanhola, os mais conscientes pelo menos, os que se mostram dispostos a enfrentar os problemas fundamentais — problemas e dilemas —, a dialética mesma desse *fazer* que se chama poesia.

Gostaria tão-somente de recortar agora, no fecho deste livro, uma figura para Octavio Paz: signos — direi — em dispersão, colhidos no movimento de sua poesia até 1958. Uma breve antologia-epifania, desenho textual conduzido por dupla filigrana (a imaginação ideogrâmica e a refle-

(5) Remeto o leitor interessado ao estudo de Saúl Yurkievich, "La topoética de Octavio Paz", *Caravelle* nº 12 (Toulouse, 1969), republicado em *Fundadores de la nueva poesía latinoamericana* (Barcelona, 1971).
(6) "Superación y ruptura de la idea de un lenguaje exclusivo para cada género literario", capítulo da obra coletiva *América Latina en su literatura*, a ser lançada pela UNESCO.

xão metalingüística), aquela figura de raias, épura em linha d'água, que vislumbrei percorrendo *Libertad bajo palabra* e que lhe oferto agora, decalcada em português, recém-nomeada em minha língua, como se me fosse dado redigir aqui, para dedicar-lhe *ex corde*, a minuta de uma constelação.

de CONDIÇÃO DE NUVEM (1939-1955)

Arcos

Quem canta nas ourelas do papel?
De bruços, inclinado sobre o rio
de imagens, me vejo, lento e só,
ao longe de mim mesmo: ó letras puras,
constelação de signos, incisões
na carne do tempo, ó escritura,
risca na água!

    Vou entre verdores
enlaçados, adentro transparências,
entre ilhas avanço pelo rio,
pelo rio feliz que se desliza
e não transcorre, liso pensamento.
Me afasto de mim mesmo, me detenho
sem deter-me nessa margem, sigo
rio abaixo, entre arcos de enlaçadas
imagens, o rio pensativo.

Sigo, me espeto além, vou-me ao encontro,
rio feliz que enlaça e desenlaça
um momento de sol entre dois olmos,
sobre a polida pedra se demora
e se desprende de si mesmo e segue,
rio abaixo, ao encontro de si mesmo.

1947

Destino do poeta

Palavras? Sim. De ar
e perdidas no ar.
Deixa que eu me perca entre palavras,
deixa que eu seja o ar entre esses lábios,
um sopro erramundo sem contornos,
breve aroma que no ar se desvanece.

Também a luz em si mesma se perde.

Entressonho

Manhã. O relógio canta.
O mundo cala, vazio.
Sonâmbula te levantas
e olhas não sei que sombras
detrás de tua sombra: nada.
Arrastada pela noite,
igual à ramagem branca.

Alba da vitória

Com seu vidro frio
rasga o céu a alba.
Amanhece o mundo
sem gota de sangue.

Frente ao mar

1.
Chove no mar.
Ao mar o que é do mar
e que as herdades sequem.

2.
A onda não tem forma?
Num instante se esculpe,
no outro se desmorona
à que emerge, redonda.
Seu movimento é forma.

3.
As ondas se retiram
— ancas, espáduas, nucas —
logo voltam as ondas
— peitos, bocas, espumas —

4.
Morre de sede o mar.
Se retorce, sozinho,
em sua cama de rochas.
Morre de sede de ar.

Retórica

1.
Cantam os pássaros, cantam
sem saber o que cantam:
seu entendimento é sua garganta.

2.
A forma que se ajusta ao movimento
é pele — não prisão — do pensamento.

3.
O claro do cristal transparente
para mim não é claro suficiente:
água clara é a água corrente.

Mistério

Alumbram ares, alumbra
o meio-dia, relumbra,
e não vejo o sol.

Já de presença em presença
tudo se me transparenta,
e não vejo o sol.

Perdido nas transparências
vou de reflexo a fulgor,
e não vejo o sol.

E ele na luz se desnuda
e a cada esplendor pergunta,
e não vê o sol.

Espiral

Como o cravo no seu talo,
como o cravo, eis o foguete,
que é um cravo de disparo.

É foguete o torvelinho:
sobe ao céu e se despluma,
canto de ave no pinho.

Como o cravo e como o vento
o caracol é foguete:
empedrado movimento.

E a espiral em cada coisa
seu vibrar difunde em giros:
um mover que não repousa.

O caracol foi corola,
eco de eco, luz, vento,
onda que se encaracola.

Escrito com tinta verde

A tinta verde cria jardins, selvas, prados,
folhagens onde gorgeiam letras,
palavras que são árvores,
frases de verdes constelações.

Deixa que minhas palavras, ó branca, desçam e te cubram
como uma chuva de folhas num campo de neve,
como a hera à estátua,
como a tinta a esta página.
Braços, cintura, colo, seios,
fronte pura como o mar,
nuca de bosque no outono,
dentes que mordem um talo de grama.

Teu corpo se constela de signos verdes,
renovos num corpo de árvore.
Não te importe tanta miúda cicatriz luminosa:
olha o céu e sua verde tatuagem de estrelas.

de SEMENTES PARA UM HINO (1950-1954)

O dia abre sua mão
Três nuvens
E estas poucas palavras

Pedra nativa

(fragmento)

Como as pedras do Princípio
Como o princípio da Pedra
Como no Princípio pedra contra pedra
Os fastos da noite:
O poema ainda sem rosto
O bosque ainda sem árvores
Os cantos ainda sem nome

Mas a luz irrompe com passos de leopardo
E a palavra se levanta ondula cai
E é uma extensa ferida e um silêncio sem mácula

de PEDRAS SOLTAS (1955)

Lição de coisas

1. *Animação*

Na prateleira de livros,
entre um músico Tang e um jarro de Oaxaca,
incandescente e vivaz,
com chispantes pupilas de papel de prata,
nos olha ir e vir
a diminuta caveira de açúcar.

2. *Máscara de Tláloc gravada em quartzo transparente*

Águas petrificadas.
O velho Tláloc dorme, dentro,
sonhando temporais.

3. *O mesmo*

Tocado pela luz
o quartzo já é cascata.
Nas águas — criança — flutua o deus.

5. *Deusa olmeca*

Os quatro pontos cardiais
regressam a teu umbigo.
No teu ventre golpeia o dia, armado.

6. *Calendário*

Contra a água, dias de fogo.
Contra o fogo, dias de água.

7. *Xochipili*

Na árvore do dia
suspendem frutos de jade,
fogo e sangue na noite.

9. *Menino e pião*

Cada vez que o lança,
cai, justo,
no centro do mundo.

10. *Objetos*

Vivem ao nosso lado,
os ignoramos, nos ignoram.
Vez por outra conversam conosco.

Em Uxmal

1. *Templo das tartarugas*

Na esplanada vasta como o sol
repousa e dança o sol de pedra,
desnudo frente ao sol, também nu.

2. *Meio-dia*

A luz não pestaneja,
o tempo se esvazia de minutos,
um pássaro se deteve no ar.

3. *Mais tarde*

Despenha-se a luz,
despertam as colunas
e, sem mover-se, dançam.

4. *Pleno sol*

A hora é transparente:
vemos, se o pássaro é invisível,
a cor do seu canto.

5. *Relevos*

A chuva, pé dançante e cabelo solto,
o tornozelo mordido pelo raio,
desce acompanhada de tambores:
a espiga abre os olhos, e cresce.

6. *Serpente lavrada sobre um muro*

O muro ao sol respira, vibra, ondula,
lanço de céu vivo e tatuado:
o homem bebe sol, é água, é terra.
E sobre tanta vida esta serpente
levando uma cabeça entre suas fauces:
os deuses bebem sangue, comem homens.

Pedras soltas

5. *Diante da porta*

Gente, palavras, gente.
Duvidei um instante:
acima a lua, só.

6. *Visão*

Vi-me ao fechar os olhos:
espaço, espaço
onde estou e não estou.

de PORTA CONDENADA (1938-1948)

As palavras

Girar em torno delas,
virá-las pela cauda (guinchem, putas),
chicoteá-las,
dar-lhes açúcar na boca, às renitentes,
inflá-las, globos, furá-las,
chupar-lhes sangue e medula,
secá-las,
capá-las,
cobri-las, galo galante,
torcer-lhes o gasnete, cozinheiro,
depená-las,
destripá-las, touro,
boi, arrastá-las,
fazer, poeta,
fazer com que engulam todas as suas palavras.

Escritura

Quando sobre o papel a pena escreve,
a qualquer hora solitária,
quem a guia?
A quem escreve o que escreve por mim,
margem feita de lábios e de sonho,
colina quieta, golfo,
ombro para esquecer o mundo para sempre?

Alguém escreve em mim, move-me a mão,
escolhe uma palavra, se detém,
pende entre mar azul e monte verde.
Com um ardor gelado
contempla isto que escrevo.
A tudo queima, fogo justiceiro.
Mas o juiz também é justiçado
e ao condenar-me, se condena:
não escreve a ninguém, a ninguém chama,
escreve-se a si mesmo, em si se esquece,
e se resgata, e volta a ser eu mesmo.

de TRABALHOS DO POETA (1949)

Uma linguagem que corte o fôlego. Rasante, talhante, cortante. Um exército de espadas. Uma linguagem de aços exatos, de relâmpagos afiados, de esdrúxulas e agudos, incansáveis, reluzentes, metódicas navalhas. Uma linguagem guilhotina. Uma dentadura trituradora, que faça uma pasta dos eutuêlenósvósêles. Um vento de punhais que desgarre e desarraígue e descoalhe e desonre as famílias, os templos, as bibliotecas, os cárceres, os bordéis, os colégios, os manicômios, as fábricas, as academias, os pretórios, os bancos, as amizades, as tabernas, a esperança, a revolução, a caridade, a justiça, as crenças, os erros, as verdades, a verdade.

de ÁGUIA OU SOL (1949-1950)

Para o poema (pontos de partida)

I

Palavras, ganâncias de um quarto de hora arrancado à árvore calcinada da linguagem, entre os bons dias e os boas noites, portas de entrada e saída e entrada de um corredor que vai de partealguma a ladoalgum.

Damos voltas e voltas no ventre animal, no ventre mineral, no ventre temporal. Encontrar a saída: o poema,

Obstinação desse rosto onde se quebra meu olhar. Fronte armada, invicta, diante de uma paisagem em ruínas, à busca do assalto ao segredo. Melancolia de vulcão.

A benévola fachada de pedra-cartão do Chefe, do Condutor, fetiche do século; os eu, tu, ele, tecelões de teia de aranha, pronomes armados de unhas; as divindades sem rosto, abstratas. Ele e nós. Nós e Ele: ninguém e nenhum. Deus padre se vinga em todos esses ídolos.

O instante se congela, brancura compacta que cega e não responde e se desvanece, tímpano vibrado por correntes circulares. Há de voltar.

Arrancar as máscaras da fantasia, cravar uma lança no centro sensível: provocar a erupção.

Cortar o cordão umbilical, exemplar a Mãe: crime que o poeta moderno cometeu por todos, em nome de todos. Cabe ao novo poeta inventar a Mulher.

Falar por falar, arrancar sons ao desespero, escrever sob ditado o que diz o vôo da mosca, enegrecer. O tempo se abre em dois: hora do salto mortal.

De A ESTAÇÃO VIOLENTA (1948-1958)

O rio

(fragmento)

À metade do poema sobressalta-me sempre um grande desamparo,
    tudo me abandona,
não há nada a meu lado, nem sequer esses olhos que por detrás
    contemplam o que escrevo,
não há atrás nem adiante, a pena se rebela, não há começo
    nem fim, tampouco muro que saltar,
é uma esplanada deserta o poema, o dito não está dito, o
    não dito é indizível,
torres, terraços devastados, babilônias, um mar de sal negro,
    um reino cego,
            Não,
deter-me, calar, fechar os olhos até que brote de minhas
    pálpebras uma espiga, um repuxo de sóis,
e o alfabeto ondule largamente sob o vento do sonho e
    a maré suba em onda e a onda rompa o dique,
esperar até que o papel se cubra de astros e seja o poema um
    bosque de palavras enlaçadas,
            Não,
não tenho nada a dizer, ninguém tem nada a dizer, nada nem
    ninguém exceto o sangue,
nada senão este ir e vir do sangue, este escrever sobre o já
    escrito e repetir a mesma palavra na metade do
    poema,
sílabas de tempo, letras rotas, gotas de tinta, sangue que vai
    e vem e não•diz nada e me leva consigo.

NOTA BIBLIOGRÁFICA

1 — "Verso e prosa" (Verso y prosa) — de *El arco y la lira* (México, 1956); a tradução foi feita a partir da 2ª edição corrigida e aumentada, de 1967 (México, Fondo de Cultura Economica); para esta 2ª edição, o capítulo "Verso y prosa" foi ampliado justamente na parte consagrada ao movimento poético moderno, conforme advertência do autor.

2 — "A imagem" (La Imagen) — idem.

3 — "A consagração do instante" (La consagración del instante) — idem.

4 — "Ambigüidade do romance" (Ambigüedad de la novela) — idem.

5 — "O verbo desencarnado" (El verbo desencarnado) — idem.

6 — "Os signos em rotação" (Los signos en rotación) — epílogo datado de novembro de 1964, publicado autonomamente em 1965 (Buenos Aires, Sur), de *El arco y la lira* (2ª ed. cit.).

7 — "Literatura de fundação" (Literatura de fundación) — de *Puertas al campo* (México, 1966); ensaio datado de Paris, 1961.

8 — "Invenção, subdesenvolvimento, modernidade" (Invención, subdesarrollo, modernidad) — de *Corriente alterna* (México, 1967).

9 — "Os novos acólitos" (Los nuevos acólitos) — idem.

10 — "Poesia latino-americana?" (Poesía latinoamericana?) — ensaio publicado em inglês, sob o título "The word as foundation", no Suplemento Literário do *Times* de Londres (14-11-1968); a tradução foi feita a partir do original espanhol, fornecido pelo autor.

11 — "A poesia de Matsúo Bashô" (La poesía de Matsúo Basho) — tradução a partir do original fornecido pelo autor, datado de 1954, México; Paz, em 1957, publicou, em colaboração com E. Hayashiya, um volume de traduções de Bashô, *Sendas de Oku*.

12 — "A tradição do haiku" (La tradición del haikú) — tradução a partir do original fornecido pelo autor, datado de Cambridge (Inglaterra), 22-3-1970 (Este trabalho, e o anterior, foram integrados no volume *Matsúo Basho: Sendas de Oku*, Barcelona, 1970).

13 — "Stéphane Mallarmé: o soneto em ix" (Stéphane Mallarmé: el soneto en ix) — revista *Dialogos* (México, julho-agosto, 1968).

14 — "O desconhecido de si mesmo Fernando Pessoa" ("El desconocido de sí mismo") — de *Cuadrivio* (México, 1965); ensaio datado de Paris, 1961.

15 — "André Breton ou a busca do início" (André Breton o la búsqueda del comienzo) — de *Corriente alterna*.

16 — "E. E. Cummings: recordação" (E. E. Cummings: seis poemas y un recuerdo) — de *Puertas al campo;* datado de Delhi, 1965.

17 — "O cine filosófico de Buñuel" (El cine filosófico de Buñuel) — de *Corriente alterna*.

18 — "Os filhos da Malinche" (Los hijos de la Malinche) — de *El laberinto de la soledad* (México, 1950); a tradução foi feita a partir da 4ª edição (1964), correspondente à 2ª, revista e aumentada (1959).

19 — "Revolta, revolução, rebelião" (Revuelta, revolución, rebelión) — de *Corriente alterna*.

COLEÇÃO DEBATES
(ÚLTIMOS LANÇAMENTOS)

324. *Judaísmo, Reflexões e Vivências*, Anatol Rosenfeld.
325. *Dramaturgia de Televisão*, Renata Pallottini.
326. *Brecht e o Teatro Épico*, Anatol Rosenfeld.
327. *Teatro no Brasil*, Ruggero Jacobbi.
328. *40 Questões Para Um Papel*, Jurij Alschitz.
329. *Teatro Brasileiro: Ideias de uma História*, J. Guinsburg e Rosangela Patriota.
330. *Dramaturgia: A Construção da Personagem*, Renata Pallottini.
331. *Caminhanta, Não Há Caminho. Só Rastros*, Ana Cristina Colla.
332. *Ensaios de Atuação*, Renato Ferracini.
333. *A Vertical do Papel*, Jurij Alschitz
334. *Máscara e Personagem: O Judeu no Teatro Brasileiro*, Maria Augusta de Toledo Bergerman
335. *Razão de Estado e Outros Estados da Razão*, Roberto Romano
336. *Teatro em Crise*, Anatol Rosenfeld
337. *Lukács e Seus Contemporâneos*, Nicaolas Terulian
338. *A Tradução Como Manipulação*, Cyril Aslanov
339. *Teoria da Alteridade Jurídica*, Carlos Eduardo Nicolletti Camillo
340. *Estética e Teatro Alemão*, Anatol Rosenfeld

Este livro foi impresso em Cotia,
nas oficinas da Meta Brasil,
para a Editora Perspectiva.